U0640875

灯塔

引领工业企业高质量发展

高家明 著

中国财富出版社有限公司

图书在版编目（CIP）数据

灯塔：引领工业企业高质量发展 / 高家明著. —北京：中国财富出版社有限公司, 2023.7

ISBN 978-7-5047-7964-9

Ⅰ.①灯…　Ⅱ.①高…　Ⅲ.①工业企业—成果—汇编—中国　Ⅳ.①F426

中国国家版本馆CIP数据核字（2023）第121197号

策划编辑 宋　宇	**责任编辑** 邢有涛	刘静雯	尹培培	**版权编辑**	李　洋
责任印制 尚立业	**责任校对** 张营营			**责任发行**	黄旭亮

出版发行 中国财富出版社有限公司	
社　　址 北京市丰台区南四环西路188号5区20楼	**邮政编码** 100070
电　　话 010-52227588 转 2098（发行部）	010-52227588 转 321（总编室）
010-52227566（24小时读者服务）	010-52227588 转 305（质检部）
网　　址 http：//www.cfpress.com.cn	**排　　版** 宝蕾元
经　　销 新华书店	**印　　刷** 宝蕾元仁浩（天津）印刷有限公司
书　　号 ISBN 978-7-5047-7964-9/F·3568	
开　　本 710mm×1000mm　1/16	**版　　次** 2023 年9月第1版
印　　张 25.75	**印　　次** 2023 年9月第1次印刷
字　　数 408千字	**定　　价** 115.00 元

前　言

党的二十大报告指出，坚持把发展经济的着力点放在实体经济上，推进新型工业化，加快建设制造强国、质量强国、航天强国、交通强国、网络强国、数字中国。实施产业基础再造工程和重大技术装备攻关工程，支持专精特新企业发展，推动制造业高端化、智能化、绿色化发展。中国工业从中华人民共和国成立初期的"一穷二白"到改革开放以来快速发展，以创新为动力，转型升级，实现了高质量发展。目前，中国制造业的一些技术已经达到国际领先或先进水平，如第三代核电技术、高速铁路建设、5G 通信技术、量子通信技术、天宫空间站、北斗卫星导航系统、特高压直流输电技术等，令世界刮目相看。中国已经成为世界第二大经济体、制造业第一大国和网络第一大国，是世界上唯一拥有联合国产业分类中全部工业门类的国家。国家繁荣昌盛，全面建成小康社会，人民幸福安康。事实表明，只有发展实体经济，才能奠定物质基础，才能建设强大的美丽中国。

为了坚定走发展实体经济的道路，既要防止工业发展"脱实向虚"、制造业占国内生产总值比例过快地下降，又要解决好工业发展与环境保护的二元关系，更要贯彻落实习近平新时代中国特色社会主义思想，走具有中国特色的社会主义新型工业化道路，坚持"绿水青山就是金山银山"的理念，引导中国工业企业实现可持续健康发展。中国工业大奖的创立，明确了我国企业发展的方向、道路和精神，引领和促进工业企业做强做优做大，塑造世界知名品牌，培育国际知名的百年企业。

　　中国工业大奖创立于 2004 年，迄今共评审了 7 届，得到了党中央、国务院领导的批示和鼓励。经过 19 年的实施与发展，已成为中国工业领域最有影响力的奖项，代表着工业领域的最高水平，对加快走具有中国特色社会主义新型工业化道路起到了引导和推动作用。从第一届至第七届中国工业大奖的评审实践来看，该奖项达到了为我国工业企业树榜样、立标杆、方向标的目的。几届中国工业大奖的评审工作得到了党中央、国务院领导的关怀，得到了国家有关部门的大力支持，得到了全国行业联合会、协会和省、自治区、直辖市工业经济联合会等的配合和帮助，也得到了广大工业企业的拥护，以及新闻媒体的大力宣传，在社会上获得了积极的反响，取得了较好的效果。

　　自中国工业大奖评审工作实施以来，在我国数千万家工业企业中，评审出的中国工业大奖企业和项目仅有 137 家（个），体现了中国工业大奖评审坚持少而精的宗旨，贯彻了党中央领导的批示精神，使中国工业大奖真正成为我国工业领域最有影响力的奖项。

　　本书共分三篇：上篇为中国工业大奖创立与实施，中篇为中国工业大奖引领与培育，下篇为中国工业大奖成果与经验。总结了多年来组织实施中国工业大奖评审工作的实践与体会，详细论述了中国工业大奖的创立背景、奖项定位、组织实施、申报条件、评审标准、评审流程、注意事项、培育内容，以及历届获奖情况、数据、特点、分析等，特别是明确了培育中国工业大奖企业和项目的路径。同时，还叙述了获奖企业在艰苦创业、敢于拼搏、勇于创新、攻坚克难、实现突破、赶超跨越、领跑世界等方面取得的辉煌成果和取得的成功经验。本书对我国工业领域各行各业的管理者及广大干部职工均有一定的裨益，特别是对培育、申报和争创中国工业大奖的单位，具有一定的参考价值。

　　由于本人学识浅薄，水平有限，本书有不妥之处，敬请广大读者批评指正。

高家明

2023 年 3 月 12 日

目录

上篇
中国工业大奖创立与实施

中国工业大奖引领与培育

下 篇

中国工业大奖成果与经验

引领工业企业高质量发展

上篇

中国工业大奖
创立与实施

第一章
中国工业大奖创立

2001年，在中国工业经济联合会（以下简称"中国工经联"）第三届理事会期间，为配合国家质量监督检验检疫总局（以下简称"国家质监总局"）开展的"中国名牌"产品评选工作，中国工经联实施了中国名牌战略推进工作，得到了党中央、国务院领导的关怀和批示，也得到了工业领域各行业企业的拥护和积极参与，取得了良好的社会效益。

在实施培育和创立中国名牌并向世界名牌进军的基础上，为引导和推动中国工业企业的健康可持续发展，中国工经联领导作出了一个积极且具有创新性的决定，即设立中国工业大奖，并由中国工经联组织实施。面对这一重大决定，对于创立中国工业大奖奖项的目的、意义、定位、评审标准、实施流程、组织方式，以及如何发挥中国工业大奖的引导作用等，都需要深入思考和细致研究。同时，中国工经联领导要求制订中国工业大奖实施方案，起草一份上报党中央、国务院的报告。此项重要任务交由时任中国工经联名牌推进部主任高家明负责完成。创立中国工业大奖奖项的任务非同小可，任务艰巨，责任重大。这是继实施中国名牌战略培育工作之后，迎来的又一场严肃的"大考"。

第一节　中国工业大奖背景

一、中国工业经济的快速发展

中华人民共和国成立以来，工业发展经历了恢复、调整、建设、艰难、曲折、探索、改革、快速、转型、高质量发展等阶段，如今我国工业取得的辉煌成就令世人刮目相看。但在中华人民共和国成立之初的三年国民经济恢复时期，工业经济徘徊不前，就民族资本主义工业来说，1950年产值仅比1949年增加了4.5亿元，占工业总产值比重由1949年的48.7%下降到1950年的38.1%，下降了10.6个百分点；1951年产值比1950年增长了29.2亿元，比重略有回升，为38.4%，上升了0.3个百分点；1952年产值比1951年增长了4亿元，比重下降至30.6%，下降了7.8个百分点。❶

1952年我国人均GDP（国内生产总值）仅为119元，2001年上升为7543元。第二产业中的工业占比从1952年的17.6%上升至2001年的44.4%，见下页表。

1978年12月，中共中央召开了党的十一届三中全会，拉开了我国改革开放的序幕。会议重新确立了党实事求是的思想路线，作出把全党工作重点转移到社会主义现代化建设上来的重大决策。会议确定了"解放思想、实事求是"的思想路线，为工业领域冲破旧的思维方式和僵化观念的束缚，深入推进改革开放的伟大实践指明了方向，提供了强大动力，使我国工业企业焕发了青春活力，工业生产速度得到了飞速发展。

1992年，党的十四大报告指出，我国经济体制改革的目标是建立社会主义市场经济体制，以便于进一步解放和发展生产力。由此开启了中华人民共和国成立以来由计划经济向市场经济转变的经济体制改革，推动了多种所有制经济共同发展。1992—2002年，我国的第一、第二、第三产业结构比例中，作为第二产业的工业始终保持排名第一，GDP平均增长10.25%，工业增加值

---

❶　国家经济贸易委员会，《我国走新型工业化道路研究》，机械工业出版社2003年版。

由1992年的7665.48亿元提高到了2002年的32994.75亿元，工业增长态势明显。由于我国制造能力表现出强劲的势头，后期迎来了峰值。同时，2002年中国货物进出口总额为6208亿美元，同比增长27.1%。❶

中国国内生产总值构成及人均GDP

年份	国内生产总值占比（%）				人均GDP（元）
	第一产业	第二产业		第三产业	
		其他	工业		
1952	50.5	20.9	17.6	28.6	119
1962	39.4	31.3	28.3	29.3	173
1970	35.2	40.5	36.8	24.3	275
1978	29.1	47.9	44.3	23.0	379
1980	30.1	48.5	44.2	21.4	460
1985	28.4	43.1	38.5	28.5	855
1990	27.1	41.6	37.0	31.3	1634
1995	20.5	48.8	42.3	30.7	4854
2000	16.4	50.2	43.7	33.4	7084
2001	15.2	51.1	44.4	33.6	7543

资料来源：国家经济贸易委员会，《我国走新型工业化道路研究》，机械工业出版社，2003。

二、培育和打造一批中国知名品牌

2001年，为提高中国企业的国际竞争力，推进国际化进程，加快实施名牌战略，鼓励中国企业树品牌、创名牌，由国家质监总局牵头开展了"中国名牌产品"的评审工作，并成立了"中国名牌战略推进委员会"（以下简称

---

❶ 国家政府网，2013年12月11日。

"名推委"），组织开展中国名牌产品的评比工作，每年按照国民经济行业分类推出一批中国名牌产品并给予表彰，极大地调动了全国工业企业开展培育和打造中国名牌产品的热情。名推委主任由中国工经联会长林宗棠担任，中国工经联作为名推委秘书处负责具体工作（后因国家质监总局的工作职能调整而停止）。在此情形下，林宗棠向时任总书记江泽民呈报了向世界名牌进军的报告，并得到批示。2002年在北京人民大会堂召开了"2002中国名牌论坛"，向社会推出了向世界名牌进军的16家具有国际竞争力的中国企业。此时，培育和创立中国名牌和中国世界名牌得到了工业界企业的拥护和积极参与。但是，企业如何进行可持续发展，路径又在哪里，如何引领工业领域企业发展等问题，成为中国工经联工作的重要内容，开始进入了深入研究阶段。

三、加快推进中国工业化进程

中华人民共和国成立之初，工业基础极其薄弱，国家"一穷二白"，在中国共产党的坚强领导下，开始了中国工业化建设。经过了社会主义革命和建设时期（包括三年国民经济恢复时期、"一五"计划时期和十年社会主义建设时期），特别是党的十一届三中全会后，改革开放的国策使我国工业和国民经济得到了快速发展，中国人民实现了由"站起来"到"富起来"的历史性跨越。在这一进程中，我国取得了举世瞩目的伟大成绩，令世界刮目相看。但同时我们也清楚地看到，与世界上已实现了工业化的国家相比，我国尚落后几十年，还有很长一段路要走。如美国1955年实现工业化、德国1965年实现工业化、日本1972年实现工业化、韩国1995年实现工业化。这些国家的工业化进程比中国早了几十年，但我们正在加快速度追赶，努力在2035年基本实现新型工业化。

四、中国工业快速发展带来的问题

随着中国制造在世界工业领域中的影响力不断提高，特别是中国制造的产品物美质优价廉，在全球消费市场上不断受到消费者的青睐和喜爱，每年工业品出口贸易额在不断增加，为我国创造了许多贸易顺差，促进了国民经济发展。但由于工业制造业的特性，不可避免地产生了资源、能源的大量消耗以及污染问题，如工业生产带来的废气污染、废水污染和固体废物污染等，同时，为了满足工业制造需要而过度采掘、消耗了大量原材料资源和能源，这些都是不可持续的发展方式。特别是工业废水被排放到湖泊、河流、大海，通过食物链传导，最终影响到了人民群众的身体健康。因此，工业发展必须要下大力气减少对环境的影响，降低工业原材料和能源的消耗，实现工业的稳定、健康和可持续发展。因此，只有明确、引领工业的发展方向，才能实现我国的繁荣昌盛和持久发展。

五、党中央指引工业发展方向

中国共产党第十六次全国代表大会报告指出，坚持以信息化带动工业化，以工业化促进信息化，要走出一条科技含量高、经济效益好、资源消耗低、环境污染少、人力资源优势得到充分发挥的新型工业化路子。通过认真学习和领会党的十六大精神，深入思考，我们认识到，中国工业大奖的设立必须以科技进步和创新为主导，实现突破和跨越式发展，推动我国工业化进程；以经济效益提升为保障，积蓄经济支撑力量；以节约资源和能源为基点，实现可持续发展；以保护环境为重要前提条件，杜绝以牺牲环境为代价的发展；调动、重视和发挥人力资源的核心重要因素，充分发挥优秀人才的作用。

通过对背景情况的分析，我们从思想上找准了目标，坚定了引导我国工业企业发展的方向必须贯彻党的十六大精神，加快推进中国企业走新型工业化道路，以信息化技术改造和提升传统产业，改变"粗放型"发展模式，实现从"量"到"质"的转变，提升中国制造业在全球产业链中的地位，引领中国工业企业实现健康和可持续发展；必须站在国家的高度，以人民的利益为根本出发点，推动中国工业化进程，建设工业强国，促进中国工业企业健康和可持续发展；必须坚持评审工作"公开、公平、公正"的原则；必须认真制订中国工业大奖评审工作翔实可行的实施办法。随后，在查阅相关文件、

报告及有关资料的基础上，开展了认真、深入、全面的调研、研讨、论证等工作，在经历了许多个不眠之夜，反复推敲拟呈报党中央和国务院报告的每一个用词用语、制订管理办法的每一条款内容、评审标准的每项指标和权重，以及实施中的每一个流程环节等，经过反复修改之后，终于完成了拟呈报党中央、国务院的报告等材料及若干项筹备工作。

随后，中国工经联领导召开了专题会议，研究了向党中央、国务院呈报设立中国工业大奖的报告。会议指出，中国工业大奖的设立是贯彻落实党的十六大精神，加快推动中国企业走新型工业化道路，定位是正确的。中国工业大奖是工业领域的奖项，应该由我国工业领域主要的行业组织共同发起。要充分发挥中国工经联是我国工业领域综合性行业联合组织的作用，组织和调动相关全国性行业协会的积极性。会议决定由中国工经联牵头组织实施并征求部分全国性行业联合会、协会的意见，共同实施。会后，立即开始了联系并走访部分全国性行业联合会、协会工作，征求他们对报告的意见和建议。此举立刻得到了全国性行业联合会、协会的大力支持、热情拥护、积极参与，很快就完成了呈报报告。下一步，我国12个工业行业的全国性联合会、协会的会长（理事长）联名在呈报党中央、国务院的报告上签名。参加签名的有：徐匡迪（中国工业经济联合会会长）❶、范维唐（中国煤炭工业协会会长）、于珍（中国机械工业联合会会长）、吴溪淳（中国钢铁工业协会会长）、谭竹洲（中国石油和化学工业协会❷会长）、陈士能（中国轻工业联合会会长）、杜钰洲（中国纺织工业协会❸会长）、张人为（中国建筑材料工业协会❹会长）、康义（中国有色金属工业协会会长）、朱训（中国矿业联合会会长）、赵希正

---

❶ 创立中国工业大奖奖项的决定是在中国工经联第三届理事会期间作出的，由时任中国工经联会长，中国名牌战略推进委员会主任，原中国航空航天工业部党组书记、部长林宗棠提出，完成筹备工作后，已经进入了中国工经联第四届理事会期间（2003年11月22日换届），由第十届全国政协副主席，中国工程院党组书记、院长徐匡迪担任会长。

❷ 现名：中国石油和化学工业联合会。

❸ 现名：中国纺织工业联合会。

❹ 现名：中国建筑材料联合会。

（中国电力企业联合会理事长）、魏家福（中国船东协会会长）。2004年7月11日，由中国工经联会长徐匡迪审核并签名后呈报。

2004年7月24日传来了特大喜讯，中共中央总书记胡锦涛、全国人大常委会委员长吴邦国、国务院总理温家宝、全国政协主席贾庆林、国务院主管工业的副总理黄菊5位党中央、国务院领导在报告上作了批示或圈阅。胡锦涛总书记批示："使'中国工业大奖'真正成为我国工业领域最有影响力的奖项。"全国人大常委会委员长吴邦国批示："关键在于公开、公平、公正，把好事办好，坚决抵制各种不正之风和权钱交易，以真正促进名牌战略的实施。"国务院总理温家宝批示："奖项宜少而精，评选注重实效，工作提倡节俭。"党中央、国务院领导对设立中国工业大奖引领和推动我国工业企业走新型工业化道路、推进我国工业化进程、实现我国工业健康和可持续发展给予厚望，遵照党中央和国务院领导的批示精神，我们开始认真组织和实施中国工业大奖工作。

第二节　中国工业大奖定位

认真学习、领会和贯彻落实党中央、国务院领导批示精神，将中国工业大奖定位为：中国工业领域最有影响力的奖项，代表着中国工业领域的最高水平，体现了中国工业发展的方向、道路和精神。该奖项也被人们称为"工业奥斯卡奖"。中国工业大奖奖杯见下图。

中国工业大奖奖杯

中国工业大奖是经国务院批准设立的一项综合性奖项，要求企业全方位优秀，对我国工业领域的企业发展起到标杆和引领作用。中国工业大奖企业应拥有独立的自主知识产权且制造技术达到国际先进水平或国内领先。中国工业大奖项目应拥有独立的自主知识产权，制造的产品优于或达到国际同类产品技术和质量水平，或者实现突破和填补国内空白的重大装备、产品或关键部件、原材料、工业软件设计等。荣获中国工业大奖的单位，都应具有引领行业企业实现可持续发展的能力。

2015年8月20日，全国评比达标表彰工作协调小组办公室发布了《全国评比达标表彰保留项目目录》，中国工业大奖评审项目被列在了中央单位评比达标表彰保留项目中的第275项，为中国工经联组织开展实施的中国工业大奖评审工作提供了合规性保障。

第三节　中国工业大奖类别

中国工业大奖的类别分为中国工业大奖、中国工业大奖表彰奖（以下简称"表彰奖"）和中国工业大奖提名奖（以下简称"提名奖"）3个层级。

中国工业大奖创立伊始，国务院批准每3年评审一次，随着此项工作公开、公平、公正和有序、规范、有效地开展，得到了工业界和社会各界的热情拥护、积极参与和综合好评。同时也收到了许多工业企业和行业协会的反映，认为届期时间间隔较长，每届评选的数量较少，强烈要求缩短评审时间间隔。根据大家的反映，我们也考虑到近些年来我国工业领域技术水平快速提高，达到世界领先或世界先进技术水平的项目较多，涌现出许多领军企业。经报国务院批准，自2014年开始，中国工业大奖的评审工作改为每2年评审一次，并一直延续至今。

中国工业大奖授予对象为两种，一种是中国工业企业（科研单位），另一种是中国工业项目。

第四节　党中央和国务院领导关怀

党的十八大报告指出，牢牢把握发展实体经济这一坚实基础，实行更加有利于实体经济发展的政策措施，强化需求导向，推动战略性新兴产业、先进制造业健康发展，加快传统产业转型升级，推动服务业特别是现代服务业发展壮大，合理布局建设基础设施和基础产业。建设下一代信息基础设施，发展现代信息技术产业体系，健全信息安全保障体系，推进信息网络技术广泛运用。提高大中型企业的核心竞争力，支持小微企业特别是科技型小微企业的发展。党的十九大报告指出，建设现代化经济体系，必须把发展经济的着力点放在实体经济上，把提高供给体系质量作为主攻方向，显著增强我国经济质量优势。加快建设制造强国，加快发展先进制造业，推动互联网、大数据、人工智能和实体经济深度融合，在中高端消费、创新引领、绿色低碳、共享经济、现代供应链、人力资本服务等领域培育新增长点、形成新动能。支持传统产业优化升级，加快发展现代服务业，瞄准国际标准提高水平。促进我国产业迈向全球价值链中高端，培育若干世界级先进制造业集群。党的二十大报告指出，坚持把发展经济的着力点放在实体经济上，推进新型工业化，加快建设制造强国、质量强国、航天强国、交通强国、网络强国、数字中国。实施产业基础再造工程和重大技术装备攻关工程，支持专精特新企业发展，推动制造业高端化、智能化、绿色化发展。巩固优势产业领先地位，在关系安全发展的领域加快补齐短板，提升战略性资源供应保障能力。推动战略性新兴产业融合集群发展，构建新一代信息技术、人工智能、生物技术、新能源、新材料、高端装备、绿色环保等一批新的增长引擎。构建优质高效的服务业新体系，推动现代服务业同先进制造业、现代农业深度融合。党中央始终把发展和做强实体经济作为建设社会主义现代化强国的重要基础，给予了亲切关怀和大力支持。

党的十八大以来，习近平总书记视察了多家中国工业大奖企业，给予了亲切关怀和鼓励，使工业企业备受鼓舞，更加对坚守实体经济、着力发展实体经济、建设工业强国增强了信心，增添了干劲。

2013年2月5日，习近平总书记调研考察荣获中国工业大奖的企业金川集团兰州金川科技园。习近平总书记一边仔细观看展板和展品，一边询问金川贵金属产品的应用领域、主要产品的产量和出口情况。之后，习近平总书记来到了研发大楼的现代冶金研究室，饶有兴趣地观察了生物冶金试验。

在调研考察快结束时，习近平总书记发表了热情洋溢的讲话，首先肯定了公司在科技进步方面取得的成就。他说："很高兴，今天到咱们这里来，看到你们获得的奖项，2012年的国家科技进步奖一等奖、二等奖，这个是很不容易的，还曾经获得过特等奖，2011年获得中国工业大奖，对你们取得的这些成绩、成果，我表示衷心的祝贺！"❶

2013年8月28日，习近平总书记冒雨来到获得中国工业大奖项目的企业大连船舶重工集团有限公司，了解海洋工程装备发展情况。❷

2013年11月25日，习近平总书记调研考察了荣获中国工业大奖的企业山东如意科技集团有限公司，听取了产品介绍，观看了生产车间，了解了生产经营。得知他们依靠科技创出多个知名纺织服装品牌，拓展国际品牌成绩显著，习近平总书记予以肯定。他指出，企业是创新主体，掌握一流技术，传统产业也可以变为朝阳产业。要深入实施以质取胜和市场多元化战略，支持有条件的企业全球布局产业链，加快形成出口竞争新优势，提高抵御风险能力。❸

2014年5月10日，习近平总书记视察荣获中国工业大奖的企业中铁工程装备集团有限公司，作出了"推动中国制造向中国创造转变，中国速度向中国质量转变，中国产品向中国品牌转变"的重要指示，为我国制造业高质量发展指明了前进方向，开启了中国制造品牌发展的新征程。❹

2017年1月24日，习近平总书记视察了中国工业大奖表彰奖获奖企业君乐宝乳业集团的主要生产企业，对他们狠抓质量、确保产品质量安全的做

❶ 中新网（源于甘肃日报），2013年2月17日。
❷ 中国共产党新闻网，2013年8月29日。
❸ 人民网（源于中国共产党新闻网），2013年11月29日。
❹ 人民网，2022年8月16日。

法给予了充分肯定。对发展国产奶粉作出了"让祖国下一代喝上好奶粉"和
"高标准、创品牌、增强市场竞争力"的重要指示。❶

　　2017年12月12日，习近平总书记考察了中国工业大奖获奖企业徐州工
程机械集团有限公司（以下简称"徐工集团"）。习近平总书记结合公司展
板详细了解企业经营发展、自主创新、国际合作、人才培养、党的建设等情
况，肯定企业继承红色基因、适应时代发展取得的成绩。他强调，国有企业
是中国特色社会主义的重要物质基础和政治基础，是中国特色社会主义经济
的"顶梁柱"。要按照党的十九大部署推动国有企业深化改革，提高经营管
理水平，使国有企业成为贯彻新发展理念、全面深化改革的骨干力量，成为
我们党执政兴国的重要支柱。

　　习近平总书记来到公司起重机底盘装配车间，察看智能生产线，了解
智能拧紧系统、数字化装配工艺及新下线的全地面起重机成品的生产流程
和技术要领，观看工业互联网大数据平台操作演示，听取企业实施服务型
制造和大数据远程服务的情况汇报，同现场工人亲切交流。他还饶有兴致
地登上公司完全自主研发的XCA220全地面轮式起重机驾驶室，向技术人
员详细询问技术创新细节和操作流程。习近平总书记指出，必须始终高度
重视发展壮大实体经济，抓实体经济一定要抓好制造业。装备制造业是制
造业的脊梁，要加大投入、加强研发、加快发展，努力占领世界制高点、
掌控技术话语权，使我国成为现代装备制造业大国。创新是企业核心竞争
力的源泉，很多核心技术是求不到、买不来的。落实党的十九大关于推动
经济发展质量变革、效率变革、动力变革的重大决策，实现中国制造向中
国创造转变、中国速度向中国质量转变、中国产品向中国品牌转变，必须
有信心、有耐心、有定力地抓好自主创新。国有企业要成为深化供给侧结
构性改革的生力军，瞄准国际标准提高发展水平，促进我国产业迈向全球
价值链中高端。习近平总书记勉励徐工集团着眼世界前沿，努力探索创新

---

❶　君乐宝乳业集团提供资料。

发展的好模式、好经验。❶

2018年10月22日，习近平总书记视察了中国工业大奖获奖企业珠海格力电器股份有限公司，考察企业在加强自主核心技术研发、推动产业优化升级的情况。他强调，要有志气和骨气加快增强自主创新能力和实力，努力实现关键技术自主可控，把创新发展主动权牢牢掌握在自己手中。❷

2020年5月12日，习近平总书记视察了中国工业大奖获奖企业山西太钢不锈钢精密带钢有限公司。该企业生产的厚0.02毫米，宽640毫米不锈钢（熟称"手撕钢"），是国家工业领域急缺的重要基础材料。❸

2021年10月21日，习近平总书记在荣获中国工业大奖表彰奖的企业中国石化胜利油田考察调研期间，看望慰问石油工人。习近平指出，石油能源建设对我们国家意义重大，中国作为制造业大国，要发展实体经济，能源的饭碗必须端在自己手里。希望石油战线再创佳绩、再立新功。❹

2022年4月10日，习近平总书记视察了中国海洋大学三亚海洋研究院，了解海洋观测设备与信息服务系统研发应用情况，连线"深海一号"作业平台。前方工作人员向习近平总书记汇报了一线工作情况。习近平总书记向他们表示诚挚问候，嘱咐他们注意安全、保重身体。习近平总书记强调，建设海洋强国是实现中华民族伟大复兴的重要战略任务。要推动海洋科技实现高水平自立自强，加强原创性、引领性科技攻关，把装备制造牢牢抓在自己手里，努力用我们自己的装备开发油气资源，提高能源自给率，保障国家能源安全。❺"深海一号"坐落在海南岛东南方向，是由荣获中国工业大奖的中国海洋石油有限公司自主勘探、设计、建造、安装、生产的大型深水项目，实现了我国海洋油气1500米超深水开发的突破，也是我国首个自营超深水大气田。

---

❶ 徐州工程机械集团有限公司提供资料。
❷ 中国政府网，2018年10月25日。
❸ 新华社网，2022年4月30日。
❹ 中新经纬网，2021年12月31日。
❺ 《人民日报》，2022年9月14日第20版。

2020年6月，国务院总理李克强调研考察山东省时来到了获得中国工业大奖企业和项目"双奖"的海尔集团公司，对海尔集团公司的卡奥斯工业互联网平台的跨行业、跨领域项目给予了高度肯定："你们不仅把自己的工厂做成了'灯塔'，也赋能其他企业，帮助他们提高了效率，降低了库存。你们用工业的思路来赋能农业，把农民的智慧也融合进来，把餐桌上的需求和农业基地链接起来，这是创新！你们把医疗物资、房车、旅游等生态汇聚到平台上，让它们联动起来，获得很大增值，这做得很好。你们抓住了机会！"❶

---

❶ 《青岛日报》，解码卡奥斯②：无边界生态赋能"百业"，2020年6月12日。

第二章
中国工业大奖实施

第一节　中国工业大奖筹备工作

一、建立中国工业大奖组织机构

根据中国工业大奖实施工作方案和计划，需要组建组织机构和评审机构，需要做好顶层设计。经中国工经联领导研究，报国务院办公厅秘书二局审定，决定成立中国工业大奖组织委员会和中国工业大奖评审委员会。中国工业大奖组织委员会主任由时任中国工经联会长徐匡迪担任，委员由组织发起的部分全国性行业联合会、协会的领导组成，下设"中国工业大奖办公室"，办公室主任由高家明担任。中国工业大奖评审委员会主任由时任国家行政学院副院长、党组副书记程连昌担任，委员由组织发起的部分全国性行业联合会、协会的相关负责人组成，秘书长由高家明兼任。

为了使中国工业大奖评审工作职责分工更加清晰、明确，从第二届起中国工业大奖组织实施工作作了调整，将以上两个组织机构更名为中国工业大奖审定委员会和中国工业大奖工作委员会，并上报国务院批准。两个组织机构的实质工作内容与之前的组织机构工作内容相比没有改变，延续至今。

二、制订管理制度及评审办法

在组织机构建立后，随即进入了中国工业大奖实施管理办法的制订阶段。在学习和参阅了有关资料，结合中国工业大奖奖项特点和目标要求，经过大量的调研和与发起单位的共同讨论之后，由高家明起草了《中国工业大奖实施管理办法（试行）》和《中国工业大奖评选标准（草案）》，并征求发起单位的意见，以及国家有关部门的意见，经反复推敲，前后修改9稿，得到中国工经联领导审批后，上报国务院进行审定。时任国务委员、国务院党组成员兼国务院秘书长华建敏在国务院办公厅秘书二局的报告上作了批示，报国务院副总理黄菊批示。随后，根据国务院办公厅秘书二局的意见，对上报的两个文件进行修改，最终形成了《中国工业大奖实施管理办法（试行）》和《中国工业大奖评选标准》，并于2005年年初启动了第一届中国工业大奖评审实施工作。

三、中国工业大奖企业申报条件

（1）申报中国工业大奖的企业（科研单位），须在中华人民共和国境内依法注册且拥有控股权。

（2）代表中国工业的发展方向、道路和精神，对增强综合国力、实现科学发展、实施生态文明建设、促进国民经济和社会发展作出了贡献。

（3）具有转型升级的示范、引领和带动作用，拥有关键核心技术和自主知识产权，推进工业化与信息化融合，自主创新能力达到国际先进或国内领先水平。

（4）质量、效益、节能减排、资源综合利用、环保、安全生产、标准化等主要指标居国内领先或国外先进水平。

（5）重视品牌建设，建立了完整的品牌管理体系；积极履行产品质量主体责任，诚信度高。

（6）积极履行社会责任，对地区、行业和企业发展具有示范和带动作用。

四、中国工业大奖项目申报条件

（1）在中华人民共和国境内依法注册且申报中国工业大奖项目的生产企业（科研单位），须拥有控股权。

（2）代表中国工业的发展方向、道路和精神，对增强综合国力、加强生态文明建设、促进国民经济和社会发展作出重大贡献，对行业、地区发展具有示范和带动作用。

（3）积极推进工业化与信息化融合，技术创新性突出，填补国内空白，替代同类进口产品，拥有核心技术和自主知识产权，科技水平达到国际先进或国内领先水平。

（4）质量、效益、节能、减排、资源综合利用、环保、安全等指标达到国际先进或国内领先水平。

第二节　中国工业大奖评审不收取任何费用

根据《中国工业大奖实施管理办法（试行）》规定，必须做到：中国工业大奖在企业自愿申报、受理推荐、资格审核、行业评审、综合评审、现场考察、征求意见、工作委员会审议、审定委员会审定、社会公示、上报国务院、召开表彰或发布会等各环节，以及颁发的奖杯、奖牌、证书等均不收取申报单位任何费用。此外，自获得了中国工业大奖、表彰奖和提名奖之日起，每四年复审一次，复审工作全过程也不收取任何费用。

十几年来，中国工业大奖的评审实施工作取得了较好的成绩，对我国工业企业加快推进走新型工业化道路起到了重要作用。中国工业大奖每两年评审一次，具体工作一般安排为：第一年主要工作是企业申报、受理推荐、资格审核、行业评审、综合评审，召开工作委员会会议；第二年主要工作是现场考察、征求国家相关部门意见、召开审定委员会会议、向社会公示、上报国务院、召开表彰或发布会、邀请中央各新闻媒体开展宣传等。

第三节　中国工业大奖实施发动

一、组织发动工作

中国工业大奖实施工作启动伊始，由中国工经联组织召开全国性行业联合会（协会）和全国省、自治区、直辖市工业经济联合会（协会）的负责人会议，介绍中国工业大奖奖项，解读《中国工业大奖实施管理办法（试行）》，提出实施评审工作计划和安排，部署受理企业申报工作任务并提出具体要求。

接着，在全国范围内以不同形式进行中国工业大奖实施工作的宣传，由中国工经联和中国工业大奖组织委员会办公室联合发起宣讲会、说明会和介绍会等。中国工业大奖工作实施之初，在北京、深圳、上海、石家庄、西安等地举行过多场百人以上规模的会议。

二、申报受理单位

根据《中国工业大奖实施管理办法（试行）》规定，申报中国工业大奖的受理单位分为三类。

第一类，由中国工经联指定受理的全国性行业联合会（协会）：中国煤炭工业协会、中国机械工业联合会、中国钢铁工业协会、中国石油和化学工业联合会、中国轻工业联合会、中国纺织工业联合会、中国建筑材料联合会、中国有色金属工业协会、中国电力企业联合会、中国电子信息行业联合会、中国化学制药工业协会、中国国防工业企业协会、中国船舶工业行业协会。

第二类，由中国工经联指定受理申报的全国各省、自治区、直辖市工业

经济联合会（协会/联谊会）：北京工业经济联合会、河北省工业经济联合会、山西省工业经济联合会、辽宁省工业经济联合会、黑龙江省工业经济联合会、上海市工业经济联合会、江苏省工业经济联合会、浙江省工业经济联合会、安徽工业经济联合会、福建省企业与企业家联合会、江西省工业经济联合会、山东省工业经济联合会、湖北省工业经济协会、湖南省企业和工业经济联合会、海南省工业经济联合会、重庆市工业经济联合会、四川省工业经济联合会、云南省工业经济联合会、陕西省工业经济联合会、宁夏回族自治区工业经济联合会、新疆维吾尔自治区工业经济联合会、深圳工业总会、广州工业经济联合会、全国台湾同胞投资企业联谊会。

第三类，由中国工经联直接受理。凡申报企业或产品的行业归类不明确，并且其所在的省、自治区、直辖市未设立工业经济联合会（协会）的，申报单位可直接向中国工经联工业促进工作部（大奖办）申报。

第四节　中国工业大奖评审流程

一、自愿申报

凡是符合中国工业大奖申报条件的企业，均可填写《中国工业大奖企业申报书》或《中国工业大奖项目申报书》（申报《通告》发出后，可在中国工经联官网下载），填写后加盖单位公章，一式两份并配光盘，向上述受理单位进行申报。

二、受理推荐

根据每届中国工经联发布的《通告》，由指定的受理单位在规定申报时间内接受企业申报资料，同意推荐的，将申报资料邮寄或送至中国工经联工业促进工作部（大奖办）。

三、资格审核

由中国工经联工业促进工作部（大奖办）对企业申报资料按照中国工业大奖申报条件进行审核，通过资格审核的，方可进入下一步行业评审环节。经审核，凡是不符合申报条件，资料全部原路退回。

四、行业评审

（一）设立行业组别

一般设有：煤炭行业组、机械行业组、钢铁行业组、石化行业组、轻工行业组、纺织行业组、有色行业组、建材行业组、电力行业组、电子信息产业组、医药行业组、船舶行业组、国防工业组、其他行业组。

特别要说明的是：由于我国工业发展速度较快，行业组织的建设还跟不上工业形势发展需要，因此有一些新兴行业的崛起，如新材料、新能源、环保、轨道交通装备等行业一时难以找到对口的行业组织负责，在进行行业分组时，只能靠入相关联行业，配备有关行业专家。如建材行业组、有色金属行业组、国防工业组都承担了申报新材料企业和项目的评审工作；轻工行业组承担了新材料、农副食品加工类企业和项目的评审工作；电力行业组、电子信息产业组承担了新能源类企业和项目的评审工作；机械行业组承担了轨道交通装备、环保装备等类企业和项目的评审工作；有色行业组还承担了金属矿产类企业的评审工作。

（二）分类划归行业组

在中国工经联发布《通告》规定的申报时间有效期内，各受理单位接收企业申报，并将推荐的《中国工业大奖企业申报书》和《中国工业大项目申报书》送达中国工经联工业促进工作部（大奖办），由其对收到的申报资料进行资格审核，对符合申请条件要求的企业或项目，依申报书填写的行业和产品类别，分别划归到相关行业组。对于个别的企业因生产的产品具有特殊性，

或无相对应的行业组时，划归至其他行业组。

（三）行业专家组组成

行业专家组，一般由各组的相关行业的联合会（协会）负责推荐若干名本行业的中国工程院院士、资深或知名的行业专家等组建，形成专家库。在拟开展中国工业大奖行业评审时，从专家库中随机抽取专家人选，每个专家组由7~9名专家组成。

（四）行业专家评审方式和结果

行业专家评审方式：审阅申报企业或项目的资料（电子版），利用电脑软件系统按照中国工业大奖行业评审标准进行评审打分。电脑软件自动去掉一个最高分和一个最低分，计算出其余评审专家打分的算术平均值，并将所有评审企业或项目按照得分高低自动降序排列，得出专家评审结果（打印或导出Excel文件留档）。同时，系统也配有评审专家发表评审意见栏。该评审结果将作为拟定进入本届中国工业大奖综合评审对象的重要依据。

五、综合评审

（一）综合评审对象的确定

根据各组专家评审的结果，选择成绩名列前茅的申报企业或项目，将其列为综合专家组评审的对象。

（二）综合评审专家组组成

综合评审专家是由国务院相关部门和科研单位等推荐的人员组成。他们专业水平较高、知识渊博、信息灵通、经验丰富、审核和判断能力强，特别是具有国际视野，能够站在国家层面用更高视角纵观工业发展等。

（三）综合评审方式和结果

综合评审方式：看——申报企业或项目的视频介绍；听——企业或项目代表人现场陈述；问——就申报资料中的相关问题请代表人给予解答；查——审阅申报材料等。随后，专家再利用电脑软件系统，按照综合评审标准进行评审打分，系统会对每一个申报企业或项目的专家打分进行运算，去掉一个最高分和一个最低分，生成算术平均值并将所有评审企业或项目按照得分高低自动降序排列，得出评审结果。该评审结果将提交至中国工业大奖审定委员会，作为拟定本届中国工业大奖候选企业和项目的重要依据。

六、工作委员会审议

由中国工经联组织召开中国工业大奖工作委员会会议，通报企业申报、受理推荐、资格审核、行业评审、综合评审等情况，提出拟作为本届中国工业大奖、中国工业大奖表彰奖和提名奖候选企业和项目名单，请中国工业大奖工作委员会委员审议。同时，部署下一步对候选的中国工业大奖企业和项目进行现场考察等工作安排。

七、现场考察

对通过中国工业大奖工作委员会审议的作为本届中国工业大奖候选企业和项目进行现场考察。由中国工经联工业促进工作部（大奖办）组织成立若干个现场考察组，成员由相关行业的中国工程院院士、行业资深专家、科研单位专家、高等院校专家、行业协会领导等组成，一般每组在5~7人。现场考察后，考察组提出书面意见，通过后方可进入下一个评审工作环节。

八、征求意见

将通过行业专家评审、综合专家评审、现场考察后的本届中国工业大奖候选企业和项目，即产生的中国工业大奖表彰奖、中国工业大奖提名奖候选企业和项目名单及说明材料，报送国家综合、工业、环保、财政、税务、质量、市场监管、商务、海关、统计、纪检等部门征求意见。认真听取和采纳各部门的意见，若存在质疑，经核实确实存在问题的，立即取消该企业或项目的评审资格。

九、审定委员会审定

由中国工经联组织召开中国工业大奖审定委员会会议，中国工业大奖工作委员会向审定委员会报告工作，就企业申报、受理推荐、资格审核、行业评审、综合评审、工作委员会审议、现场考察、征求意见等情况进行汇报，提出拟作为本届中国工业大奖、中国工业大奖表彰奖和中国工业大奖提名奖候选企业和项目名单，请审定委员会委员进行审议。通过审定委员会审议，形成审定意见，确定本届中国工业大奖、中国工业大奖表彰奖、中国工业大奖提名奖候选企业和项目名单。

十、社会公示

按照《中国工业大奖实施管理办法（试行）》规定，中国工业大奖、中国工业大奖表彰奖、中国工业大奖提名奖的候选企业和项目名单将在国家级工业和经济类纸质和网络媒体上向社会公示，公示期为15个工作日。公示期满，未提出异议的视为通过。如有异议的，经核实确实存在问题的，立即取消其申报资格。如涉嫌违法、违规、违纪的问题，移交国家相关部门处理。

十一、报送国务院

向社会公示后，将没有问题的中国工业大奖、中国工业大奖表彰奖、中国工业大奖提名奖候选企业和项目名单，以及由中国工经联起草的关于本届中国工业大奖实施情况的报告，一并报送国务院，得到国务院领导批示后，确定荣获本届中国工业大奖、中国工业大奖表彰奖、中国工业大奖提名奖的企业和项目名单。

十二、表彰发布

经过前11个环节后，确定了荣获本届中国工业大奖、中国工业大奖表彰奖、中国工业大奖提名奖的企业和项目，由中国工经联组织召开表彰会或发布会，颁发奖杯、奖牌、证书。

中国工业大奖的表彰或发布工作，得到了中宣部的大力支持，中央电视台综合频道和财经频道、中央人民广播电台、新华社、《人民日报》《经济日报》《光明日报》等各大媒体（新媒体）都对其进行了及时报道。各行业协会和企业的媒体也做了大量宣传报道，形成了良好的宣传氛围。为配合深度宣传，中央电视台经济频道《对话》栏目还制作专题对话节目，邀请荣获本届中国工业大奖企业负责人作为嘉宾参与节目，取得了很好的效果。

第五节 中国工业大奖表彰发布

每届中国工业大奖在召开表彰会或发布会时，均邀请副国级及以上领导出席会议并颁奖，由中国工经联领导、中国工业大奖审定委员会（中国工业大奖组织委员会）主任作大会主旨讲话，宣读表彰决定。会上，向荣获中国工业大奖的企业和项目颁发荣誉证书、奖牌、奖杯（金）；向荣获中国工业大奖表彰奖的企业和项目颁发荣誉证书、奖牌、奖杯（银）；向荣获中国工业大奖提名奖的企业和项目颁发荣誉证书、奖牌。

在每届中国工业大奖表彰会或发布会上，由获得奖项的企业代表作大会发言，进行经验交流，达到树立学习榜样，带动更多的工业企业向高质量、高水平迈进的目的。

出席会议的代表一般来自：国务院有关部门、地方政府有关部门、全国性工业行业联合会（协会）、地方工业经济联合会、工业企业、科研单位、中央新闻媒体、各工业行业新闻媒体及获奖单位代表等。

第三章
中国工业大奖标准与评审内容

中国工业大奖的评审工作坚持"公开、公平、公正"的原则；坚持高标准、少而精；坚持严格要求、科学实施，注重立标杆和树榜样；坚持规范运作，严防腐败，注意节俭。

第一节　中国工业大奖、中国工业大奖表彰奖和中国工业大奖提名奖标准

一、中国工业大奖标准

代表中国工业发展最高水平，拥有自主知识产权，技术水平达到国际领先或先进水平。在自主创新、转型升级、两化深度融合、高技术产业、高端制造、高质量发展、节能环保、填补国内外空白和替代进口、产业链完整等方面，以及彰显以爱国主义为核心的民族精神和以改革创新为核心的时代精神，发展民族品牌，增强综合国力，推动国民经济发展和生态文明建设等方面作出重大贡献。

二、中国工业大奖表彰奖标准

拥有自主知识产权，技术水平先进，在科技创新、转型升级、两化融

合、经济效益、产品质量、节能减排、资源利用、环境保护、品牌战略、产业链延伸、社会责任、企业管理、人力资源、生态文明、社会责任、核心价值与文化建设等方面取得突出成绩，对行业、地区发展起到示范、引领和带动作用。

三、中国工业大奖提名奖标准

在本行业和地区取得优异成绩，并通过培育有望达到中国工业大奖表彰奖、中国工业大奖标准水平。

第二节　中国工业大奖企业评审内容❶

一、科技水平

信息化、工业化深度融合及高端化、智能化、绿色化水平；拥有自主知识产权核心技术及主持或参与制定国家、国际标准；取得重大突破及填补国内外同行业领域空白；新产品产值率；年研发经费总额、投入强度，研究与实验发展人员数量及占职工总人数比例；推动转型升级提升行业整体水平程度；企业拥有研发机构等级；技术创新程度及国内外竞争实力；数字化转型及互联网、物联网、云计算、大数据应用情况；自主专利技术的种类、数量及年平均增长率；已获国家级荣誉和奖项。

二、经济效益

工业增加值及工业增加值率，总资产贡献率，资产负债率，流动资产周转次数，工业成本费用利润率，销售利润率，净资产收益率，主营业务收入

---

❶ 《中国工业大奖企业申报书（2023 年版）》。

及增长率，主营业务税金及附加，营业现金比率，实现利润及人均利润率，出口额及增长率。

三、资源利用

能源消费总量，原材料利用率，再生资源利用率，工业"三废"综合利用产品产值（重点说明二氧化碳利用情况，如捕集、转化等），万元工业增加值能耗，资源利用的资金投入及低碳清洁新能源投入占比，资源利用采用的先进技术及装备，能耗水平达国际先进或国内领先水平。

四、环境保护

遵守环境保护法律、法规；建立完善环境管理体系；各类污染物稳定达标排放且满足总量控制要求，尤其涉及重点管控新污染物清单（2023年版）中有毒有害化学物质，需单独陈述；排污指标达到国内同行业领先、国际先进水平；环保投资比例及环保投资增长水平；污染物防治措施及技术（着重阐述企业在总体布局上是否突出了控制二氧化碳等温室气体排放，技术工艺的进步是否对节能降耗减碳减排起到了积极作用，并说明企业在节能减排方面实施的具体方法，根据相关标准和规范估算上述措施的作用）；是否荣获环保部门"环境友好企业"称号；已获国家级荣誉和奖项；近两年内是否受到环保部门行政处罚。

五、品牌战略

贯彻落实"推动中国制造向中国创造转变、中国速度向中国质量转变、中国产品向中国品牌转变"实际情况；国（境）内、国外商标注册；产品国内市场占有率；自有品牌产品出口量、占出口总量比例及年增长率（行业或单位不涉及可不填）；产品销往国家和地区及售后服务网络建设（行业或单位不涉及可不填）；已获国家级荣誉和奖项。

六、产品质量

质量管理和标准体系；主持或参与行业重大技术标准的制定和修订；省级（含）以上质检部门抽查产品合格率；质量保证和服务体系；已获质量认证；已获国家级荣誉和奖项。

七、安全生产

企业安全生产资金投入占销售额比例；涉及安全的技术改造投入及占总资产的比例；安全生产管理体系建设；主要安全业绩指标水平，应急管理体系建设；职工健康安全管理体系建设，通过认证及时间；已获得国家级荣誉和奖项；近两年是否发生较大及以上生产安全责任事故。

八、社会责任

企业社会贡献率；创造就业净数量及年增长率；碳达峰、碳中和背景下企业社会责任建设情况；是否建立了履行产品质量担保和召回机制；保障职工权益情况；积极开展社会公益事业（含助力乡村振兴），碳达峰、碳中和规划实施进展，编制碳排查报告，在减排降碳方面建立的规章制度。

九、企业管理

现代企业制度建设；战略规划与管理；账务管理制度建设；国际化经营情况；管理创新成果；实施卓越绩效模式管理方法；企业合规管理体系建设情况；是否为制造业单项冠军示范企业、获得单项冠军产品；是否为"专精特新"小巨人企业（具体批次）。

十、人力资源

年度全员劳动生产率；人均销售收入、人均净利润及工资总额增长率；高层次专业人才和高素质企业管理人才占员工总数的比例；大专（含）以上学历人数占职工总人数比例，中级（含）以上职称人数占职工总人数比例；培训经费投入率及受培训员工占职工总人数比例；管理人员比例；人才发展战略。

十一、企业文化

学习贯彻习近平新时代中国特色社会主义思想情况；企业党建情况；企业核心价值观；企业文化建设；模范人物及先进事迹。

第三节　中国工业大奖项目评审内容❶

一、科技水平

信息化、工业化深度融合及高端化、智能化、绿色化水平；自主知识产权的核心技术及牵头或参与制定国家、国际标准；突破关键核心技术，特别是"卡脖子"问题及填补国内外同行业领域空白；技术创新程度及国内外竞争实力；工艺技术及装备、技术经济指标的先进程度；推动转型升级提升行业整体水平程度；已获专利的类型及数量；已获国家级荣誉和奖项；项目成果转化及应用推广程度。

二、经济与社会效益

总资产贡献率；资产负债率；流动资产周转次数；工业成本费用利润率；

---

❶　《中国工业大奖项目申报书（2023 年版）》。

销售利润率；净资产收益率；项目（产品）累计税金及附加；实现利润；出口额及增长率（行业不涉及出口可不填）；产品的国内外市场占有率（行业不涉及出口可不填）；对经济与社会效益的影响。

三、质量水平

省级（含）以上质检部门抽查产品合格率；质量保证和服务体系；已获质量认证；已获国家级荣誉和奖项；采用的质量管理和标准体系；是否为制造业单项冠军企业、冠军产品（具体批次）。

四、安全性能

安全生产投入及占总资产的比例；涉及安全的技术改造投入及占总资产的比例；安全生产管理体系建设；主要安全业绩指标水平；应急管理体系建设；通过认证及时间；已获荣誉和奖项；近两年是否发生较大及以上生产安全责任事故。

五、资源环境

模范遵守环境保护法律、法规；各类污染物稳定达标排放且满足总量控制要求，尤其涉及重点管控新污染物清单（2023年版）中有毒有害化学物质，需单独陈述；能耗水平达国际先进或国内领先水平；排污指标达到国内同行业领先、国际先进水平；污染物防治措施及技术（着重阐述项目实施过程中是否能够兼顾温室气体排放，技术工艺的进步是否对节能减排起到了积极作用，并说明在节能减排、低碳发展方面实施的具体方法，根据相关标准和规范估算上述措施对碳排放的作用）；是否荣获环保部门"环境友好企业"称号；环境污染防治投入；环境污染预防预案；已获国家级荣誉和奖项；近两年内是否受到环保部门行政处罚。

第四章
中国工业大奖评审结果及分析

第一节　第一至七届中国工业大奖的实施

自2007年召开的第一届中国工业大奖表彰大会至2023年召开的第七届中国工业大奖发布会，历经16年。如果从2004年开始向党中央、国务院报告、筹备、启动和组织实施中国工业大奖评审工作算起，迄今已有19个年头。

一、第一至七届获奖情况

荣获第一至七届中国工业大奖、中国工业大奖表彰奖、中国工业大奖提名奖的企业和项目共477家（个）。其中，企业255家、项目222个，见图4-1、图4-2。

（1）荣获中国工业大奖的共137家（个），其中，企业79家、项目58个；

（2）荣获中国工业大奖表彰奖的共192家（个），其中，企业101家、项目91个；

（3）荣获中国工业大奖提名奖的共148家（个），其中，企业75家、项目73个。

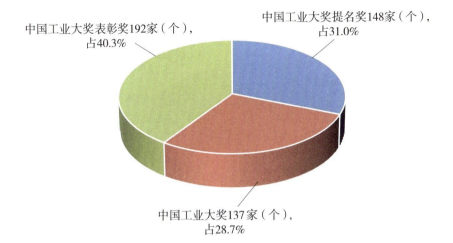

图4-1　第一至七届中国工业大奖、中国工业大奖表彰奖、中国工业大奖
　　　　提名奖奖项数量占比

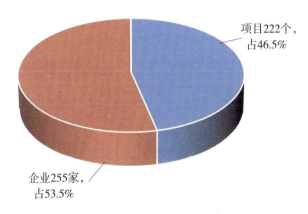

图4-2　第一至七届中国工业大奖、中国工业大奖表彰奖、中国工业大奖
　　　　提名奖获奖企业和项目数量占比

二、第一至七届获奖企业和项目数量分布

（一）按地区统计

第一至七届中国工业大奖、中国工业大奖表彰奖、中国工业大奖提名奖总数477家（个）。其中，东部地区269家（个）、中部地区90家（个）、西部地区86家（个）、东北地区24家（个）、台湾地区8家（个），见图4-3。

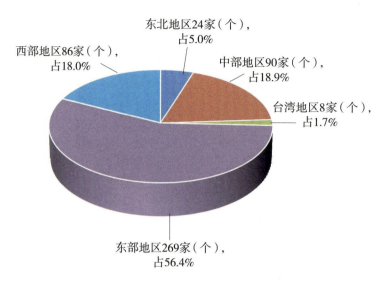

图4-3 第一至七届获奖企业和项目数量地区分布

1.中国工业大奖

东部地区87家（个）、中部地区18家（个）、西部地区21家（个）、东北地区8家（个）、台湾地区3家（个），见图4-4。

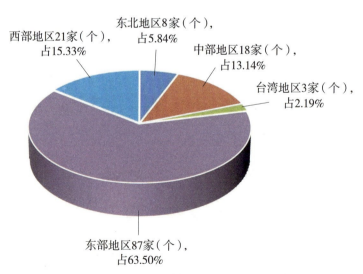

图4-4 第一至七届荣获中国工业大奖企业和项目数量地区分布

2.中国工业大奖表彰奖

东部地区102家（个）、中部地区41家（个）、西部地区35家（个）、东北地区11家（个）、台湾地区3家（个），见图4-5。

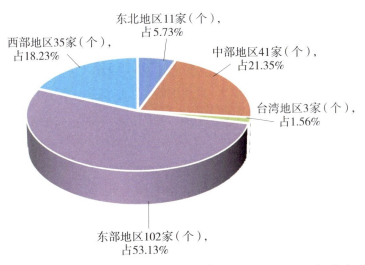

图4-5　第一至七届荣获中国工业大奖表彰奖企业和项目数量地区分布

3.中国工业大奖提名奖

东部地区80家（个）、中部地区31家（个）、西部地区30家（个）、东北地区5家（个）、台湾地区2家（个），见图4-6。

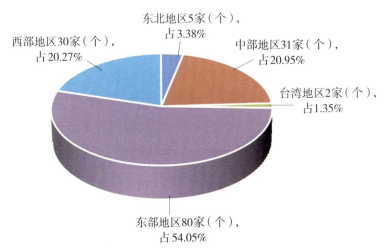

图4-6　第一至七届荣获中国工业大奖提名奖企业和项目数量地区分布

（二）按省、自治区、直辖市统计

第一至七届获奖总数477家（个）。其中，北京47.5家（个）、天津4家（个）、河北14家（个）、山西9家（个）、内蒙古9家（个）、辽宁18家（个）、黑龙江6家（个）、上海26家（个）、江苏62家（个）、浙江20家（个）、安徽29家（个）、福建6家（个）、江西3家（个）、山东63家（个）、河南24家（个）、湖北12家（个）、湖南12家（个）、广东25.5家（个）、广西4家（个）、重庆6家（个）、四川14家（个）、贵州9家（个）、云南3家（个）、陕西24家（个）、甘肃2家（个）、宁夏3家（个）、新疆14家（个）、台湾8家（个），见图4-7。

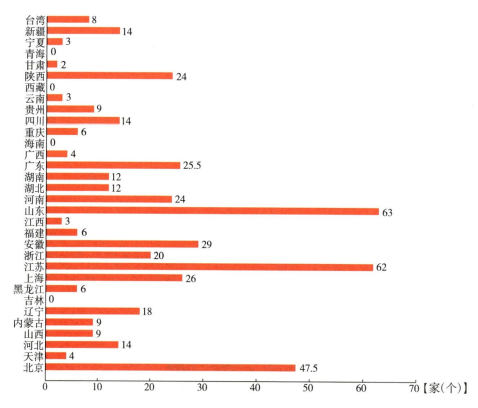

图4-7　第一至七届获奖企业和项目省、自治区、直辖市数量分布

1. 中国工业大奖

北京20.5家（个）、天津1家（个）、河北1家（个）、山西3家（个）、内

蒙古1家（个）、辽宁5家（个）、黑龙江3家（个）、上海7家（个）、江苏27家（个）、浙江5家（个）、安徽7家（个）、福建1家（个）、江西1家（个）、山东18家（个）、河南3家（个）、湖北1家（个）、湖南3家（个）、广东5.5家（个）、四川2家（个）、云南1家（个）、陕西11家（个）、甘肃1家（个）、新疆6家（个）、台湾3家（个），见图4-8。

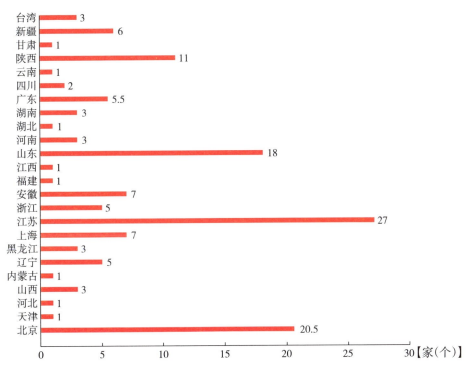

图 4-8　第一至七届中国工业大奖获奖企业和项目省、自治区、直辖市数量分布

2. 中国工业大奖表彰奖

北京16家（个）、天津1家（个）、河北7家（个）、山西5家（个）、内蒙古5家（个）、辽宁9家（个）、黑龙江2家（个）、上海11家（个）、江苏23家（个）、浙江10家（个）、安徽12家（个）、福建1家（个）、江西1家（个）、山东26家（个）、河南11家（个）、湖北6家（个）、湖南6家（个）、广东7家（个）、广西1家（个）、重庆2家（个）、四川6家（个）、贵州5家（个）、云南1家（个）、陕西9家（个）、宁夏1家（个）、新疆5家（个）、台湾3家（个），

见图4-9。

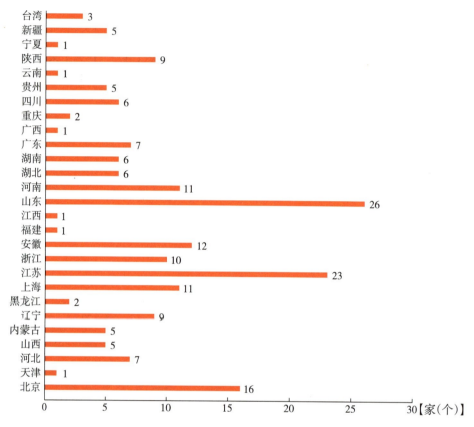

图 4-9　第一至七届中国工业大奖表彰奖获奖企业和项目省、自治区、直辖市数量分布

3.中国工业大奖提名奖

北京11家（个）、天津2家（个）、河北6家（个）、山西1家（个）、内蒙古3家（个）、辽宁4家（个）、黑龙江1家（个）、上海8家（个）、江苏12家（个）、浙江5家（个）、安徽10家（个）、福建4家（个）、江西1家（个）、山东19家（个）、河南10家（个）、湖北5家（个）、湖南3家（个）、广东13家（个）、广西3家（个）、重庆4家（个）、四川6家（个）、贵州4家（个）、云南1家（个）、陕西4家（个）、甘肃1家（个）、宁夏2家（个）、新疆3家（个）、台湾2家（个），见图4-10。

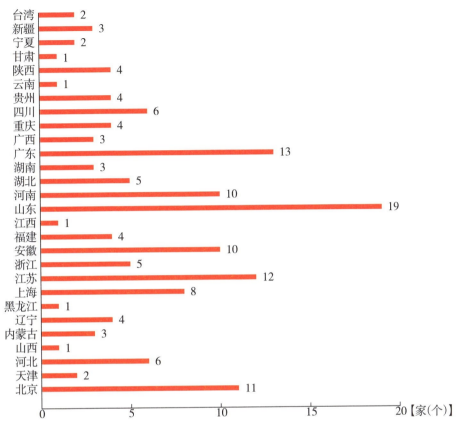

图 4-10　第一至七届中国工业大奖提名奖获奖企业和项目省、自治区、直辖市
数量分布

三、按工业行业统计

第一至七届获奖企业和项目总数477家（个）。其中，煤炭行业29家（个），
占6.1%；机械行业83家（个），占17.4%；钢铁行业41家（个），占8.6%；石化
行业46家（个），占9.6%；轻工行业46家（个），占9.6%；纺织行业18家（个），
占3.8%；建材行业29家（个），占6.1%；有色行业32家（个），占6.7%；电力
行业33家（个），占6.9%；电子信息产业32家（个），占6.7%；医药行业23家
（个），占4.8%；船舶行业28家（个），占5.9%；国防工业21家（个），占4.4%；
轨道装备行业7家（个），占1.5%；环保行业5家（个），占1.1%；农副食品加工行业3家（个），占0.6%；金属矿产行业1家（个），占0.2%，见图4-11。

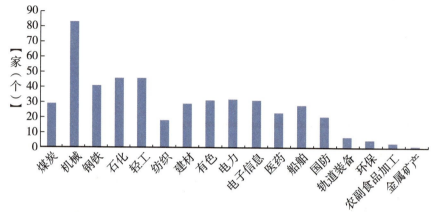

图 4-11　第一至七届获奖企业和项目行业数量分布

需要说明的是：以上机械行业的获奖数量未包含轨道装备、环保行业的获奖数量；轻工行业的获奖数量未包含农副食品加工行业的获奖数量；有色行业和钢铁行业的获奖数量均未包含金属矿产行业的获奖数量。

1. 中国工业大奖

煤炭行业10家（个）、机械行业23家（个）、钢铁行业9家（个）、石化行业15家（个）、轻工行业10家（个）、纺织行业6家（个）、建材行业6家（个）、有色行业6家（个）、电力行业9家（个）、电子信息产业9家（个）、医药行业8家（个）、船舶行业10家（个）、国防工业11家（个）、轨道装备行业3家（个）、农副食品加工行业1家（个）、金属矿产行业1家（个），见图4-12。

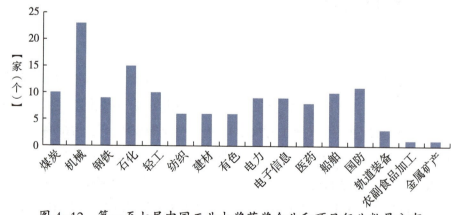

图 4-12　第一至七届中国工业大奖获奖企业和项目行业数量分布

2. 中国工业大奖表彰奖

煤炭行业11家（个）、机械行业42家（个）、钢铁行业19家（个）、石化行业17家（个）、轻工行业20家（个）、纺织行业6家（个）、建材行业13家（个）、有色行业12家（个）、电力行业12家（个）、电子信息产业12家（个）、医药行业6家（个）、船舶行业11家（个）、国防工业5家（个）、轨道装备行业4家（个）、农副食品加工行业1家（个）、环保行业1家（个），见图4-13。

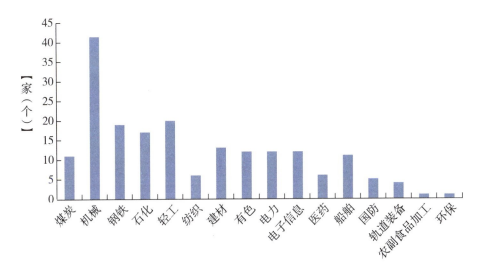

图 4-13　第一至七届中国工业大奖表彰奖获奖企业和项目行业数量分布

3. 中国工业大奖提名奖

煤炭行业8家（个）、机械行业18家（个）、钢铁行业13家（个）、石化行业14家（个）、轻工行业16家（个）、纺织行业6家（个）、建材行业10家（个）、有色行业14家（个）、电力行业12家（个）、电子信息产业11家（个）、医药行业9家（个）、船舶行业7家（个）、国防工业5家（个）、农副食品加工行业1家（个）、环保行业4家（个），见图4-14。

第一至七届中国工业大奖表彰大会或发布会均在北京举行。其中，第一至五届表彰大会或发布会地点均在北京人民大会堂；受新冠疫情的影响，第六、第七届中国工业大奖发布会在北京友谊宾馆举行，发布会线上线下同时进行，

新闻媒体于现场同步向社会转播。第六届中国工业大奖发布会有数十万观众收看；第七届中国工业大奖发布会有超过240万人次通过新华云直播、中国工业报融媒体线上参会，取得了圆满成功。

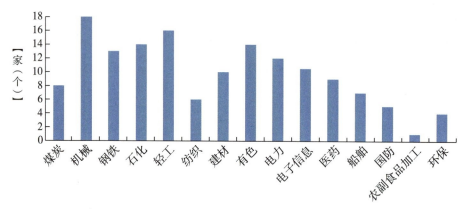

图 4-14　第一至七届中国工业大奖提名奖获奖企业和项目行业数量分布

第二节　第一届中国工业大奖

一、基本情况

第一届中国工业大奖评审工作于2004年年底启动。遵照党中央、国务院领导的批示精神，严格申报程序和评审流程，坚持"公开、公平、公正"原则，按照高标准、少而精的要求，秉持严肃认真、一丝不苟、实事求是、科学评审的态度，开展了中国工业大奖的评审工作。

2005年开始了第一届中国工业大奖的申报工作，在企业自愿申报基础上，共有498家实力较强的制造企业提交了《中国工业大奖企业申报书》或《中国工业大奖项目申报书》，由中国工业大奖评审委员会办公室组织行业专家按照评审标准严格评审，有42家企业、22个项目通过了行业专家评审。再经专家综合评审和现场考察，认真听取社会相关方面的意见，反复推敲，提出了拟荣获中国工业大奖、中国工业大奖表彰奖候选企业和项目名单。召开中国工业大奖组委会会议审议，确定了拟荣获第一届中国工业大奖企业2家、中国工业大奖表彰奖企业4家和3个项目的候选名单，公示后报国务院批准。

　　第一届中国工业大奖表彰大会于2007年12月26日在北京人民大会堂隆重举行。国务院副总理曾培炎出席会议并讲话，第十届全国政协副主席、中国工程院院长、中国工经联会长徐匡迪作了中国工业大奖实施工作报告。会上，宣读了表彰决定，向荣获第一届中国工业大奖的企业、中国工业大奖表彰奖的企业和项目颁发了证书、奖牌和奖杯。中国工业大奖获奖企业大庆油田有限责任公司董事长、总经理王玉普，中国航天科技集团公司总经理马兴瑞；中国工业大奖表彰奖获奖企业万向集团公司董事局主席鲁冠球代表获奖企业作了大会发言，见图4-15。

图 4-15　向荣获第一届中国工业大奖、中国工业大奖表彰奖的
企业和项目颁奖

二、获奖情况

　　荣获第一届中国工业大奖、中国工业大奖表彰奖的企业和项目共9家（个）。其中，企业6家、项目3个。

1. 中国工业大奖

　　荣获第一届中国工业大奖的企业共2家，见表4-1。

表4-1 第一届中国工业大奖企业

序号	企业
1	大庆油田有限责任公司
2	中国航天科技集团有限公司

2. 中国工业大奖表彰奖

荣获第一届中国工业大奖表彰奖的共7家（个）。其中，企业4家、项目3个，见表4-2。

表4-2 第一届中国工业大奖表彰奖企业/项目

序号	企业/项目
1	上海振华港口机械（集团）股份有限公司
2	神华集团有限责任公司
3	江南造船（集团）有限责任公司
4	沈阳机床（集团）有限责任公司
5	秦山核电二期工程（中国核工业集团公司）
6	汽车万向节（万向集团公司）
7	高压直流输电控制保护及换流阀（许继集团有限公司）

三、按地区分布

（一）按地区统计

第一届中国工业大奖获奖总数9家（个）。其中，东部地区6家（个）、中部地区1家（个）、东北地区2家（个），见图4-16。

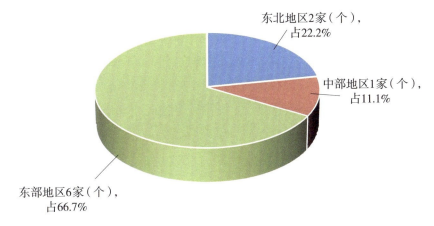

东北地区2家（个），占22.2%

中部地区1家（个），占11.1%

东部地区6家（个），占66.7%

图 4-16　第一届获奖企业和项目数量地区分布

1. 中国工业大奖

荣获第一届中国工业大奖的企业有2家。其中，东部地区1家、东北地区1家，见图4-17。

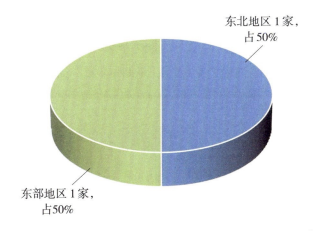

东北地区1家，占50%

东部地区1家，占50%

图 4-17　第一届中国工业大奖获奖企业数量地区分布

2. 中国工业大奖表彰奖

荣获第一届中国工业大奖表彰奖的企业和项目共7家（个）。其中，东部地区5家（个）、中部地区1家（个）、东北地区1家（个），见图4-18。

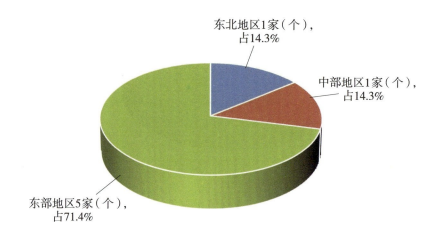

东北地区1家（个），
占14.3%

中部地区1家（个），
占14.3%

东部地区5家（个），
占71.4%

图4-18　第一届中国工业大奖表彰奖获奖企业和项目数量地区分布

（二）按省、自治区、直辖市统计

荣获第一届中国工业大奖的企业和项目共9家（个）（企业6家、项目3个）。其中，北京3家（个）、辽宁1家（个）、黑龙江1家（个）、上海2家（个）、浙江1家（个）、河南1家（个），见图4-19。

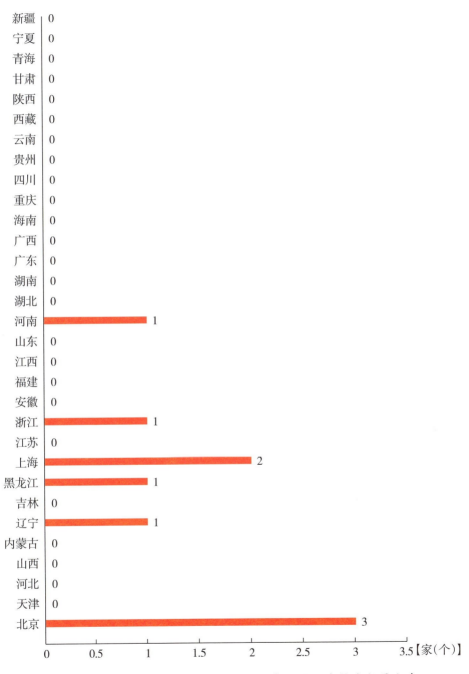

图 4-19　第一届获奖企业和项目省、自治区、直辖市数量分布

1.中国工业大奖

荣获第一届中国工业大奖的企业共2家,北京1家、黑龙江1家,见图4-20。

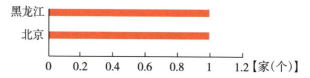

图4-20　第一届中国工业大奖获奖企业省、自治区、直辖市数量分布

2.中国工业大奖表彰奖

荣获第一届中国工业大奖表彰奖的企业和项目共7家（个）。其中,企业4家、项目3个。北京2家（个）、辽宁1家（个）、上海2家（个）、浙江1家（个）、河南1家（个）,见图4-21。

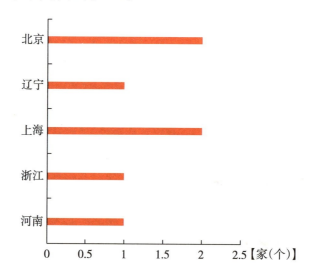

图4-21　第一届中国工业大奖表彰奖获奖企业和项目省、自治区、
直辖市数量分布

四、按工业行业分布

第一届中国工业大奖获奖总数9家（个）。其中,煤炭行业1家（个）、机械行业3家（个）、石化行业1家（个）、电力行业2家（个）、船舶行业1家

（个）、国防工业1家（个），见图4-22。

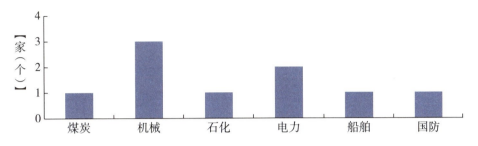

图 4-22　第一届获奖企业和项目行业数量分布

1. 中国工业大奖

荣获第一届中国工业大奖企业共2家。其中，石化行业1家、国防工业1家，见图4-23。

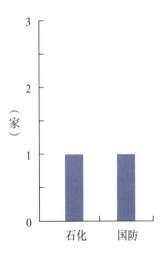

图 4-23　第一届中国工业大奖获奖企业行业数量分布

2. 中国工业大奖表彰奖

荣获第一届中国工业大奖表彰奖的企业和项目共7家（个）。其中，煤炭行业1家（个）、机械行业3家（个）、电力行业2家（个）、船舶行业1家（个），见图4-24。

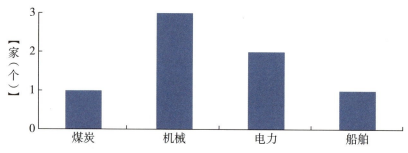

图4-24 第一届中国工业大奖表彰奖获奖企业和项目行业数量分布

五、本届特点

第一届中国工业大奖特点是树立工业旗帜，以科技创新、实现突破为重点，以弘扬工业精神为榜样，引领我国工业发展方向。

一是大庆油田是中国工业企业学习的榜样，是中国工业的一面旗帜。中国工业大奖企业——大庆油田有限责任公司在未探明石油贮量时开发了大庆油田，为我国甩掉"贫油国"帽子作出了巨大贡献。27年来，大庆油田一直保持着年产5000万吨原油的高产稳产纪录，创造了世界上同类油田开发史上的奇迹。为国争光、为民族争气的爱国主义精神；独立自主、自力更生的艰苦创业精神；讲求科学、"三老四严"的求真务实精神；"爱国、创业、求实、奉献"的新时代大庆精神；胸怀全局、为国分忧的高尚精神，成为激励工业战线一代又一代人奋进的动力。

二是中国工业向着世界科技高峰攀登，不再是安于守成，而是依靠科技创新、勇于探索、赶超世界先进水平而大胆前行，如中国工业大奖企业——中国航天科技集团有限公司。2003年10月15日，杨利伟乘由中国航天科技集团有限公司自主研制的长征二号F火箭运载的神舟五号飞船首次进入太空，创造了中国航天史上的里程碑，实现了中华儿女的飞天梦想。2003年10月16日，杨利伟平安胜利返回，这标志着我国航天载人技术水平达到了世界先进水平，成为世界上第三个独立掌握载人航天技术的国家。我国载人航天工程取得了成功，开启了月球及深空探索的征程，为我国后续建立宇宙空间站和推进探火工程积累了宝贵经验和数据。

三是一些工程项目填补了我国工业领域行业空白，为我国工业建设奠定了重要基础。一些获奖企业在改革开放和实施引进、消化、吸收、再创新等方面取得了成功，如秦山核电二期工程（项目）荣获了中国工业大奖表彰奖。中国核工业集团公司秦山核电二期工程是我国自主设计、自主建造、自主管理、自主运营的大型商用核电站，是我国核电发展史上的重要里程碑。它的成功建设，使我国走出了一条核电自主发展的路子，实现了我国自主建设的核电站由圆形堆向大型商用堆的重大跨越，为我国自主建设百万千瓦级核电站奠定了坚实的基础，对推动我国核电自主化发展具有重要的现实意义和历史意义。

四是企业在国际化方面取得了成就，建立了跨国公司。如荣获中国工业大奖表彰奖的万向集团公司，坚持走自主创新、自行研发、自有品牌之路。在生产装备方面，先后投资数十亿元，引进了美国、德国、俄罗斯、法国、意大利等国家的高端全自动设备及生产线。在引进先进设备的基础上，积极消化和吸收先进装备技术，大大提升了装备的自动化水平和加工精度。万向集团公司从1984年开始实施"走出去"的国际化战略，先后在美国、英国、德国、加拿大等8个国家实施了兼并和收购，建立了19家公司，形成了覆盖50多个国家和地区的国际化市场平台。

第三节　第二届中国工业大奖

一、基本情况

2010年4月，启动了第二届中国工业大奖申报工作。企业自愿申报，共收到《中国工业大奖企业申报书》和《中国工业大奖项目申报书》93份。其中，申报企业58家、申报项目35个。如期完成了申报受理、推荐和资格审核工作。

2010年6月，由中国工经联组织召开了机械、钢铁、石化、纺织、建材、有色、电力7个行业的专家评审会，共邀请了60多名行业专家进行了评审。

2010年7月，召开了第二届中国工业大奖综合评审会。国务院有关部门、国务院直属事业单位、研究机构、部分在京高校的30多名专家参加了综合评审会，对通过了行业评审的50多个企业和项目进行综合评审。

随后，由中国工经联组织召开了中国工业大奖工作委员会会议，审议通过了第二届中国工业大奖、中国工业大奖表彰奖候选企业和项目名单。根据《中国工业大奖实施管理办法（试行）》和工作计划，组织对大奖候选企业和项目进行了现场考察。此次现场考察，由中国工经联和部分全国性行业联合会（协会）领导分别带队，由中国工程院院士及行业专家共90多人组成11个考察组实施，由各考察组提出考察意见。之后，召开了中国工业大奖审定委员会会议，审议并确定了第二届中国工业大奖、中国工业大奖表彰奖候选企业和项目名单。向社会公示，听取社会各界的反映和意见。

最后，由中国工经联会长、中国工业大奖审定委员会主任徐匡迪签署了《关于第二届中国工业大奖实施工作报告》《第二届中国工业大奖和表彰奖候选企业及项目名单》并报送国务院获得批准。

第二届中国工业大奖表彰大会于2011年4月28日在北京人民大会堂隆重举行。国务院副总理曾培炎会前接见了全体获奖企业（项目）代表并合影，第十届全国政协副主席、中国工经联会长徐匡迪作了主旨讲话。会上，宣读了表彰决定，向荣获第二届中国工业大奖、表彰奖的企业和项目颁发了奖杯、奖牌和证书。国家电网有限公司党组书记、总经理刘振亚，沈阳鼓风机集团有限公司董事长苏永强分别代表中国工业大奖和中国工业大奖表彰奖获奖单位发言。

中宣部、国家发展和改革委员会（以下简称"国家发展改革委"）、工业和信息化部（以下简称"工信部"）、民政部、人力资源和社会保障部、水利部、审计署、国务院国有资产监督管理委员会（以下简称"国务院国资委"）、国家工商行政管理总局、国家质监总局、国家安全生产监督管理总局（以下简称"国家安监总局"）、国家统计局、国家知识产权局、中国社会科学院、中国工程院等部门相关负责人出席会议。省、自治区、直辖市人民政府、行业协会、研究机构、新闻媒体及获奖企业代表700余人出席会议，见图4-25。

图 4-25　第二届中国工业大奖表彰大会会场

二、获奖情况

荣获第二届中国工业大奖、中国工业大奖表彰奖的企业和项目共31家（个），其中，企业18家、项目13个。

1. 中国工业大奖

荣获第二届中国工业大奖的企业和项目共7家（个）。其中，企业6家、项目1个，见表4-3。

表4-3　　　　　　　　　第二届中国工业大奖企业/项目

序号	企业／项目
1	金川集团有限公司
2	兖矿集团有限公司
3	宝钢集团有限公司
4	波司登股份有限公司
5	特变电工股份有限公司
6	潍柴控股集团有限公司
7	1000千伏晋东南—南阳—荆门特高压交流试验示范工程（国家电网有限公司）

2. 中国工业大奖表彰奖

荣获第二届中国工业大奖表彰奖企业和项目共24家（个）。其中，企业12家、项目12个，见表4-4。

表4-4　　　　　　　　第二届中国工业大奖表彰奖企业/项目

序号	企业 / 项目
1	大连机床集团有限责任公司
2	上海电气集团股份有限公司
3	太原重型机械集团有限公司
4	中国石化胜利油田
5	东方汽轮机有限公司
6	北汽福田汽车股份有限公司
7	沈阳鼓风机集团有限公司
8	奇瑞汽车股份有限公司
9	瓮福（集团）有限责任公司
10	河南黄河实业集团股份有限公司
11	徐州工程机械集团有限公司
12	鞍山钢铁集团公司
13	塔山循环经济示范项目（大同煤矿集团有限责任公司）
14	不锈钢开发与应用项目（山西太钢不锈钢股份有限公司）
15	高效短流程嵌入式复合纺纱技术产业化项目（山东如意科技集团有限公司）
16	重大技术装备配套轴承项目（瓦房店轴承集团有限责任公司）
17	高速轨道交通用高强超薄大型铝合金车体型材研制与产业化（龙口市丛林铝材有限公司）
18	水泥工业窑炉低温余热发电的开发与应用（安徽海螺集团有限责任公司）
19	工业汽轮机项目（杭州汽轮动力集团有限公司）
20	精密高效数控磨齿机项目（陕西秦川机械发展股份有限公司）
21	工程塑料用高性能玻璃纤维短切纱项目（重庆国际复合材料有限公司）

序号	企业 / 项目
22	宁波 MDI 产业化工程（烟台万华聚氨酯股份有限公司）
23	SF33900 型 220t 电动轮自卸车项目（湘电重型装备股份有限公司）
24	三氧化二钒和钒氮合金的研发及产业化项目（攀钢集团钢铁钒钛股份有限公司）

三、按地区分布

（一）按地区统计

第二届中国工业大奖、中国工业大奖表彰奖获奖总数31家（个）。其中，东部地区13家（个）、中部地区7家（个）、西部地区7家（个）、东北地区4家（个），见图4-26。

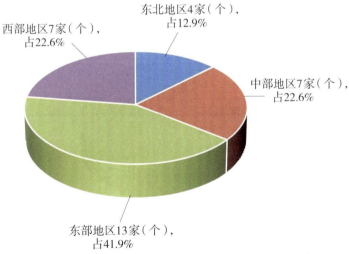

图 4-26　第二届获奖企业和项目数量地区分布

1. 中国工业大奖

荣获第二届中国工业大奖的企业和项目共7家（个）。其中，东部地区5家（个）、西部地区2家（个），见图4-27。

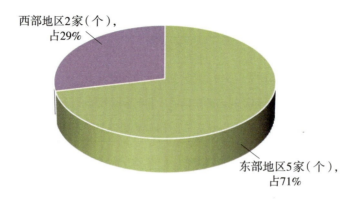

图 4-27　第二届中国工业大奖获奖企业和项目数量地区分布

2. 中国工业大奖表彰奖

荣获第二届中国工业大奖表彰奖的企业和项目共24家（个）。其中，东部地区8家（个）、中部地区7家（个）、西部地区5家（个）、东北地区4家（个），见图4-28。

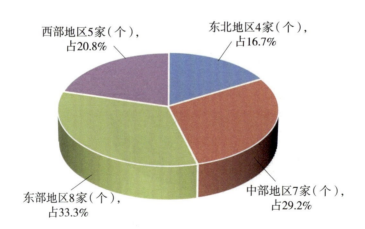

图 4-28　第二届中国工业大奖表彰奖获奖企业和项目数量地区分布

（二）按省、自治区、直辖市统计

第二届中国工业大奖、中国工业大奖表彰奖获奖企业和项目总数31家（个）。其中，企业18家、项目13个。北京2家（个）、山西3家（个）、辽宁4家

（个）、上海2家（个）、江苏2家（个）、浙江1家（个）、安徽2家（个）、山东6家（个）、河南1家（个）、湖南1家（个）、重庆1家（个）、四川2家（个）、贵州1家（个）、陕西1家（个）、甘肃1家（个）、新疆1家（个），见图4-29。

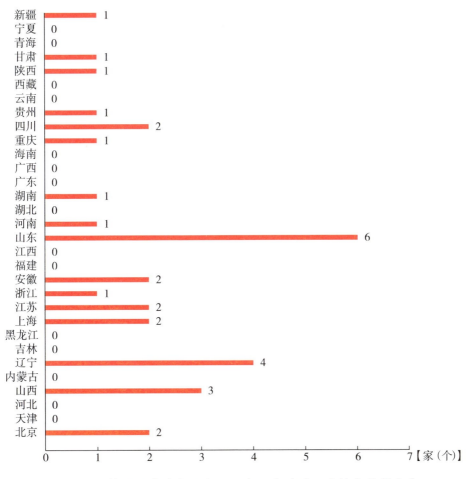

图4-29　第二届获奖企业和项目省、自治区、直辖市数量分布

1. 中国工业大奖

荣获第二届中国工业大奖的企业和项目共7家（个）。其中，北京1家（个）、上海1家（个）、江苏1家（个）、山东2家（个）、甘肃1家（个）、新疆1家（个），见图4-30。

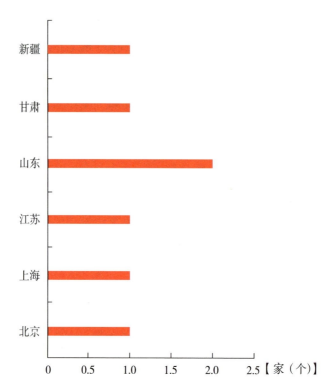

图4-30　第二届中国工业大奖获奖企业和项目省、自治区、直辖市数量分布

2. 中国工业大奖表彰奖

荣获第二届中国工业大奖表彰奖的企业和项目共24家（个）。其中，北京1家（个）、山西3家（个）、辽宁4家（个）、上海1家（个）、江苏1家（个）、浙江1家（个）、安徽2家（个）、山东4家（个）、河南1家（个）、湖南1家（个）、重庆1家（个）、四川2家（个）、贵州1家（个）、陕西1家（个），见图4-31。

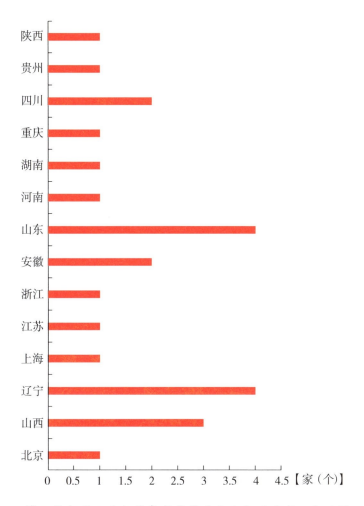

图 4-31　第二届中国工业大奖表彰奖获奖企业和项目省、自治区、直辖市
数量分布

四、按工业行业分布

第二届中国工业大奖、中国工业大奖表彰奖获奖企业和项目总数 31 家
（个）。其中，煤炭行业 2 家（个）、机械行业 14 家（个）、钢铁行业 4 家（个）、
石化行业 3 家（个）、纺织行业 2 家（个）、建材行业 3 家（个）、有色行业 2 家
（个）、电力行业 1 家（个），见图 4-32。

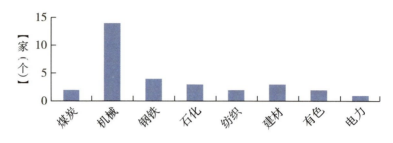

图 4-32　第二届获奖企业和项目行业数量分布

1. 中国工业大奖

荣获第二届中国工业大奖的企业和项目共7家（个）。其中，煤炭行业1家（个）、机械行业2家（个）、钢铁行业1家（个）、纺织行业1家（个）、有色行业1家（个）、电力行业1家（个），见图4-33。

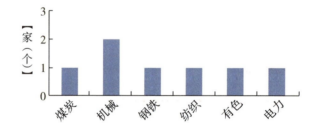

图 4-33　第二届中国工业大奖获奖企业和项目行业数量分布

2. 中国工业大奖表彰奖

荣获第二届中国工业大奖表彰奖的企业和项目共24家（个）。其中，煤炭行业1家（个）、机械行业12家（个）、钢铁行业3家（个）、石化行业3家（个）、纺织行业1家（个）、建材行业3家（个）、有色行业1家（个），见图4-34。

五、本届特点

第二届中国工业大奖获奖企业和项目的特点如下：

一是在实现技术突破、填补我国工业行业技术和产品空白方面发力。如中国工业大奖企业——金川集团有限公司于20世纪50年代在寸草难生的茫茫

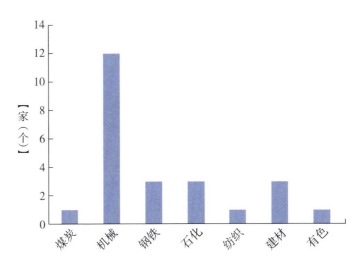

图4-34　第二届中国工业大奖表彰奖获奖企业和项目行业数量分布

戈壁勘探发现了镍矿并开发成功，一举甩掉了中国缺镍少钴的"帽子"。60多年来，金川集团以"刻苦奋斗，勇于超越"的精神，谱写了中国镍钴工业由无到有、由小到大、由弱变强的新篇章，建成了我国镍钴及铂族金属提炼中心和生产基地。申报中国工业大奖时，金川集团镍产量居全球第四，钴产量居全球第二，奠定了我国在世界镍钴行业的地位。

二是一些项目技术水平处于国际领先水平。如中国工业大奖项目——"1000千伏晋东南－南阳－荆门特高压交流试验示范工程"是由国家电网有限公司研制成功的。该工程由我国自主研发、设计和建设，是截至2010年世界上运行电压等级最高、技术水平最先进的交流输电工程，占据了世界电网技术的制高点，实现了"中国创造"和"中国引领"的世界级创新工程。研制过程经历了许多困难，在没有可参考的技术设备、标准和资料的情况下，研发团队经过刻苦研究、反复试验、攻坚克难，坚持自主创新，最终建成了世界一流的特高压试验研究体系，掌握了特高压核心技术，建立了完整的技术标准体系，研制了全套特高压设备，创造了50多项世界纪录，带动了我国工业装备制造产业的整体升级。特高压交流试验示范工程成功建成投运，标志着我国在远距离、大容量、低损耗的特高压核心技术

和设备国产化方面取得了重大突破，对提升我国电网远距离输电和大范围优化配置能源资源的能力、保障国家能源安全和电力可靠供应，具有重要的战略意义。

三是实施引进与消化吸收相结合，显著提升我国行业领域技术水平。如中国工业大奖企业——宝钢集团有限公司（以下简称"宝钢"），从1978年一期建设工程全盘引进，到2005年"十一五"项目国产化率达80%以上，再到2009年上海梅山钢铁股份有限公司自主集成建设具有世界一流水平的高速极薄冷连轧机组，宝钢走出了一条"引进、消化、吸收再创新"的开放式自主集成创新之路。

四是坚持自主创新发展，做强做大中国企业。如中国工业大奖表彰奖项目——宁波MDI产业化工程是由烟台万华聚氨酯股份有限公司实施的。该公司是我国截至2010年唯一拥有MDI自主知识产权的企业，是亚洲最大、世界第三、具有全球竞争力的MDI制造商。宁波MDI产业化工程是为满足我国聚氨酯产业发展需要、树立民族工业品牌而实施的重大工程，获得了2007年国家科技进步奖一等奖、2008年国家环境友好工程和2009年国家优质工程金质奖。

五是坚持做强主业，拼搏和奋斗开创未来。如中国工业大奖企业——特变电工股份有限公司，从一个濒临倒闭的街办厂发展成为世界电力总承包企业、中国重大装备制造业核心骨干企业、输变电制造行业的龙头企业。变压器产品年产能达到2亿千伏安，位居亚洲第一、世界前三。2007年以来，累计研发国内外首台（套）新产品几十项，其中二十多项填补了世界空白，多次荣获国家科技进步奖一等奖。在美国、印度、俄罗斯等27个国家建立了海外常设机构及分公司，参与了五大洲60多个国家和地区的电力建设工程，实现了从装备中国到装备世界的历史性跨越。中国工业大奖表彰奖企业——上海电气集团股份有限公司是我国大型装备制造业集团，先后创造了第一台发电机组、第一套核电机组、世界第一台双水内冷发电机组，为我国工业体系建设作出贡献，同时也发挥行业领航作用。

第四节　第三届中国工业大奖

一、基本情况

本届与前两届有所不同，应工业行业协会和企业的呼吁及要求，经报请国务院同意，从第三届起增加了一个奖项，即中国工业大奖提名奖（企业和项目）。

经过企业自愿报名、受理单位接收并推荐，资格审核，行业评审，综合评审，中国工业大奖工作委员会会议审议，开展现场考察，征求国家相关部门意见，中国工业大奖审定委员会会议审议，确定第三届中国工业大奖、中国工业大奖表彰奖和提名奖候选企业和项目名单，向社会公示，上报国务院等一系列工作环节后，产生了第三届中国工业大奖、中国工业大奖表彰奖、中国工业大奖提名奖的企业和项目名单。

第三届中国工业大奖表彰会于2014年5月17日在北京人民大会堂隆重举行，见图4-35。第十届全国政协副主席徐匡迪出席会议，工信部原部长、中国工经联会长李毅中作了主旨报告。会上，宣读了表彰决定，向荣获第三届中国工业大奖、中国工业大奖表彰奖、中国工业大奖提名奖的企业和项目颁发了奖杯、奖牌和证书。海尔集团公司董事局副主席、轮值总裁梁海山，神华集团有限责任公司总经理张玉卓等，分别代表第三届中国工业大奖获奖单位发言。亨通集团有限公司总裁助理、行政总监吴如其和风神轮胎股份有限公司董事长王锋，分别代表第三届中国工业大奖表彰奖和提名奖获奖单位发言。

国务院有关部门，部分省、自治区和直辖市人民政府、行业协会、新闻媒体及获奖单位代表等700多人出席了本届表彰大会。

二、获奖情况

荣获第三届中国工业大奖、中国工业大奖表彰奖、中国工业大奖提名奖

的企业和项目共65家（个）。其中，企业41家、项目24个。

图4-35　第三届中国工业大奖表彰会在北京人民大会堂隆重举行

1. 中国工业大奖

荣获第三届中国工业大奖的企业和项目共15家（个）。其中，企业11家、项目4个，见表4-5。

表4-5　　　　　　　　　第三届中国工业大奖企业/项目

序号	企业/项目
1	海尔集团公司
2	中航工业沈阳飞机工业（集团）有限公司
3	神华集团有限责任公司
4	徐州工程机械集团有限公司
5	中国五矿集团公司
6	太原钢铁（集团）有限公司
7	陕西延长石油（集团）有限责任公司
8	鲁泰纺织股份有限公司
9	正泰集团股份有限公司

续表

序号	企业/项目
10	云南白药集团股份有限公司
11	沈阳鼓风机集团股份有限公司
12	"蛟龙号"载人潜水器项目（中国船舶重工集团公司第七〇二研究所）
13	青藏电力联网工程（国家电网有限公司）
14	国家一类新药恩必普（丁苯酞）产业化项目（石药集团恩必普药业有限公司）
15	淮南矿业瓦斯综合治理与利用[淮南矿业（集团）有限责任公司]

2. 中国工业大奖表彰奖

荣获第三届中国工业大奖表彰奖的企业和项目共23家（个）。其中，企业14家、项目9个。

青岛啤酒股份有限公司、武汉钢铁（集团）公司、中信重工机械股份有限公司、三一重工股份有限公司等14家企业，高速动车组（南车青岛四方机车车辆股份有限公司）、系列深水半潜式钻井平台（烟台中集来福士海洋工程有限公司）等9个项目荣获中国工业大奖表彰奖。

3. 中国工业大奖提名奖

荣获第三届中国工业大奖提名奖的企业和项目共27家（个）。其中，企业16家、项目11个。

江苏阳光集团有限公司、陕西鼓风机（集团）有限公司等16家企业，煤矸石发电产业链延伸综合利用项目（山西平朔煤矸石发电有限责任公司）等11个项目荣获中国工业大奖提名奖。

三、按地区分布

（一）按地区统计

第三届中国工业大奖、中国工业大奖表彰奖、中国工业大奖提名奖获奖企业和项目总数65家（个）。其中，东部地区31家（个）、中部地区16家

（个）、西部地区14家（个）、东北地区4家（个），见图4-36。

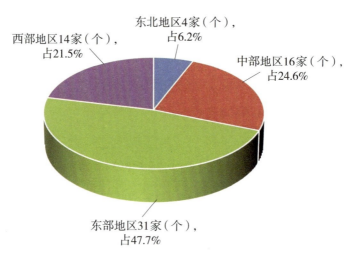

图 4-36　第三届获奖企业和项目数量地区分布

1. 中国工业大奖

荣获第三届中国工业大奖的企业和项目共15家（个）。其中，东部地区9家（个）、西部地区2家（个）、中部地区2家（个）、东北地区2家（个），见图4-37。

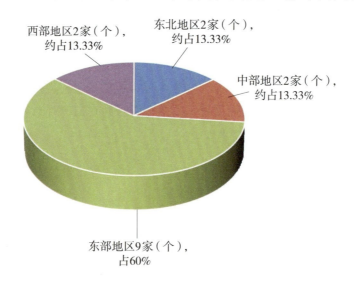

图 4-37　第三届中国工业大奖获奖企业和项目数量地区分布

2. 中国工业大奖表彰奖

荣获第三届中国工业大奖表彰奖的企业和项目共23家（个）。其中，东部地区14家（个）、中部地区6家（个）、西部地区1家（个）、东北地区2家（个），见图4-38。

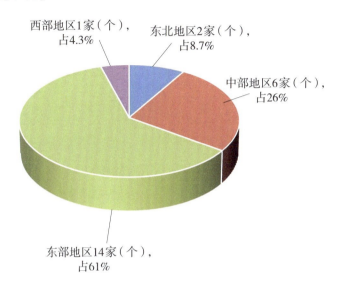

西部地区1家（个），占4.3% 东北地区2家（个），占8.7% 中部地区6家（个），占26% 东部地区14家（个），占61%

图 4-38　第三届中国工业大奖表彰奖获奖企业和项目数量地区分布

3. 中国工业大奖提名奖

荣获第三届中国工业大奖提名奖的企业和项目共27家（个）。其中，东部地区8家（个）、中部地区8家（个）、西部地区11家（个），见图4-39。

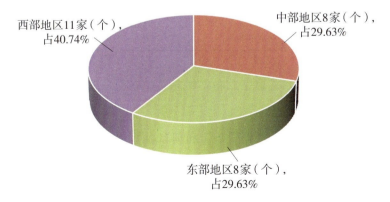

西部地区11家（个），占40.74% 中部地区8家（个），占29.63% 东部地区8家（个），占29.63%

图 4-39　第三届中国工业大奖提名奖获奖企业和项目数量地区分布

（二）按省、自治区、直辖市统计

第三届中国工业大奖、中国工业大奖表彰奖、中国工业大奖提名奖获奖企业和项目总数65家（个）。其中，企业41家、项目24个。北京4家（个）、河北3家（个）、山西2家（个）、辽宁4家（个）、上海3家（个）、江苏7家（个）、浙江4家（个）、安徽4家（个）、山东9家（个）、河南4家（个）、湖北3家（个）、湖南3家（个）、广东1家（个）、广西1家（个）、重庆1家（个）、四川3家（个）、贵州3家（个）、云南1家（个）、陕西2家（个）、新疆3家（个），见图4-40。

图4-40 第三届获奖企业和项目省、自治区、直辖市数量分布

1.中国工业大奖

荣获第三届中国工业大奖的企业和项目共15家（个）。其中，北京3家（个）、河北1家（个）、山西1家（个）、辽宁2家（个）、江苏2家（个）、浙江1家（个）、安徽1家（个）、山东2家（个）、云南1家（个）、陕西1家（个），见图4-41。

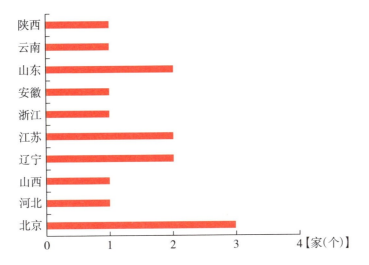

图 4-41　第三届中国工业大奖获奖企业和项目省、自治区、直辖市数量分布

2. 中国工业大奖表彰奖

荣获第三届中国工业大奖表彰奖的企业和项目共23家（个）。其中，北京1家（个）、辽宁2家（个）、上海2家（个）、江苏3家（个）、浙江2家（个）、安徽2家（个）、山东6家（个）、河南1家（个）、湖北2家（个）、湖南1家（个）、新疆1家（个），见图4-42。

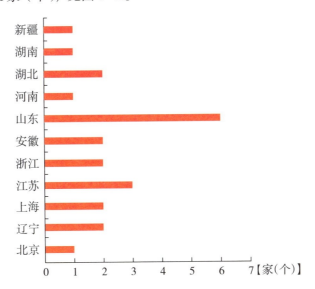

图 4-42　第三届中国工业大奖表彰奖获奖企业和项目省、自治区、直辖市数量分布

3. 中国工业大奖提名奖

荣获第三届中国工业大奖提名奖的企业和项目共27家（个）。其中，河北2家（个）、山西1家（个）、上海1家（个）、江苏2家（个）、浙江1家（个）、安徽1家（个）、山东1家（个）、河南3家（个）、湖北1家（个）、湖南2家（个）、广东1家（个）、广西1家（个）、重庆1家（个）、四川3家（个）、贵州3家（个）、陕西1家（个）、新疆2家（个），见图4-43。

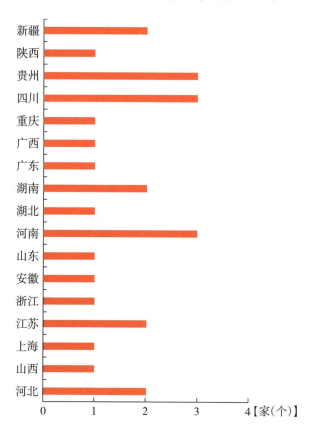

图4-43　第三届中国工业大奖提名奖获奖企业和项目省、自治区、直辖市
数量分布

四、按工业行业分布

第三届中国工业大奖、中国工业大奖表彰奖、中国工业大奖提名奖获

奖企业和项目总数65家（个）。其中，煤炭行业5家（个）、机械行业12家（个）、钢铁行业5家（个）、石化行业5家（个）、轻工行业5家（个）、纺织行业6家（个）、建材行业5家（个）、有色行业4家（个）、电力行业5家（个）、电子信息产业5家（个）、医药行业2家（个）、船舶行业2家（个）、国防工业1家（个）、轨道装备行业2家（个）、金属矿产行业1家（个），见图4-44。

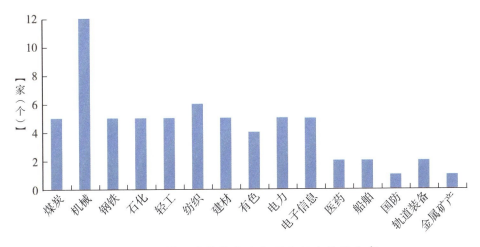

图4-44　第三届获奖企业和项目行业数量分布

1. 中国工业大奖

荣获第三届中国工业大奖的企业和项目共15家（个）。其中，煤炭行业2家（个）、机械行业3家（个）、钢铁行业1家（个）、石化行业1家（个）、轻工行业1家（个）、纺织行业1家（个）、电力行业1家（个）、医药行业2家（个）、船舶行业1家（个）、国防工业1家（个）、金属矿产行业1家（个），见图4-45。

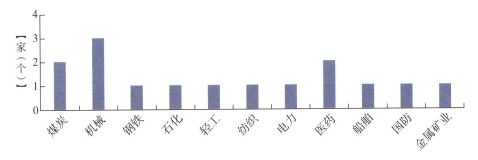

图4-45　第三届中国工业大奖获奖企业和项目行业数量分布

2. 中国工业大奖表彰奖

荣获第三届中国工业大奖表彰奖的企业和项目共23家（个）。其中，煤炭行业1家（个）、机械行业4家（个）、钢铁行业2家（个）、石化行业1家（个）、轻工行业2家（个）、纺织行业2家（个）、建材行业3家（个）、有色行业1家（个）、电力行业1家（个）、电子信息产业3家（个）、船舶行业1家（个）、轨道装备行业2家（个），见图4-46。

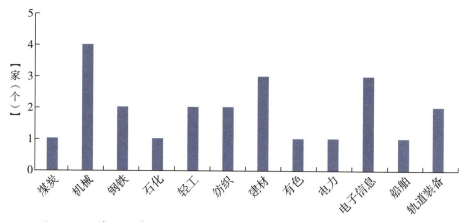

图 4-46 第三届中国工业大奖表彰奖获奖企业和项目行业数量分布

3. 中国工业大奖提名奖

荣获第三届中国工业大奖提名奖的企业和项目共27家（个）。其中，煤炭行业2家（个）、机械行业5家（个）、钢铁行业2家（个）、石化行业3家（个）、轻工行业2家（个）、纺织行业3家（个）、建材行业2家（个）、有色行业3家（个）、电力行业3家（个）、电子信息产业2家（个），见图4-47。

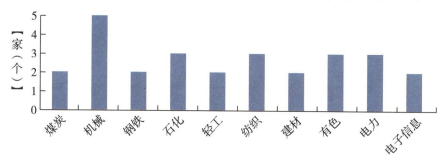

图 4-47 第三届中国工业大奖提名奖获奖企业和项目行业数量分布

五、本届特点

第三届中国工业大奖、中国工业大奖表彰奖、中国工业大奖提名奖获奖企业和项目体现了中国工业进步快，一些工业技术水平有了明显提高，有些制造业企业和项目跻身世界前列。

一是加快工业化和信息化融合。如荣获中国工业大奖企业——海尔集团公司（以下简称"海尔"）创立于1984年，经过多年的创业创新发展，从一家濒临倒闭的集体所有制企业发展成为全球白色家电第一品牌。在互联网时代，"海尔"作为国际知名家电品牌，向开放的平台型企业转型，借助全球的五大研发中心作为资源接口，与全球一流供应商、研究机构、大学建立了战略合作关系，拥有涵盖120万余名科学家和工程师的创新生态圈。全球首创"无尾"家电、全球首个由企业自主研发的连续三次随神舟飞船傲游太空的海尔航天冰箱、全球首套智能云家电等创新型产品成为行业发展的风向标。为了实现互联网时代虚实融合的家居集成解决方案的平台型目标，海尔依托营销网、互联网、物联网、服务网四网融合的竞争力，打造全球体验流程最佳的商业生态圈，实现交互、交易、交付平台的引领。另外，在管理模式实践方面，海尔的"人单合一"双赢模式在世界管理大会上获得推广和肯定。该模式使海尔充分激发了员工、创客的激情和创造力，让员工在为用户创造价值的同时实现自身价值。世界著名的商学院、管理专家争相跟踪研究这一创新模式，并将其收入档案库，有的被当作教学案例。中国工业大奖表彰奖获奖企业——亨通集团有限公司在关键领域取得了重大突破，在光纤棒技术、500kV超高压电缆及光电复合海缆技术、光纤陀螺领域，通过自主研发打破国外垄断，使我国在这项尖端领域拥有了自主知识产权。该公司还拥有国家级企业技术中心、国家级博士后科研工作站、多家院士工作站和省部级工程技术中心等。围绕信息化与工业化融合契机，推进产业制造信息化管理，实行了全流程智能化管理，代表当今光电线缆制造管理的高水平，提升了劳动生产效率，被评为国家级信息化和工业化深度融合示范企业。

二是国际竞争力增强。如中国工业大奖获奖企业——太原钢铁（集团）有限公司，自1952年炼出中国第一炉不锈钢以来，一直专注于发展以不锈钢为主的特殊钢生产，现已成为全球规模最大、工艺技术装备水平最先进、品种规格最齐全的不锈钢生产企业。连续几年不锈钢产量和市场占有率全球第一，是我国民族工业标杆企业。该公司以为消费者提供最精美的不锈钢产品为使命，着力开发"高、精、尖"不锈钢产品，生产的超纯铁素体、超级奥氏体、超级马氏体、超级双相钢等高等级不锈钢品种，有效替代了进口产品，推动了我国不锈钢工业的发展，支持了国民经济相关产业的发展。他们还坚持绿色发展，形成了"低能耗、低污染、低排放、高效益"的固态、液态、气态废弃物循环经济的产业链，节能减排指标达到了行业领先水平，为所在城市提供了生活污水处理、集中供热、固体废弃处理等服务，破解了城市钢厂的发展难题。中国工业大奖获奖项目——"蛟龙号"载人潜水器项目是由中国船舶重工集团公司第七〇二研究所生产。他们在国内技术基础薄弱和国外技术封锁的情况下，开启了"蛟龙号"载人潜水器研制艰难之路。经过10年的研制和海试，终于实现了国人"下五洋捉鳖"的梦想。7000米级海试的圆满成功，标志着我国深海载人技术在质量、效益、节能、减排、环保、安全等方面达到了国际领先水平，使我国具备了在全球99.8%以上的海洋深处开展科学研究、资源勘探的能力，为万米深海的探潜打下了坚实的基础。

三是环境保护、资源节约意识持续提升。如中国工业大奖提名奖获奖项目——零能耗脱硫资源综合利用项目是由上海外高桥第三发电有限责任公司实施的。2012年，两台机组实现供电煤耗200多克/千瓦时，成为世界上率先突破280克/千瓦时最低煤耗的电厂，其烟气排放值历史性地跨越了燃气轮机标准。2013年氮氧化合物平均排放值仅为20多毫克，远远低于每立方米50毫克的燃气轮机标准，在世界火电领域树立了一道中国标杆。2010年，美国《华尔街日报》报道称"世界最高效的燃煤发电厂在上海"。中国工业大奖提名奖获奖项目——选钛厂扩能改造项目是由攀钢集团有限公司实施的。该公司下属的选钛厂是全国最大的钛精矿生产厂。磁选、浮选工艺技术和装备先进，在原料量不增加的情况下，二氧化钛回收率由原工艺的20%提高到37%

以上，并综合回收了次铁精矿和硫钴精矿，资源综合利用率大幅提高，实现了钒钛磁铁矿选钛技术的重大突破。

四是自主创新能力不断提高。如中国工业大奖表彰奖获奖项目——大型快速高效数控全自动冲压生产线是由济南二机床集团有限公司研制的。大型快速高效数控全自动冲压生产线研制成功前，在国际上也只有德国、日本的两家企业具有研发制造能力，实行了技术和市场的垄断。济南二机床集团有限公司自主研发的大型快速高效数控全自动冲压生产线是目前国际上运行速度最快、生产效率最高的冲压线。2011年，该公司通过竞标囊括了美国福特汽车工厂五条生产线的订单合同，也是福特汽车近20年来首次采购非德国生产的成套冲压设备，实现了从国内市场100%进口到批量出口发达国家的重大突破。2013年5月，美国福特再次订购了六条生产线，2012年的全球市场占有率达到了40%以上。近年来，济南二机床集团有限公司加大科技经费的投入，研发强度在6%以上，为企业创新带来了源源动力。他们的数控冲压生产线、重型多工位机械压力机、重型全自动开卷落料线、大型数控落地镗铣床、重型数控龙门镗铣床等高技术产品，已成套出口美国、德国、澳大利亚、墨西哥、巴西、泰国、印度等。中国工业大奖获奖企业——陕西延长石油（集团）有限责任公司是我国拥有石油和天然气勘探开发资质的企业之一。他们充分发挥了行业的引领、示范和带动作用：每年新增探明石油地质储量近一亿吨，累计控制天然气地质储量3000亿立方米；优化开发方式，油田采收率由10%提高到20%以上，连续多年稳产增产；打成了中国第一口陆相页岩气井并压裂产气，被列为我国首批矿产资源综合利用示范基地和首个国家级陆相页岩气示范区；发挥独有的油、气、煤、盐四种资源优势，实现资源高效利用，被授予"联合国清洁煤技术示范和推广企业"称号。

五是"走出去"取得新成就。中国工业大奖表彰奖获奖企业——浙江吉利控股集团有限公司（以下简称"吉利"），实现了中国汽车工业领域成功并购三大海外公司——英国猛铜汽车公司、澳大利亚DSI公司和瑞典沃尔沃汽车公司100%股权，包括知识产权的收购，成为中国汽车行业第一家跨国

公司，收购沃尔沃对于吉利乃至中国汽车工业都具有里程碑式的意义。吉利还坚持走自主创新之路，自主研发的自动变速器实现产业化，填补了中国汽车行业自动变速器空白。全球独创的爆胎检测与安全控制系统（BMCS）在世界141个国家进行了专利注册，成为中国汽车安全技术推荐标准。吉利和沃尔沃两个不同层次的汽车品牌携手，共同参与了全球汽车市场竞争。2012年发布的《财富》世界500强企业排名中，吉利凭借2011年的营业收入跻身世界500强。

第五节　第四届中国工业大奖

一、基本情况

第四届中国工业大奖企业自愿申报时间为2015年4月29日—6月16日，共有120多个企业和项目通过审核。8月7日，第四届中国工业大奖行业评审会在北京召开，来自煤炭、机械、钢铁、石化、轻工、纺织、有色、建材、电力、国防、电子信息、医药12个行业的105位院士、专家参加了评审。他们认真负责、一丝不苟，对每一个申报企业和项目都认真审阅，按照评审标准，公正、科学、客观地打分。尽管申报的企业和项目较多，评审标准中考评的项目也很多，但是评审专家始终保持认真负责的态度。其中机械行业和国防工业申报的企业和项目比较多，专家组的专家们承受了很大的压力，特别是机械行业专家组，专家们保持精神的高度集中连续工作了12小时才全部完成评审。评审工作结束后，工作人员发现杨学桐等专家的眼睛都红肿了，这动人的场面，令在场的每位工作人员由衷的敬佩，他们负责的态度和无私精神值得大家学习。正是有了他们这样认真负责、公正、科学和无私奉献的专家，中国工业大奖的行业评审工作才能取得了良好的效果。

2015年10月11日，第四届中国工业大奖综合评审会在北京召开。来自国家发展改革委、科技部、工信部、环境保护部、国家质监总局、国家安监总局、国家食品药品监督管理总局、国家知识产权局、国务院参事室、中国工程院、国务院发展研究中心等部门的38位专家，分别对行业评审中推选出的88家（个）企业和项目进行评审。

之后，召开了中国工业大奖工作委员会会议，经过审核、现场考察、征求国家相关部门意见后，召开了第四届中国工业大奖审定委员会会议，确定了第四届中国工业大奖、中国工业大奖表彰奖和提名奖候选企业和项目名单，再经向社会公示、报送国务院等工作流程，最终确定了第四届中国工业大奖、中国工业大奖表彰奖和提名奖企业和项目名单。

第四届中国工业大奖发布会于2016年12月11日在北京人民大会堂隆重举行，见图4-48。第十届全国人大常委会副委员长顾秀莲出席发布会，第十二届全国政协常委、经济委员会副主任、工信部原部长、中国工经联会长李毅中作了主旨讲话。国务院国资委、工信部、国家质监总局等部门的领导出席会议。会上，宣读了表彰决定，向荣获第四届中国工业大奖、中国工业大奖表彰奖、中国工业大奖提名奖的企业和项目颁发了奖杯、奖牌和证书。北新集团建材股份有限公司董事长王兵，山东如意科技集团有限公司董事长邱亚夫，国家电网有限公司党组成员、副总经理王敏，国投新疆罗布泊钾盐有限责任公司党委书记、总经理李守江，天士力控股集团有限公司董事局执行主席、董事长闫凯境，法尔胜泓昇集团有限公司党委书记、董事长、总裁周江，

图4-48　第四届中国工业大奖发布会在北京人民大会堂隆重举行

哈尔滨锅炉厂有限责任公司董事长、总经理王德兴，黄陵矿业集团有限责任公司党委书记、董事长范京道作了大会经验交流。国务院有关部门、地方政府相关部门、全国性行业协会、工业企业、新闻媒体及获奖单位代表等700余人出席了发布会。当天，中央电视台综合频道《新闻联播》对发布会进行了报道，《朝闻天下》《新闻直播间》《中国新闻》《第一时间》等多个新闻节目，以及新华社、《经济日报》等近50家媒体也对发布会进行了报道。本届宣传力度创造了历届之最，进一步提高了中国工业大奖的影响力。第四届中国工业大奖发布会取得了良好的社会反响和赞誉。

二、获奖情况

荣获第四届中国工业大奖、中国工业大奖表彰奖、中国工业大奖提名奖的企业和项目总数73家（个）。其中，企业40家、项目33个。

1. 中国工业大奖

荣获第四届中国工业大奖的企业和项目共22家（个）。其中，企业13家、项目9个，如表4-6。

表4-6　　　　　　　　　第四届中国工业大奖企业/项目

序号	企业 / 项目
1	中国运载火箭技术研究院
2	北新集团建材股份有限公司
3	山东如意科技集团有限公司
4	法尔胜泓昇集团有限公司
5	沪东中华造船（集团）有限公司
6	黄陵矿业集团有限责任公司
7	天士力控股集团有限公司
8	亨通集团有限公司
9	陕西鼓风机（集团）有限公司

序号	企业 / 项目
10	新疆天业（集团）有限公司
11	双良节能系统股份有限公司
12	威高集团有限公司
13	中信重工机械股份有限公司
14	国家风光储输示范工程（国家电网有限公司）
15	高铁列车高可靠性齿轮传动系统研发及产业化（中车戚墅堰机车车辆工艺研究所有限公司）
16	新疆罗布泊钾肥基地年产 120 万吨硫酸钾项目（国投新疆罗布泊钾盐有限责任公司）
17	中国探月工程探测器系统（中国空间技术研究院）
18	燃用准东煤超（超）临界锅炉研制及工程应用示范项目（哈尔滨锅炉厂有限责任公司）
19	面向工业智能装备的电信级实时操作系统（中兴通讯股份有限公司）
20	近距离突出煤层群稀缺资源安全开发与利用（华晋焦煤有限责任公司）
21	航母工程（大连船舶重工集团有限公司）
22	国家一类新药盐酸埃克替尼（凯美纳）（贝达药业股份有限公司）

2. 中国工业大奖表彰奖

荣获第四届中国工业大奖表彰奖的企业和项目共21家（个）。其中，企业13家、项目8个。

国核电力规划设计研究院、京东方科技集团股份有限公司、中铁工程装备集团有限公司等13家企业，绿色高效拟除虫菊酯农药的开发与应用（江苏扬农化工股份有限公司）、筒子纱数字化自动染色成套技术与装备（山东康平纳集团有限公司）等8个项目荣获中国工业大奖表彰奖。

3. 中国工业大奖提名奖

荣获第四届中国工业大奖提名奖的企业和项目共30家（个）。其中，企业14家、项目16个。

深圳市中金岭南有色金属股份有限公司、昆明云内动力股份有限公司等14家企业，自升式钻井平台JU2000E（上海外高桥造船有限公司）、U+智慧生活平台（青岛海尔智能家电科技有限公司）等16个项目荣获中国工业大奖提名奖。

三、按地区分布

（一）按地区统计

第四届中国工业大奖、中国工业大奖表彰奖、中国工业大奖提名奖获奖企业和项目总数73家（个）。其中，东部地区42家（个）、中部地区13家（个）、西部地区15家（个）、东北地区3家（个），见图4–49。

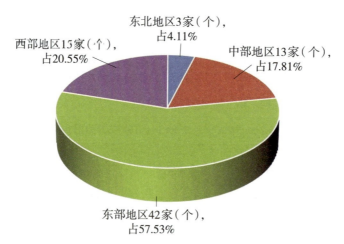

东北地区3家（个），占4.11%

西部地区15家（个），占20.55%

中部地区13家（个），占17.81%

东部地区42家（个），占57.53%

图 4–49　第四届获奖企业和项目数量地区分布

1. 中国工业大奖

荣获第四届中国工业大奖的企业和项目共22家（个）。其中，东部地区14家（个）、中部地区2家（个）、西部地区4家（个）、东北地区2家（个），见图4–50。

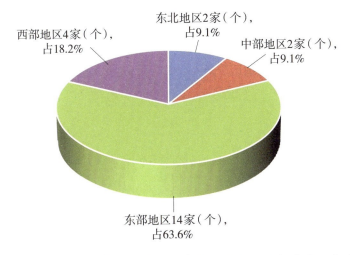

西部地区4家（个），占18.2%

东北地区2家（个），占9.1%

中部地区2家（个），占9.1%

东部地区14家（个），占63.6%

图 4-50　第四届中国工业大奖获奖企业和项目数量地区分布

2. 中国工业大奖表彰奖

荣获第四届中国工业大奖表彰奖的企业和项目共21家（个）。其中，东部地区14家（个）、中部地区4家（个）、西部地区3家（个），见图4-51。

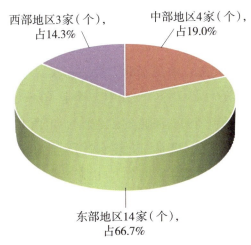

西部地区3家（个），占14.3%

中部地区4家（个），占19.0%

东部地区14家（个），占66.7%

图 4-51　第四届中国工业大奖表彰奖获奖企业和项目数量地区分布

3.中国工业大奖提名奖

荣获第四届中国工业大奖提名奖的企业和项目共30家（个）。其中，东部地区14家（个）、中部地区7家（个）、西部地区8家（个）、东北地区1家（个），见图4-52。

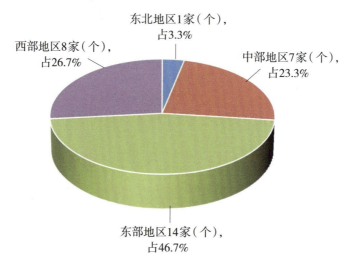

图4-52　第四届中国工业大奖提名奖获奖企业和项目数量地区分布

（二）按省、自治区、直辖市统计

第四届中国工业大奖、中国工业大奖表彰奖、中国工业大奖提名奖获奖企业和项目总数73家（个）。其中，企业40家，项目33个。北京10家（个）、天津2家（个）、河北3家（个）、山西1家（个）、内蒙古4家（个）、辽宁2家（个）、黑龙江1家（个）、上海6家（个）、江苏9家（个）、浙江3家（个）、安徽4家（个）、山东5家（个）、河南4家（个）、湖北3家（个）、广东4家（个）、重庆1家（个）、四川1家（个）、贵州1家（个）、云南1家（个）、陕西5家（个）、甘肃1家（个）、新疆2家（个），见图4-53。

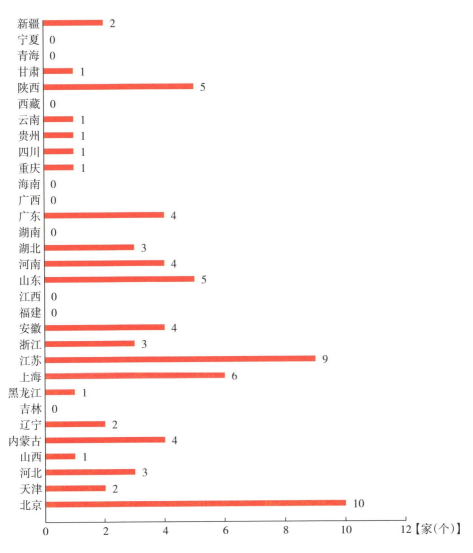

图 4-53 第四届获奖企业和项目省、自治区、直辖市数量分布

1. 中国工业大奖

荣获第四届中国工业大奖的企业和项目共22家（个）。其中，北京4家（个）、天津1家（个）、山西1家（个）、辽宁1家（个）、黑龙江1家（个）、上海1家（个）、江苏4家（个）、浙江1家（个）、山东2家（个）、河南1家（个）、广东1家（个）、陕西2家（个）、新疆2家（个），见图4-54。

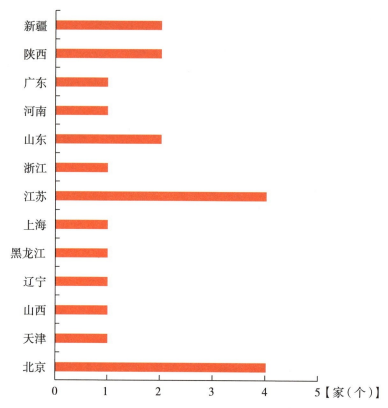

图4-54　第四届中国工业大奖获奖企业和项目省、自治区、直辖市
数量分布

2.中国工业大奖表彰奖

荣获第四届中国工业大奖表彰奖的企业和项目共21家（个）。其中，北京5家（个）、河北2家（个）、内蒙古1家（个）、上海1家（个）、江苏3家（个）、浙江1家（个）、安徽1家（个）、山东2家（个）、河南1家（个）、湖北2家（个）、贵州1家（个）、陕西1家（个），见图4-55。

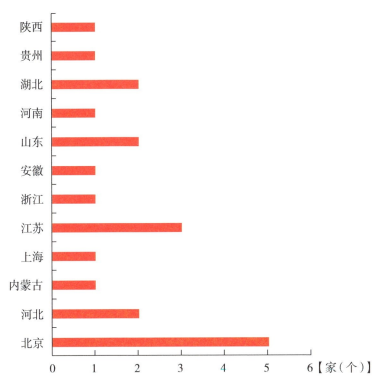

图 4-55　第四届中国工业大奖表彰奖获奖企业和项目省、自治区、直辖市
数量分布

3. 中国工业大奖提名奖

荣获第四届中国工业大奖提名奖的企业和项目共30家（个）。其中，北京1家（个）、天津1家（个）、河北1家（个）、内蒙古3家（个）、辽宁1家（个）、上海4家（个）、江苏2家（个）、浙江1家（个）、安徽3家（个）、山东1家（个）、河南2家（个）、湖北1家（个）、广东3家（个）、重庆1家（个）、四川1家（个）、云南1家（个）、陕西2家（个）、甘肃1家（个），见图 4-56。

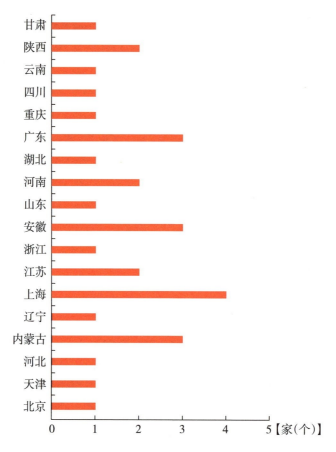

图 4-56　第四届中国工业大奖提名奖获奖企业和项目省、自治区、直辖市数量分布

四、按工业行业分布

第四届中国工业大奖、中国工业大奖表彰奖、中国工业大奖提名奖获奖企业和项目总数73家（个）。其中，煤炭行业4家（个）、机械行业8家（个）、钢铁行业7家（个）、石化行业8家（个）、轻工行业4家（个）、纺织行业5家（个）、建材行业3家（个）、有色行业7家（个）、电力行业6家（个）、电子信息产业5家（个）、医药行业7家（个）、船舶行业4家（个）、国防工业4家（个）、轨道装备行业1家（个），见图4-57。

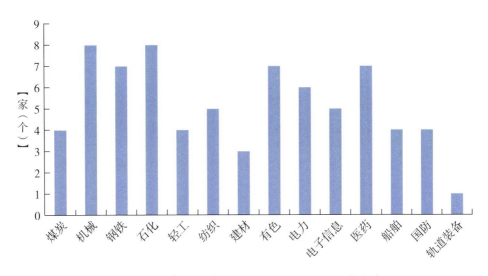

图 4-57　第四届获奖企业和项目行业数量分布

1. 中国工业大奖

荣获第四届中国工业大奖的企业和项目共22家（个）。其中，煤炭行业2家（个）、机械行业4家（个）、钢铁行业1家（个）、石化行业2家（个）、纺织行业1家（个）、建材行业1家（个）、电力行业1家（个）、电子信息产业2家（个）、医药行业3家（个）、船舶行业2家（个）、国防工业2家（个）、轨道装备行业1家（个），见图4-58。

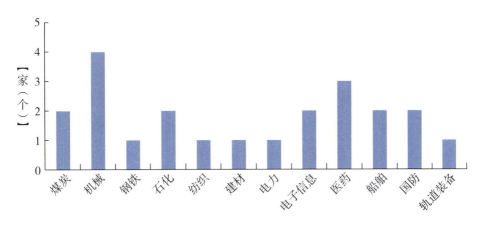

图 4-58　第四届中国工业大奖获奖企业和项目行业数量分布

2.中国工业大奖表彰奖

荣获第四届中国工业大奖表彰奖的企业和项目共21家（个）。其中，煤炭行业2家（个）、机械行业2家（个）、钢铁行业3家（个）、石化行业2家（个）、轻工行业2家（个）、纺织行业2家（个）、建材行业1家（个）、有色行业1家（个）、电力行业3家（个）、电子信息产业2家（个）、国防工业1家（个），见图4-59。

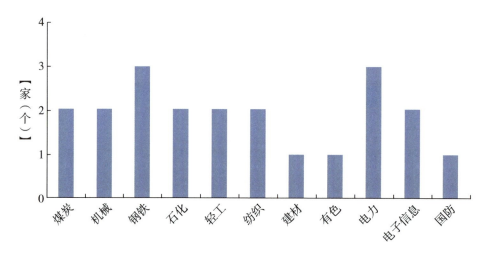

图4-59　第四届中国工业大奖表彰奖获奖企业和项目行业数量分布

3.中国工业大奖提名奖

荣获第四届中国工业大奖提名奖的企业和项目共30家（个）。其中，机械行业2家（个）、钢铁行业3家（个）、石化行业4家（个）、轻工行业2家（个）、纺织行业2家（个）、建材行业1家（个）、有色行业6家（个）、电力行业2家（个）、电子信息产业1家（个）、医药行业4家（个）、船舶行业2家（个）、国防工业1家（个），见图4-60。

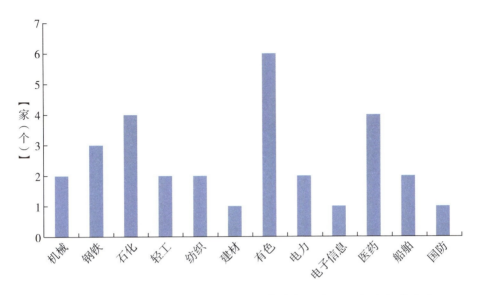

图 4-60　第四届中国工业大奖提名奖获奖企业和项目行业数量分布

五、本届特点

第四届获奖企业和项目的特点体现在以创新驱动发展、多行业推进信息化与工业化深度融合、着力品牌建设、提升质量效益。

一是宇宙太空探索与突破、轨道运输装备、电力装备及高性能医疗器械等获奖企业和项目占比提升，且技术达到国际先进水平。如中国工业大奖获奖项目——中国探月工程探测器系统是由中国空间技术研究院研制成功的。月球探测工程按照"绕、落、回"三步走的战略步骤，连续取得了多次成功。第一颗月球探测卫星嫦娥一号实现了我国航天事业发展史上继人造地球卫星、载人航天飞行之后的第三个里程碑。嫦娥二号卫星通过一次发射任务实现了月球、日-地拉格朗日 L2 点和小行星的多目标多任务探测。嫦娥三号探测器首次实现了我国地外天体软着陆和巡视探测，使中国成为继美国、俄罗斯之后第三个成功实现地外天体软着陆和巡视勘察的国家，为我国航天事业的发展树立了新的里程碑。嫦娥五号飞行试验器首次实现了我国绕月自由返回和近第二宇宙速度的高速地球大气再入与着陆回收，为探月三期取样

返回任务的顺利完成奠定了坚实基础。中国工业大奖获奖项目——高铁列车高可靠性齿轮传动系统研发及产业化是由中车戚墅堰机车车辆工艺研究所有限公司研制成功的。中国高速动车组在京沪线上跑出了486.1千米的最高运营时速，刷新了世界高铁速度纪录，确定了中国在世界高速铁路装备领域的领先地位。该公司凭借30多年齿轮传动系统研发制造经验专业优势，针对国内高铁运行的严苛工况，成功突破了产品设计、材料工艺及试验验证等方面的技术壁垒，解决了进口产品在运营中产生的箱体破裂、齿轮烧损等质量问题。他们采用智能制造手段，有效保障了上万套产品的高可靠性，最终完成高铁列车齿轮传动系统全面自主化研制，填补了国内技术空白，成功替代进口产品，技术达到国际领先水平，质量水平相比于进口产品有了大幅提升，市场占有率达70%以上。

二是凸显绿色制造和智能制造，实现转型升级。如中国工业大奖获奖项目——国家风光储输示范工程是由国家电网有限公司自主设计、建设并投运的全球新能源综合利用水平最高、规模最大的新能源示范工程，也是世界上首个集风力发电、光伏发电、储能系统、智能输电于一体，综合开发利用新能源的创新工程。为解决新能源大规模集中开发难以控制、难以调度的世界性难题提供了"中国方案"，贡献了"中国智慧"，实现了"出成果、出标准、出人才"。截至2015年12月，该示范工程已实现连续安全运行1487天，输出绿色电能超过17亿千瓦时，相当于节约标准煤57.12万吨、减排二氧化碳122.4万吨。依托该示范工程，发布了3部技术白皮书，取得了87项发明专利，应用自主知识产权研发制造高新设备119台；颁布了13项国家标准和21项行业标准。中国工业大奖获奖企业——北新集团建材股份有限公司生产的石膏板等新型建筑材料，通过技术创新和模式创新，将依靠大量高耗能、高污染建筑材料，依靠大量人工现场作业方式转变为采用节能环保新型材料、采用装配式工厂化生产方式，极大地推动房屋建筑行业的节能减排和绿色发展，造福人类。

三是开放合作发展，塑造国际知名品牌。如中国工业大奖获奖企业——山东如意科技集团有限公司自主研发的高效短流程嵌入式复合纺纱技术为国际首创，2010年获得国家科技进步奖一等奖，是中华人民共和国成立以来纺织企业在纺纱领域获得的最高奖项。他们还成功研发了全球稀缺的超细羊毛纤维，羊毛直径仅10.4μm。同时，积极参与西部地区开发建设，投资200多亿元完成了重庆三峡库区产业园、新疆石河子纺织产业园、宁夏生态纺织产业园等重大项目的建设。围绕以互联网、云计算、大数据、物联网为代表的新一代信息技术与工业技术深度跨界融合的新趋势，先后投资200多亿元，对集团所属各产业技术装备全面推进实施"互联网+智能制造+个性化定制"战略，促进产业自动化、信息化、数字化的转型升级，创国际化一流企业。2014年斥资100多亿元，在巴基斯坦投资兴建电力能源和纺织服装产业项目。同时，收购了澳大利亚的卡比棉田和罗伦杜牧场，保障了原材料供应；收购了日本的百年老店瑞纳株式会社，获取了国际知名品牌和营销网络；与英国世佳宝集团在香港合资开拓国际一流面料市场。

四是多领域发力，打破进口药品的垄断。如中国工业大奖获奖项目——国家一类新药盐酸埃克替尼（凯美纳），是由贝达药业股份有限公司研制成功的。该药的第一个适应症是晚期非小细胞肺癌。2011年获得了国家食品药品监督管理总局颁发的新药证书，打破了进口药在这一领域的垄断。2012年，埃克替尼被列入Citeline发布的国际新药研发年度报告，是首个被列入该项目的中国创制新药。已有9万多名晚期肺癌患者服用，并获得专家和病人的好评。同时，他们还开展了后续免费用药项目，已累计赠药140万盒，极大地减轻了肺癌患者的经济负担，社会效益显著。

五是打破国外钾肥行业技术垄断，实现工业反哺农业生产。如中国工业大奖获奖项目——新疆罗布泊钾肥基地年产120万吨硫酸钾项目，是由国投新疆罗布泊钾盐有限责任公司实施的。该项目是目前世界上最大的硫酸钾生产装置，产量占世界硫酸钾总产量的25%以上，打破了国际钾肥巨头的垄断，降低了进口钾肥的价格，促进了行业科技进步，让我国农民用上了质量好、价格便宜的优质钾肥。2013年，成套技术项目获得国家科学技术进步奖一等奖。同时，为社会提供了4000多个就业岗位。

第六节　第五届中国工业大奖

一、基本情况

第五届中国工业大奖自2017年5月7日至6月25日自愿报名。行业专家评审会于2017年9月10日在北京召开，来自煤炭、机械、钢铁、石化、轻工、纺织、建材、有色、电力、电子信息、国防、船舶、医药13个行业的院士和科研单位、高等院校近百位专家，对通过资格审查的231家（个）企业和项目进行了评审。2017年12月17日，召开了第五届中国工业大奖综合评审会。来自国务院有关部门，国务院直属事业单位、研究机构、科研院所及中国工程院院士等19位专家参加了评审工作。

第五届中国工业大奖、中国工业大奖表彰奖、中国工业大奖提名奖企业和项目，经过企业自愿申报、受理推荐、资格审核、行业专家评审、综合专家评审、工作委审议、现场考察、征求国家相关部门意见、中国工业大奖审定委员会会议审定、向社会公示、上报国务院等环节，产生了第五届中国工业大奖企业和项目23家（个）、中国工业大奖表彰奖企业和项目36家（个）、中国工业大奖提名奖企业和项目24家（个）。

第五届中国工业大奖发布会于2018年12月9日在北京人民大会堂隆重召开，见图4-61。第十届全国人大常委会副委员长顾秀莲出席会议，第十二届全国政协常委、经济委员会副主任、工信部原部长、中国工经联会长李毅中作主旨讲话。会上，宣读了表彰决定，向荣获中国工业大奖、中国工业大奖表彰奖、中国工业大奖提名奖的企业和项目，颁发了奖杯、奖牌和证书。获奖代表：烟台中集来福士海洋工程有限公司总裁王建中、巨石集团有限公司董事长张毓强、徐州工程机械集团有限公司总裁陆川、成都康弘药业集团股份有限公司董事长柯尊洪、山东康平纳集团有限公司董事长陈队范、陕西煤业化工集团神南矿业有限责任公司董事长吴群英等在会上作经验交流。

国务院有关部门、地方政府有关部门、全国性工业行业联合会（协会）、地方工业经济联合会、工业企业、中央新闻媒体、各工业行业新闻媒体及获奖单位代表等700余人出席了发布会。

图4-61　第五届中国工业大奖发布会颁奖仪式

本届发布会的创新点：在会议开始播放了第一至四届中国工业大奖表彰会和发布会的视频盛况，同时，展示了即将给予表彰的第五届中国工业大奖企业和项目的美丽画面，向人们宣传荣获中国工业大奖的企业和项目。通过回顾历届获奖情况，大家了解了中国工业大奖实施以来的发展历程、取得的工业成果。该表现手法，开创先河。会议得到中央电视台（一套）《新闻联播》当天报道。

二、获奖情况

第五届中国工业大奖、中国工业大奖表彰奖、中国工业大奖提名奖共83家（个），其中，企业46家、项目37个。

1. 中国工业大奖

荣获第五届中国工业大奖的企业和项目共23家（个），其中，企业12家、项目11个，见表4-7。

表4-7　　　　　　　　　第五届中国工业大奖企业/项目

序号	企业 / 项目
1	中国核电工程有限公司
2	常州天合光能有限公司

续表

序号	企业 / 项目
3	陕西烽火通信集团有限公司
4	郑州宇通客车股份有限公司
5	江苏上上电缆集团有限公司
6	新疆中泰化学股份有限公司
7	巨石集团有限公司
8	九三粮油工业集团有限公司
9	安徽江淮汽车集团股份有限公司
10	陕西煤业化工集团神南矿业有限责任公司
11	山东玲珑轮胎股份有限公司
12	深圳市中金岭南有色金属股份有限公司
13	"复兴号"中国标准动车组(中国铁路总公司等)
14	新一代超深水半潜式钻井平台(蓝鲸一号)(烟台中集来福士海洋工程有限公司)
15	风云系列气象卫星(上海航天技术研究院)
16	新一代核潜艇研制(中国船舶重工集团公司第七一九研究所)
17	核级 DCS 平台"和睦系统"研发及产业化应用(北京广利核系统工程有限公司)
18	超级移动起重机创新工程(徐州工程机械集团有限公司)
19	国家一类新药康柏西普眼用注射液的研制(成都康弘药业集团股份有限公司)
20	绿色高效拟除虫菊酯农药的开发与应用(江苏扬农化工股份有限公司)
21	超薄触控玻璃关键技术与成套装备开发及产业化(中建材蚌埠玻璃工业设计研究院有限公司)
22	筒子纱智能染色工业示范项目(山东康平纳集团有限公司)
23	±800 千伏特高压直流输电示范工程(向家坝—上海;云南—广东)(国家电网有限公司、中国南方电网有限责任公司)

2. 中国工业大奖表彰奖

荣获第五届中国工业大奖表彰奖的企业和项目共36家(个),其中,企业

20家，项目16个。沪东重机有限公司、大唐环境产业集团股份有限公司、贵州茅台酒股份有限公司等20家企业和高速列车牵引电机及变压器研发与产业化(中车株洲电机有限公司)、800MN大型模锻压机研制（中国第二重型机械集团有限公司）等16个项目荣获中国工业大奖表彰奖。

3. 中国工业大奖提名奖

荣获第五届中国工业大奖提名奖的企业和项目共24家（个），其中，企业14家、项目10个。贵州钢绳股份有限公司、歌尔股份有限公司、杰克缝纫机股份有限公司等14家企业和互联网＋多光谱人工智能选色机研制与产业化（合肥美亚光电技术股份有限公司）、超超临界火电机组用特种不锈钢管研发及产业化（江苏武进不锈股份有限公司）等10个项目荣获中国工业大奖提名奖。

三、按地区分布

（一）按地区统计

第五届中国工业大奖获奖企业和项目总数83家（个），按地区统计，东部地区49家（个）、中部地区13家（个）、西部地区19家（个）、东北地区2家（个），见图4-62。

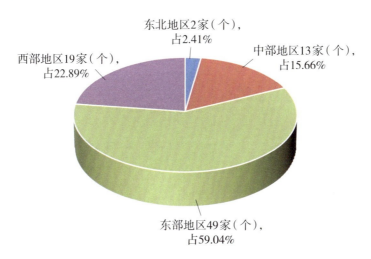

图 4-62　第五届获奖企业和项目数量地区分布

1. 中国工业大奖

荣获第五届中国工业大奖的企业和项目共23家（个）。其中，东部地区14家（个）、中部地区4家（个）、西部地区4家（个）、东北地区1家（个），见图4-63。

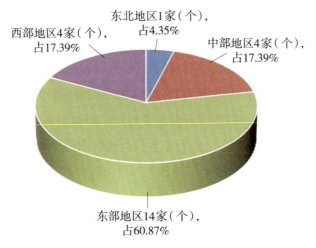

图 4-63　第五届中国工业大奖获奖企业和项目数量地区分布

2. 中国工业大奖表彰奖

荣获第五届中国工业大奖表彰奖的企业和项目共36家（个）。其中，东部地区18家（个）、中部地区5家（个）、西部地区12家（个）、东北地区1家（个），见图4-64。

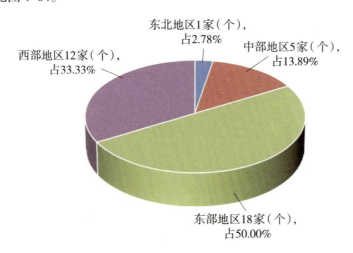

图 4-64　第五届中国工业大奖表彰奖获奖企业和项目数量地区分布

3. 中国工业大奖提名奖

荣获第五届中国工业大奖提名奖的企业和项目共24家（个）。其中，东部地区17家（个）、中部地区4家（个）、西部地区3家（个），见图4-65。

图 4-65　第五届中国工业大奖提名奖获奖企业和项目数量地区分布

（二）按省、自治区、直辖市统计

第五届中国工业大奖获奖企业和项目总数83家（个），企业46家、项目37个。其中，北京8.5家（个）、天津1家（个）、山西1家（个）、内蒙古1家（个）、黑龙江2家（个）、上海4家（个）、江苏12家（个）、浙江4家（个）、安徽4家（个）、福建1家（个）、江西1家（个）、山东13家（个）、河南3家（个）、湖北3家（个）、湖南1家（个）、广东5.5家（个）、广西2家（个）、重庆1家（个）、四川3家（个）、贵州4家（个）、云南1家（个）、陕西5家（个）、宁夏1家（个）、新疆1家（个），见图4-66。

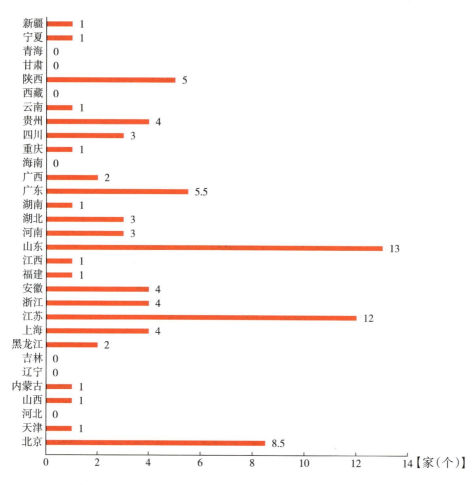

图 4-66 第五届中国工业大奖获奖企业和项目省、自治区、直辖市数量分布

1. 中国工业大奖

荣获第五届中国工业大奖的企业和项目共23家（个）。其中，北京3.5家（个）、黑龙江1家（个）、上海1家（个）、江苏4家（个）、浙江1家（个）、安徽2家（个）、山东3家（个）、河南1家（个）、湖北1家（个）、广东1.5家（个）、四川1家（个）、陕西2家（个）、新疆1家（个），见图4-67。

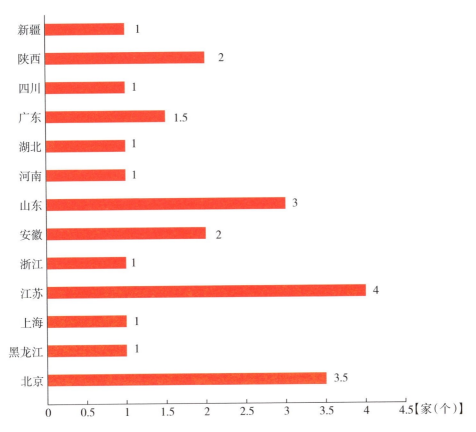

图 4-67　第五届中国工业大奖获奖企业和项目省、自治区、直辖市数量分布

2. 中国工业大奖表彰奖

荣获第五届中国工业大奖表彰奖的企业和项目共36家（个）。其中，北京3家（个）、天津1家（个）、山西1家（个）、内蒙古1家（个）、黑龙江1家（个）、上海1家（个）、江苏5家（个）、浙江1家（个）、安徽1家（个）、山东5家（个）、河南1家（个）、湖北1家（个）、湖南1家（个）、广东2家（个）、广西1家（个）、四川2家（个）、贵州3家（个）、云南1家（个）、陕西3家（个）、宁夏1家（个），见图4-68。

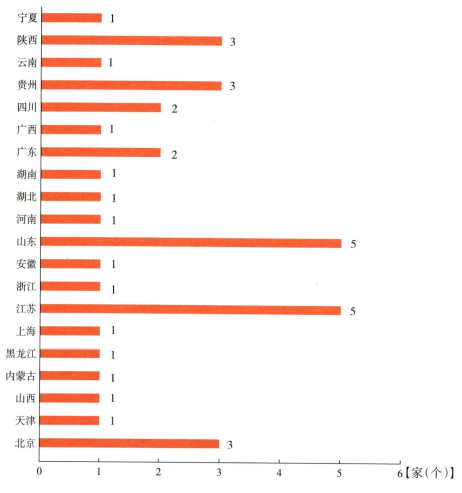

图 4-68　第五届中国工业大奖表彰奖获奖企业和项目省、自治区、直辖市数量分布

3. 中国工业大奖提名奖

荣获第五届中国工业大奖提名奖的企业和项目共24家（个）。其中，北京2家（个）、上海2家（个）、江苏3家（个）、浙江2家（个）、安徽1家（个）、福建1家（个）、江西1家（个）、山东5家（个）、河南1家（个）、湖北1家（个）、广东2家（个）、广西1家（个）、重庆1家（个）、贵州1家（个），见图4-69。

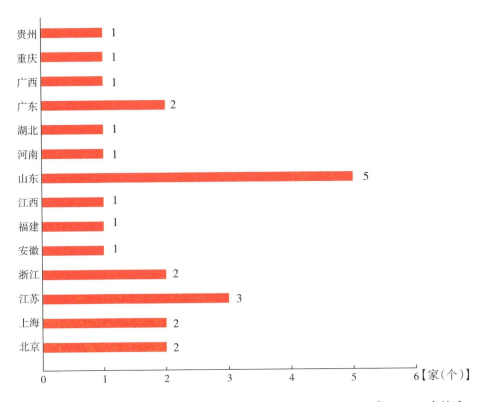

图 4-69　第五届中国工业大奖提名奖获奖企业和项目省、自治区、直辖市
数量分布

四、按工业行业分布

第五届中国工业大奖获奖企业和项目总数83家（个）。其中，煤炭行业1家（个）、机械行业20家（个）、钢铁行业3家（个）、石化行业5家（个）、轻工行业10家（个）、纺织行业3家（个）、建材行业3家（个）、有色行业6家（个）、电力行业6家（个）、电子信息产业7家（个）、医药行业3家（个）、船舶行业6家（个）、国防工业5家（个）、轨道装备行业2家（个）、农副食品加工行业2家（个）、环保行业1家（个），见图4-70。

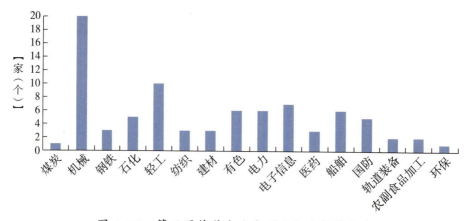

图 4-70　第五届获奖企业和项目行业数量分布

1. 中国工业大奖

荣获第五届中国工业大奖的企业和项目共23家（个）。其中，煤炭行业1家（个）、机械行业4家（个）、石化行业3家（个）、纺织行业1家（个）、建材行业2家（个）、有色行业1家（个）、电力行业3家（个）、电子信息产业2家（个）、医药行业1家（个）、船舶行业2家（个）、国防工业1家（个）、轨道装备行业1家（个）、农副食品加工行业1家（个），见图4-71。

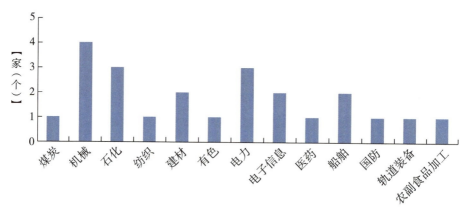

图 4-71　第五届中国工业大奖获奖企业和项目行业数量分布

2. 中国工业大奖表彰奖

荣获第五届中国工业大奖表彰奖的企业和项目共36家（个）。其中，机械行业13家（个）、钢铁行业1家（个）、石化行业2家（个）、轻工行业6家（个）、纺织行业1家（个）、有色行业3家（个）、电力行业2家（个）、电子信息产业2家（个）、船舶行业2家（个）、国防工业2家（个）、轨道装备行业1家（个）、环保行业1家（个），见图4-72。

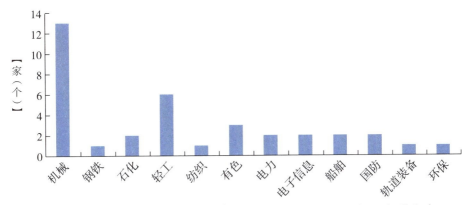

图 4-72　第五届中国工业大奖表彰奖获奖企业和项目行业数量分布

3. 中国工业大奖提名奖

荣获第五届中国工业大奖提名奖的企业和项目共24家（个）。其中，机械行业3家（个）、钢铁行业2家（个）、轻工行业4家（个）、纺织行业1家（个）、建材行业1家（个）、有色行业2家（个）、电力行业1家（个）、电子信息产业3家（个）、医药行业2家（个）、船舶行业2家（个）、国防工业2家（个）、农副食品加工行业1家（个），见图4-73。

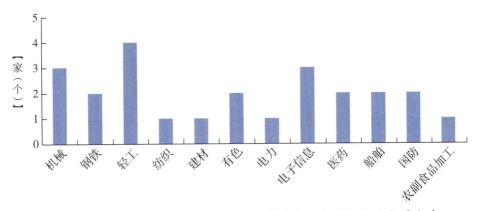

图 4-73　第五届中国工业大奖提名奖获奖企业和项目行业数量分布

五、本届特点

第五届中国工业大奖获奖企业和项目的特点主要表现在：

一是弘扬自主创新，实现中国创造，产品技术质量达到世界领先或先进水平，彰显了由"跟跑"到"并跑"，再到"领跑"的伟大跨越。如中国工业大奖获奖企业——中国核电工程有限公司，自主设计了我国第一座30万千瓦级的秦山核电站，实现安全稳定运行。该公司基于30多年核军工技术和二代核电技术，成功地自主研发设计了我国第三代核电"华龙一号"。国际原子能机构（IAEA）审查认为，其技术水平达到国际第三代核电先进水平，代表国际最先进第三代核电技术，使我国跻身世界先进核电第一阵营。在巴基斯坦等"一带一路"沿线国家正在有序推进"华龙一号"建设。第三代核电成套技术装备出口带动了我国装备工业的转型升级和"走出去"，成功打造了一张中国高科技亮丽的新名片，为世界提供了中国核电智慧和力量。中国工业大奖获奖项目——"复兴号"中国标准动车组，是由中国铁路总公司等单位联合研制成功的。"复兴号"与"和谐号"相比，牵引功率更大，速度快，启动加速性能更好；高压设备雷电冲击耐受电压提升，适应恶劣环境能力更强；智能传感器增加了数百个，智能传感能力增强，运行阻力降低；人均百公里能耗和车辆内外噪声降低；大量使用绿色环保材料，保障旅客身体健康；车体断面扩大，乘坐体验更舒适；动车组整车寿命延长，全寿命周期成本更低。"复兴号"动车组在郑徐高铁完成了420千米的重联和交会实验，创造了实际运行动车组的最高试验速度。自2017年9月，"复兴号"在京沪高铁率先以时速350千米运营，为世界高铁建设运营树立了新标杆。"复兴号"着力引领移动装备产业向高端迈进，促进了区域经济社会发展，改善了人民出行条件，提升了中国高铁品牌形象，使我国高速列车迈出了从追赶到领跑的关键一步。中国工业大奖获奖项目——国家一类新药康柏西普眼用注射液的研制，是由成都康弘药业集团股份有限公司开发的。它是目前唯一由美国之外的国家成功研发的抗VEGF（血管内皮生长因子）产品。康柏西普的研制成功是医药领域的重大突破，既打破了发达国家在高端生物医药领域的技术壁垒，又打破了外资药品对中国眼科市场的垄断局面。中国工业大奖获奖项目——超薄触控玻璃关键技术与成套装备开发及产业化，是由中建材蚌埠玻璃工业设计研究院有限公司实施的。该研究成果成功实现了具有自主知识产权的 1.1~0.12 毫米厚度玻璃全系列产品的工业化连续稳定生产，屡次刷新世界纪录。同时，打破了国外的技术封锁和市场垄断，引领中国玻璃产业迈向产业链高端。

二是加快转型升级，发展智能制造，引进数字化技术服务制造业，使两化融合落到实处，提高了行业技术水平和管理能力，为融入第四次工业革命打下良好基础。如徐州工程机械集团有限公司（以下简称"徐工集团"）运用智能化感知、人机交互、决策执行技术，实现设计、制造和服务的数字化，走在了工程机械行业前列。该公司自主研发的超级移动起重机创新工程，履行了工业强国使命。21 世纪初，以风电、化工等为主的大型能源产业项目进入了空前的建设期，由于超级起重机是保障重点工程的关键，被国家列入了重点装备制造业调整和振兴规划。当时超级起重机技术被德国、美国垄断，徐工集团毅然扛起了产业发展使命，成功研制了超级起重机，担起实现工业强国的重任。10 多年来，徐工集团攻克了全球行业七大核心技术难题，解决了高端核心零部件国产配套"空心化"的难题，打造出全球规模最大、智能化程度最高的起重机制造基地，构建起行业排名第一的国家级技术中心与国家重点实验室，突破了欧美国家和地区对超级起重机技术的垄断，更是创造了多个起重机及行业"世界之最"，挺起强国脊梁。徐工集团超级起重机在各大施工工程中担纲主力，并不断创造世界纪录。如今在超级起重机施工领域，德国、美国行业巨头不仅退出了中国市场，而且徐工集团的大型起重机已经进入了德国、美国等工程机械强国的高端市场。山东康平纳集团有限公司研发的筒子纱智能染色工业示范项目，使中国成为全球首个突破全流程自动化染色技术，并实现工程化应用的国家，体现了具有节能降耗和环保的明显效果。

三是发扬工匠精神，坚守主业、做强主业，长期专攻一个细分领域的技

术，耐得住寂寞，坚持着初心，创造了多个世界第一。如中国工业大奖获奖企业——江苏上上电缆集团有限公司，50多年来，坚守主业，只做电缆。单体电缆制造规模世界第一，特种电缆生产基地全球最大，中国电缆行业最具竞争力的企业，核电缆国内市场占有率达70%。自主研制的水密电缆、橡皮机车电缆、卷筒电缆等填补了国内空白，第三代核电AP1000壳内电缆填补了世界空白。

四是做好产业链的延伸和内循环，增强企业国际竞争力。中国工业大奖获奖企业——新疆中泰化学股份有限公司，立足国家能源安全，依托新疆资源禀赋优势，做强做大优势资源转化产业，形成了煤、电、盐、烧碱、PVC（聚氯乙烯）、黏胶、纺纱一体化全产业链循环经济发展模式。中国工业大奖获奖项目——绿色高效拟除虫菊酯农药的开发与应用，是由江苏扬农化工股份有限公司研制和实施的。拟除虫菊酯主要用于农业防虫灭虫以及生活中的日用杀虫剂方面，20世纪90年代初，是我国依赖进口的产品。它的研制成功，对我国农化工业向高质量迈进产生了积极的影响。首先，彻底改写了菊酯核心技术受制国外的历史，首次实现与国际先进水平的全面接轨，赢得市场话语权，对行业创新发展发挥了示范引领作用。其次，全面替代了进口产品，价格大幅下降，成为老百姓用得起的绿色产品，为国家节约了大量外汇，并促进了我国卫生事业的快速发展。最后，菊酯替代高毒农药而成为主流品种，加快了我国高毒农药淘汰进程，对保障粮食增产和食品安全，促进我国农化工业转型升级作出了重要贡献。

五是加强国际合作，推动"一带一路"建设。产品出口、国外建厂已经成为中国企业服务"一带一路"沿线国家，构建人类命运共同体的一项内容。如中国工业大奖获奖企业——巨石集团有限公司，专注玻璃纤维制造，是全球最大的玻璃纤维生产企业。它从引进起步到消化吸收，再到自主创新，现拥有玻璃纤维制造技术的自主知识产权，达到世界领先水平，向"一带一路"沿线国家全套技术输出，布局了埃及、印度及美国等生产基地。全球市场占有率达20%，位居世界第一。再如中国工业大奖获奖项目——风云系列气象卫星（上海航天技术研究院），利用自主创新建成的高低轨协同、稳定业务运行的气象卫星观测网，实现对全球全天候、全天时、全谱段的观测。卫星资料和产品服务了几十个国家和地区的数千家用户终端，覆盖了"一带一路"沿线几十个国家和地区。

六是肩负起强国使命，倡导责任担当。在强国建设中，有一批工业企业在承担着重任，向世界彰显"大国重器"实力，捍卫国家主权和安全。如以国家战略需求为己任，具有可靠有效的海基核威慑与核反击能力的新一代核潜艇。中国工业大奖获奖项目——新一代超深水半潜式钻井平台（蓝鲸一号），是由烟台中集来福士海洋工程有限公司研制成功的。该公司坚持走自主创新发展之路，用10年左右的时间，实现了核心产品的自主设计、自主知识产权零的突破；国产化率从不足10%提高至60%，跻身世界海工装备高端领域。"蓝鲸一号"是目前全球最大、钻井深度最深的半潜式钻井平台，2017年在南海海域成功完成我国首次可燃冰试采，创造了可燃冰开采时间和产量的两项世界纪录。

第七节　第六届中国工业大奖

一、基本情况

第六届中国工业大奖企业自愿申报工作于2019年9月开始至2019年11月结束。2020年1月8日，第六届中国工业大奖行业评审会议在北京召开，来自煤炭、机械、钢铁、石化、轻工、纺织、建材、有色、电力、电子信息、医药、船舶、国防13个行业的近百名中国工程院院士、行业专家，对通过资格审查的294家（个）企业和项目进行了集中评审，见图4-74。

2020年8月9日，第六届中国工业大奖综合评审会在北京召开，来自国家发展改革委、国家能源局、财政部、科技部、工信部、国务院国资委、应急管理部、国家煤矿安全监察局、国家市场监督管理总局、国家知识产权局、中国工程院、中国科学院等部门的20多名专家出席会议，见图4-75。评审流程为：播放申报企业和项目的介绍片（VCR），然后企业和项目负责人进行现

场陈述，评审专家根据评审标准通过电脑软件打分、写评语，并提交评审结果，最后生成企业和项目专家评审打分的排序。

图 4-74　第六届中国工业大奖行业评审会会场

图 4-75　第六届中国工业大奖综合评审会现场

2020 年 8 月 23 日，按照工作计划和流程，第六届中国工业大奖工作委员会工作会议在北京召开，审议第六届中国工业大奖、中国工业大奖表彰奖、中国工业大奖提名奖的候选企业和项目。会议讨论通过了第六届中国工业大奖候选企业和项目现场考察计划及安排。同期，开展第六届中国工业大奖候选企业和项目征求国家相关部委意见。

2020年11月1日，第六届中国工业大奖审定委员会会议在北京召开，审议了第六届中国工业大奖、中国工业大奖表彰奖、中国工业大奖提名奖候选企业和项目名单，确定了候选名单。之后，进行了社会公示、上报国务院等工作。

第六届中国工业大奖发布会于2020年12月27日，在北京友谊宾馆隆重举行，见图4-76。本届发布会是在百年不遇的新冠疫情期间召开的。第十届全国人大常委会副委员长顾秀莲出席了会议，第十二届全国政协常委、经济委员会副主任、工信部原部长、中国工经联会长李毅中作主旨讲话。会上，宣读了表彰决定，向荣获中国工业大奖、中国工业大奖表彰奖、中国工业大奖提名奖的企业和项目颁发了奖杯、奖牌和证书。获奖代表：中国空间技术研究院院长张洪太、海尔卡奥斯物联生态科技有限公司董事长兼总经理陈录城、山东黄金集团有限公司党委书记兼董事长陈玉民、中国中材国际工程股份有限公司党委书记兼董事长刘燕、中国生物技术股份有限公司董事长杨晓明、双良节能系统股份有限公司副总裁兼双良冷却系统有限公司总经理刘国银作经验交流发言。

图 4-76 第六届中国工业大奖发布会现场

受新冠疫情的影响，第六届中国工业大奖发布会采取线上线下相结合的方式举行。现场300多人参加会议，新闻媒体同步转播，10多万观众收看了现场会直

播。当天，中央电视台（一套）《新闻联播》对发布会进行了报道。

二、获奖情况

荣获第六届中国工业大奖、中国工业大奖表彰奖、中国工业大奖提名奖的企业和项目共93家（个），其中，企业42家、项目51个。

1. 中国工业大奖

荣获第六届中国工业大奖的企业和项目共30家（个），其中，企业16家、项目14个，见表4-8。

表4-8　　　　　　　　　第六届中国工业大奖企业/项目

序号	企业 / 项目
1	中国空间技术研究院
2	三一集团有限公司
3	中国航空工业集团公司成都飞机设计研究所
4	中国煤炭地质总局
5	中铁工程装备集团有限公司
6	中国中材国际工程股份有限公司
7	中国生物技术股份有限公司
8	山东黄金集团有限公司
9	国家管网集团西部管道有限责任公司
10	中天钢铁集团有限公司
11	大连华锐重工集团股份有限公司
12	珠海格力电器股份有限公司
13	江苏中天科技股份有限公司
14	大全集团有限公司
15	好孩子集团有限公司

序号	企业／项目
16	陕西法士特汽车传动集团有限责任公司
17	基于卡奥斯工业互联网平台的智能制造转型升级示范项目（海尔智家股份有限公司）
18	讯飞人工智能开放平台及产业示范项目（科大讯飞股份有限公司）
19	宽幅超薄精密不锈带钢工艺技术及系列产品开发（山西太钢不锈钢精密带钢有限公司）
20	雪龙2号极地科学考察破冰船［江南造船（集团）有限责任公司］
21	新一代高性能雷达核心模块（数字收发组件）研发制造及应用（中国电子科技集团公司第十四研究所）
22	陕鼓能源互联岛系统解决方案——分布式能源智能综合利用项目［陕西鼓风机（集团）有限公司］
23	巴西美丽山特高压输电二期项目（国家电网有限公司）
24	低温超导线材批量化制备技术（西部超导材料科技股份有限公司）
25	国家可再生能源发电与储能关键设备及系统产业化示范项目（阳光电源股份有限公司）
26	世界级智能化大型钢结构间接空冷系统（双良节能系统股份有限公司）
27	己内酰胺绿色生产成套新技术（中国石化巴陵石化公司）
28	高性能铅炭电池产业化示范项目［浙江天能电池（江苏）有限公司］
29	8.8米智能超大采高综采工作面成套装备研发与示范工程（神华神东煤炭集团有限责任公司）
30	新型纺纱智能化改造项目（安徽华茂纺织股份有限公司）

2. 中国工业大奖表彰奖

荣获第六届中国工业大奖表彰奖的企业和项目共33家（个），其中，企业12家、项目21个。中国一重集团有限公司、河南银金达控股集团有限公司、新疆蓝山屯河化工股份有限公司等12家企业和8挡自动变速器研发及产业化项目（盛瑞传动股份有限公司）、高铁1000吨级箱梁运架搬提成套施工设备（中铁工程机械研究设计院有限公司)等21个项目荣获中国工业大奖表彰奖。

3. 中国工业大奖提名奖

荣获第六届中国工业大奖提名奖的企业和项目共30家（个），其中，企业14家、项目16个。江苏亚威机床股份有限公司、烟台张裕葡萄酿酒股份有限公司等14家企业和HFCG系列大型辊压机［中建材（合肥）粉体科技装备有限公司］、中国广核集团阳江核电一期工程（6×1086MW）（阳江核电有限公司）等16个项目荣获中国工业大奖提名奖。

三、按地区分布

（一）按地区统计

第六届中国工业大奖获奖企业和项目总数93家（个），按地区统计，东部地区54家（个）、中部地区22家（个）、西部地区13家（个）、东北地区4家（个），见图4-77。

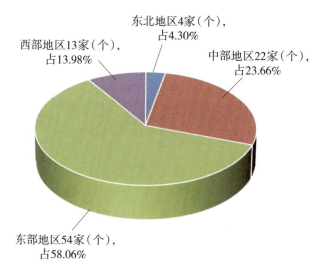

东北地区4家（个），
占4.30%

西部地区13家（个），
占13.98%

中部地区22家（个），
占23.66%

东部地区54家（个），
占58.06%

图4-77 第六届获奖企业和项目数量地区分布

1. 中国工业大奖

荣获第六届中国工业大奖的企业和项目共30家（个）。其中，东部地区

16家（个）、中部地区7家（个）、西部地区6家（个）、东北地区1家（个），
见图4-78。

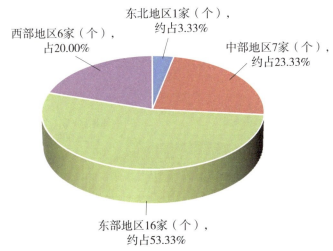

图 4-78　第六届中国工业大奖获奖企业和项目数量地区分布

2. 中国工业大奖表彰奖

荣获第六届中国工业大奖表彰奖的企业和项目共33家（个）。其中，东
部地区20家（个）、中部地区9家（个）、西部地区3家（个）、东北地区1家
（个），见图4-79。

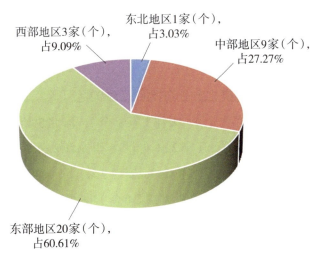

图 4-79　第六届中国工业大奖表彰奖获奖企业和项目数量地区分布

3. 中国工业大奖提名奖

荣获第六届中国工业大奖提名奖的企业和项目共30家（个）。其中，东部地区18家（个）、中部地区6家（个）、西部地区4家（个）、东北地区2家（个），见图4-80。

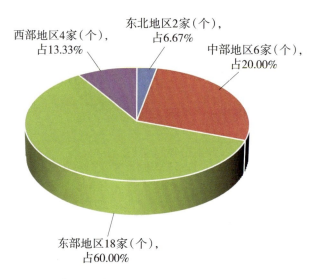

图4-80　第六届中国工业大奖提名奖获奖企业和项目
数量地区分布

（二）按省、自治区、直辖市统计

第六届中国工业大奖获奖企业和项目总数93家（个），其中，企业42家、项目51个。北京9家（个）、天津1家（个）、河北5家（个）、山西1家（个）、内蒙古2家（个）、辽宁2家（个）、黑龙江2家（个）、上海5家（个）、江苏14家（个）、浙江2家（个）、安徽9家（个）、山东11家（个）、河南7家（个）、湖北2家（个）、湖南3家（个）、广东7家（个）、重庆1家（个）、四川1家（个）、陕西4家（个）、宁夏1家（个）、新疆4家（个），见图4-81。

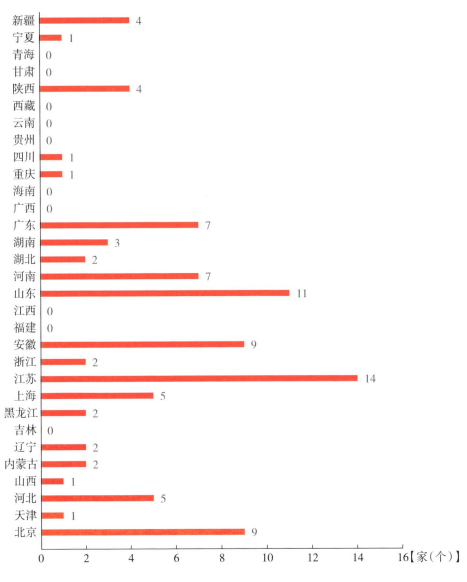

图 4-81　第六届获奖企业和项目省、自治区、直辖市数量分布

1. 中国工业大奖

荣获第六届中国工业大奖的企业和项目共30家（个）。其中，北京5家（个）、山西1家（个）、内蒙古1家（个）、辽宁1家（个）、上海1家（个）、江苏6家（个）、浙江1家（个）、安徽3家（个）、山东2家（个）、河南1家

（个）、湖南2家（个）、广东1家（个）、四川1家（个）、陕西3家（个）、新疆1家（个），见图4-82。

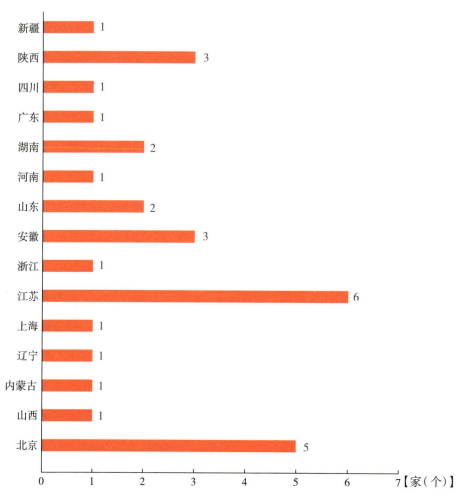

图 4-82　第六届中国工业大奖获奖企业和项目省、自治区、直辖市数量分布

2. 中国工业大奖表彰奖

荣获第六届中国工业大奖表彰奖的企业和项目共33家（个）。其中，北京2家（个）、河北3家（个）、内蒙古1家（个）、黑龙江1家（个）、上海3家（个）、江苏5家（个）、浙江1家（个）、安徽3家（个）、山东4家（个）、河南4家（个）、湖北1家（个）、湖南1家（个）、广东2家（个）、新疆2家（个），见图4-83。

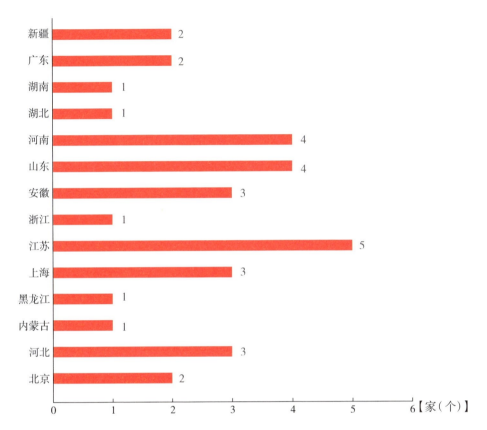

图 4-83　第六届中国工业大奖表彰奖获奖企业和项目省、自治区、直辖市
数量分布

3. 中国工业大奖提名奖

荣获第六届中国工业大奖提名奖的企业和项目共30家（个）。其中，北京2家（个）、天津1家（个）、河北2家（个）、辽宁1家（个）、黑龙江1家（个）、上海1家（个）、江苏3家（个）、安徽3家（个）、山东5家（个）、河南2家（个）、湖北1家（个）、广东4家（个）、重庆1家（个）、陕西1家（个）、宁夏1家（个）、新疆1家（个），见图4-84。

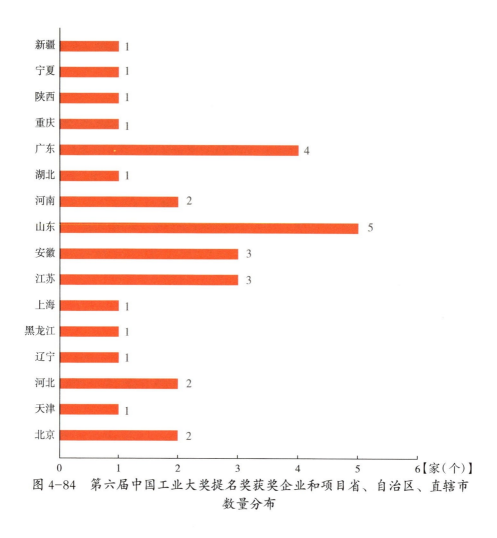

图4-84　第六届中国工业大奖提名奖获奖企业和项目省、自治区、直辖市数量分布

四、按工业行业分布

第六届中国工业大奖获奖企业和项目总数93家（个），其中，煤炭行业7家（个）、机械行业13家（个）、钢铁行业10家（个）、石化行业6家（个）、轻工行业14家（个）、纺织行业1家（个）、建材行业7家（个）、有色行业8家（个）、电力行业6家（个）、电子信息产业5家（个）、医药行业4家（个）、船舶行业7家（个）、国防工业3家（个）、轨道装备行业1家（个）、农副食品加工行业1家（个），见图4-85。

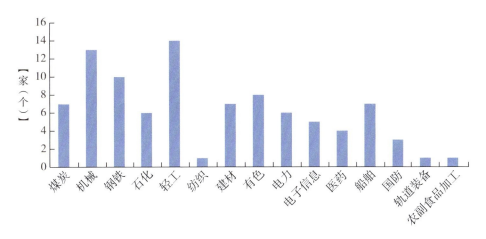

图 4-85　第六届获奖企业和项目行业数量分布

1. 中国工业大奖

荣获第六届中国工业大奖的企业和项目共30家（个）。其中，煤炭行业2家（个）、机械行业7家（个）、钢铁行业2家（个）、石化行业2家（个）、轻工行业4家（个）、纺织行业1家（个）、建材行业1家（个）、有色行业2家（个）、电力行业2家（个）、电子信息产业3家（个）、医药行业1家（个）、船舶行业1家（个）、国防工业2家（个），见图4-86。

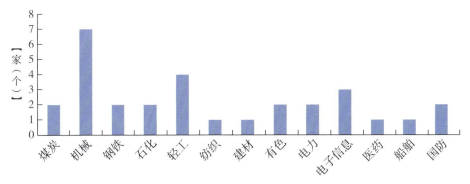

图 4-86　第六届中国工业大奖获奖企业和项目行业数量分布

2. 中国工业大奖表彰奖

荣获第六届中国工业大奖表彰奖的企业和项目共33家（个）。其中，煤炭行业2家（个）、机械行业4家（个）、钢铁行业3家（个）、石化行业3家

（个）、轻工行业5家（个）、建材行业3家（个）、有色行业3家（个）、电力行业1家（个）、电子信息产业1家（个）、医药行业2家（个）、船舶行业4家（个）、轨道装备行业1家（个）、农副食品加工行业1家（个），见图4-87。

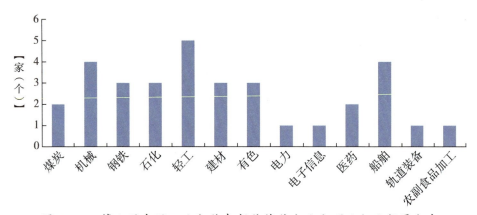

图4-87　第六届中国工业大奖表彰奖获奖企业和项目行业数量分布

3. 中国工业大奖提名奖

荣获第六届中国工业大奖提名奖的企业和项目共30家（个）。其中，煤炭行业3家（个）、机械行业2家（个）、钢铁行业5家（个）、石化行业1家（个）、轻工行业5家（个）、建材行业3家（个）、有色行业3家（个）、电力行业3家（个）、电子信息产业1家（个）、医药行业1家（个）、船舶行业2家（个）、国防工业1家（个），见图4-88。

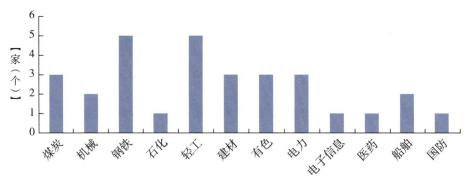

图4-88　第六届中国工业大奖提名奖获奖企业和项目行业数量分布

五、本届特点

第六届中国工业大奖获奖企业和项目主要特点是在自主创新、高端引领、两化深度融合、强基固本、产业链协同等方面，特别是对于解决关键部件"卡脖子"和瓶颈问题，以及在抗击新冠疫情中责任担当等方面作出了表率。

一是突出创新引领作用。高度重视技术研发投入，拥有一批自主知识产权和创新成果。如中国工业大奖获奖企业——中国空间技术研究院，以"创人类航天文明，铸民族科技丰碑"为使命，抓总实施了载人航天、深空探测、北斗导航等航天重大工程，研制发射了几百颗航天器，铸就了东方红一号卫星、神舟五号载人飞船、嫦娥一号卫星中国航天发展的"三大里程碑"，以及嫦娥四号月球背面软着陆和巡视勘察等世界航天的伟大创举。中国工业大奖获奖项目——雪龙2号极地科学考察破冰船，是由江南造船（集团）有限责任公司研制成功的。该船是我国自主建造的第一艘极地科学考察破冰船，是世界首艘具备艏艉双向破冰能力，高冰级、耐低温、全季节、高纬度航行能力的破冰船。"雪龙2号"的入列，增强了我国极地科学考察的能力，实现了双龙探极，是落实国家极地安全战略，维护国家极地区域权益的重要保障。中国工业大奖获奖企业——三一集团有限公司（以下简称"三一集团"）是全球排名前五的工程机械制造企业，其生产的混凝土机械为全球第一品牌，挖掘机产量位居世界第一。三一集团早期就开始推进企业信息化、数字化，促进企业转型升级方面作了尝试，如今该企业的18号厂房就是一个缩影。从前端市场收集的信息到产品研发，再到采购与制造及产品售后服务，三一集团通过信息化和数字化实现了产品全生命周期的管理。三一集团的产品都内置了传感器，能够实时对产品进行管控，并提供维护保养信息服务。特别是他们实施的"三化转型"，即向"数智化、电动化、国际化"转型和高质量发展，取得了新成果，建设了多家灯塔工厂。

二是抗击新冠疫情的责任担当。秉持爱国情怀，在抗击新冠疫情阻击战中，保护人民生命健康，保障抗疫物资供应，在药品、疫苗、医疗器械

研发研制等方面作出了突出贡献。如中国工业大奖获奖企业——中国生物技术股份有限公司，是中国最大、全球第六的人用疫苗生产企业。该公司最早是研发生产抗体药物、动物保健生物制品的企业，也是国内唯一通过批准的肉毒毒素生产商。在抗击新冠疫情阻击战中，该公司取得了"八个率先"重大成果：率先提供22种呼吸道检测试剂盒，排除了已知病毒；率先研发出新冠病毒核酸分子检测试剂盒，首批通过认证并获准使用；率先提出并推动康复者血浆治疗方法，获得国务院应对新型冠状病毒感染的肺炎疫情联防联控机制推荐使用，并被纳入国家诊疗方案；率先研制出新冠感染特效药物特异性免疫球蛋白，并被纳入应急药品使用和国家储备；率先获得全球首个新冠灭活疫苗临床试验批件；率先启动新冠灭活疫苗国际临床试验（Ⅲ期）；率先建成全球最大的高等级生物安全生产设施，填补了国内空白；率先获批疫苗紧急使用。中国生物技术股份有限公司成为国内唯一在诊断、治疗、预防三条战线上全面出击并作出重大贡献的科技抗疫主力军。

三是突出两化深度融合。坚持以智能制造为主攻方向，强化应用创新和商业模式创新，数字化、网络化、智能化发展水平突出。如中国工业大奖获奖项目——基于卡奥斯工业互联网平台的智能制造转型升级示范项目，是由海尔智家股份有限公司研制成功的。该项目具有中国自主知识产权，是首个引入用户全流程参与体验的工业互联网平台。卡奥斯（COSMOPlat）在推动海尔智造转型升级的同时，为工业发展、企业转型提供稳定支撑，为用户美好生活提供全面保障，截至2018年，已赋能15个行业4.3万家中小企业，成为全球最大规模制订解决方案生态平台，并实现三大创新。其一是从大规模制造到大规模定制的模式创新。在全球已建成15座互联工厂，效率提升60%，不入库率达到75%。其二是工业软件的技术创新。主导参与制定5项国际标准、35项国家标准；通过泛在物联能力等五大能力实现灵活部署、跨行业复制。其三是适应工业互联网发展的机制创新。平台把组织变为网络节点，以创业小微为单位，与用户零距离，同时创客与企业收益共享、风险共担。2019年，卡奥斯已成长为全球三大工业互联网平台之一，并位居工信部公布的2019年十大跨行业跨领域工业互联网平台榜首。此后三年，卡奥斯持续位居工信部双跨平台榜首。中国工业大奖获奖项目——讯飞人工智能开放平台及产业示范项目，是由科大讯飞股份有限公司研制成功的。该平台通过"云+端"的形式进一步赋能开发者，持续为创业者、开拓者、企事业单位提供人工智能核心技术服务。目前，平台的语音合成、语音识别、图文识别、机器翻译等人工智能核心技术能力全面处于国际领先水平。

四是刻苦攻关，破解"卡脖子"难题。中国工业大奖获奖企业——中铁工程装备集团有限公司，是我国盾构机/TBM产业的开拓者和领军者，也是我国盾构机/TBM产业拥有核心技术最多、产品种类最全的装备综合服务商。该公司在全国布局了18个生产基地，产品市场占有率连续8年保持国内第一，连续三年产销量世界第一。值得肯定的是，该公司突破了主轴承等关键部件"卡脖子"问题；研制的世界首台马蹄形盾构机荣获国际隧道界最高奖项，"异形全断面隧道掘进机设计制造关键技术及应用"项目荣获了国家科学技术进步奖二等奖；致力于科学管理，增强了高质量发展的持续性，积极响应"一带一路"倡议，产品出口至21个国家和地区，成为国际知名的地下工程装备综合服务商。中国工业大奖获奖项目——8.8米智能超大采高综采工作面成套装备研发与示范工程，是由神华神东煤炭集团有限责任公司研制成功的，是基于8~10米特厚煤层研制的。2018年3月，该公司建成了世界首个具有完全自主知识产权的超大采高智能综采工作面。项目实施以来，该公司对"卡脖子"技术难题进行重点攻关，破解了超大采高综采工作面围岩控制、关键装备研制、协同控制开发、生态环境修复四大关键核心问题。在8.8米综采采高、单面产能、回采工效、装机功率、设备总重方面创造了五项世界第一。项目的成功实施，标志着我国特厚煤层开采实现了从技术引进到自主创新的全面突破，与同行业相比，具有井工采矿技术全球最先进、采矿装备全部实现国产化、工作面智能化程度最高、安全保障水平最高、行业跨越提升效果显著、综合技术指标国际领先、综合效益指标行业最佳、绿色清洁化区域最好八大特点。

五是突出产业链的固链、补链、强链能力，解决了"卡脖子"问题。如中国工业大奖获奖项目——宽幅超薄精密不锈带钢工艺技术及系列产品开发，

是由山西太钢不锈钢精密带钢有限公司研制成功的。宽幅超薄精密不锈钢带钢厚度仅0.02毫米、宽幅640毫米，是国家重大战略和重要新兴领域急缺的高精尖基础材料，长期面临高价买和"卡脖子"的困境。特别是厚度0.05毫米以下，宽度400毫米以上的宽幅超薄带钢处于国际空白，其研发生产是世界性难题，需要攻克钢质洁净度、控形控性、柔性化工艺、产品系列化、生产规模等一系列关键核心技术。该项目历经700多次实验，终于突破了国外技术封锁，成功开发出具有自主知识产权的关键工艺技术及设备，实现了我国宽幅超薄不锈钢精密带钢从依赖进口到世界领先的重要跨越。再如中国工业大奖获奖项目——己内酰胺绿色生产成套新技术，是由中国石化巴陵石化公司（以下简称"巴陵石化"）研制成功的。以前我国己内酰胺全部依赖进口，花费百亿元引进技术生产的产品，原子利用率低、工艺流程复杂、腐蚀污染严重，并副产大量低价值硫酸铵，己内酰胺行业年亏损成为亟待攻克的"卡脖子"问题。巴陵石化与石油化工科学研究院等产学研机构紧密结合，持续主动创新30年，成功开发了新反应途径、新催化材料、新反应工程集成的己内酰胺绿色生产成套新技术，使氮原子利用率从不足60%提升至90%以上，碳原子利用率从不足80%提升至95%以上，装置投资下降了80%，生产成本下降了50%，污染物排放量减少50%以上，实现了传统产业的跨越式技术进步，达到国际领先水平，获授权200余项国内外发明专利，荣获国家技术发明奖一等奖和三项国家奖励。2019年，我国成为世界生产己内酰胺第一大国，全球市场份额超过50%。此外，己内酰胺绿色生产成套新技术的研制成功，深入贯彻落实了习近平总书记"关键技术、核心技术、高新技术，要靠自己"的指示精神，使巴陵石化成为自主创新、攻克"卡脖子"技术，发展绿色化工和促进长江经济带发展的典范。

六是突出高质量供给水平。适应经济结构和消费升级趋势，开启"双循环"之行。如中国工业大奖获奖企业——好孩子集团有限公司，从自主发明一辆多功能婴儿车起步，发展成全球婴儿车的领导者，构建了以中国、德国、美国三大母市场辐射全球的自主品牌经营体系，形成了国内国际双循环相互促进的新发展格局。中国、北美、欧洲的市场占有率分别连续27年、21年、

14年位居第一。好孩子集团有限公司是国际标准的制定者，是国际标准化组织ISO／PC310的秘书处和主席单位，主导或参与制定国内外标准207项，多次获得中国标准创新贡献奖，拥有世界领先的检测中心，是中国、美国和欧盟授权的检测认证机构。再如中国工业大奖获奖企业——珠海格力电器股份有限公司，是一家多元化科技型工业企业。经过30多年的发展，已从空调生产拓展至家用电器和工业装备两大领域，产品远销160多个国家和地区，全球用户超过4亿。2022年，珠海格力电器股份有限公司家用空调全球市场占有率连续18年领跑全球，特别是成功研制出磁悬浮空调压缩机，实现了空调机的无污染排放，优化了大气环境，成为绿色制造企业。

第八节　第七届中国工业大奖

一、基本情况

第七届中国工业大奖申报工作于2021年7月开始至2021年9月结束。2021年12月4—5日，第七届中国工业大奖行业评审会在北京召开，来自煤炭、机械、钢铁、石化、轻工、纺织、建材、有色、电力、电子信息、医药、船舶、国防13个行业的近百名中国工程院院士、行业专家，对通过资格审查的284家（个）企业和项目进行了评审，见图4-89。此次被评审的有企业139家、项目145个。

2022年7月10日，第七届中国工业大奖综合评审会在北京召开，来自中国科学院、中国工程院、国家表彰奖励办公室、科技部、工信部、国务院国资委、国防科工局、国家矿山安全监察局等单位的院士、专家参会，对入围的企业和项目进行了综合评审，见图4-90。评审流程为：播放申报企业和项目的介绍片（VCR），然后企业和项目负责人进行陈述，评审专家根据综合评审标准通过电脑软件打分、写评语，并提交评审结果。根据评审结果，生成企业和项目的排序。

图 4-89 第七届中国工业大奖行业评审会会场

图 4-90 第七届中国工业大奖综合评审会现场

2022年7月31日，召开了第七届中国工业大奖工作委员会工作会议，经讨论和审议，提出第七届中国工业大奖、中国工业大奖表彰奖和提名奖候选企业和项目名单。会议还讨论通过了第七届中国工业大奖候选企业和项目开展实地考察的安排。8—10月，组织专家对中国工业大奖候选企业和项目进行现场考察。同期，就本届中国工业大奖、中国工业大奖表彰奖和提名奖的候选企业和项目征求了国家相关部门意见。

2022年9月28日，第七届中国工业大奖审定委员会会议在北京召开，来自煤炭、机械、钢铁、石化、轻工、纺织、建材、有色、电力、电子信息、国防等全国性行业联合会（协会）及山西省、浙江省、江苏省工业经济联合会的20名审定委单位代表出席了会议。会议听取了中国工业大奖工作委员会关于第七届中国工业大奖实施工作的报告，审议了《第七届中国工业大奖、表彰奖、提名奖候选企业和项目名单》，确定了候选企业和项目名单。9月29日，中国工经联向社会公示了《第七届中国工业大奖、表彰奖、提名奖候选企业和项目名单》，广泛听取社会各界的反映意见。随后，按照规定流程上报国务院，刘鹤副总理作出批示。

第七届中国工业大奖发布会原计划在2022年12月举行，但由于受新冠疫情影响，推迟至2023年3月19日在北京友谊宾馆隆重举行。第十届全国人大常委会副委员长顾秀莲出席会议，第十二届全国政协常委、经济委员会副主任、工信部原部长、中国工经联会长李毅中作主旨讲话。会上，宣读了表彰决定，向荣获中国工业大奖、中国工业大奖表彰奖、中国工业大奖提名奖的企业和项目，颁发了奖杯、奖牌和证书。获奖代表：中国海洋石油有限责任公司党委书记、董事长、总经理米立军，上海航天技术研究院副院长陆本清，国家电网有限公司党组成员、副总经理潘敬东，兖矿能源集团股份有限公司董事长李伟，江苏永钢集团有限公司党委书记、总裁吴毅，成都中建材光电材料有限公司总经理潘锦功作大会交流发言，见图4-91。

图4-91 第七届中国工业大奖发布会颁奖现场

出席会议的有：工信部、国务院台湾事务办公室、国务院国资委、国防科工局、国务院有关部门、省区市人民政府的领导，原国有重点大型企业监事会主席，全国性行业联合会（协会）、全国台湾同胞投资企业联谊会的领导，以及工业企业、新闻媒体、获奖单位代表等。

第七届中国工业大奖发布会采取线下线上相结合的方式召开。现场会约500人出席，新闻媒体同步转播，超过240万人次通过新华云直播、中国工业报融媒体在线参会。当天，中央电视台（一套）《新闻联播》对发布会进行了报道。

二、获奖情况

第七届中国工业大奖、中国工业大奖表彰奖、中国工业大奖提名奖获奖企业和项目共123家（个），其中，企业62家、项目61个。

1. 中国工业大奖

荣获第七届中国工业大奖的企业和项目共38家（个），其中，企业19家、项目19个，见表4-9。

表4-9　　　　　　　　　　　第七届中国工业大奖企业/项目

序号	企业／项目
1	兖矿能源集团股份有限公司
2	中国铁建重工集团股份有限公司
3	南京钢铁股份有限公司
4	万华化学集团股份有限公司
5	美的集团股份有限公司
6	盛虹控股集团有限公司
7	安徽海螺集团有限责任公司
8	宝钛集团有限公司

序号	企业 / 项目
9	广东风华高新科技股份有限公司
10	鲁南制药集团股份有限公司
11	上海航天技术研究院
12	江苏新扬子造船有限公司
13	江苏恒立液压股份有限公司
14	江阴兴澄特种钢铁有限公司
15	中国石油天然气股份有限公司塔里木油田分公司
16	宁德时代新能源科技股份有限公司
17	冠捷电子科技股份有限公司
18	昌河飞机工业（集团）有限责任公司
19	台塑工业（宁波）有限公司
20	资源枯竭型矿区转型发展创新技术与模式示范项目（徐州矿务集团有限公司）
21	轨道交通绿色驱动整体解决方案与智能化控制系统应用示范项目（新誉集团有限公司）
22	高性能取向硅钢研发制造与应用（宝山钢铁股份有限公司）
23	超深水大气田"深海一号"工程（中国海洋石油有限公司）
24	面向生物安全的高端装备关键核心技术产业化及应用创新示范项目（青岛海尔生物医疗股份有限公司）
25	国家重大基建工程用高性能土工复合新材料研发及产业化示范项目（山东路德新材料股份有限公司）
26	片式多层陶瓷电容器用介质材料关键技术研究开发及产业化应用项目（山东国瓷功能材料股份有限公司）
27	张北柔性直流电网试验示范工程（国家电网有限公司）
28	中国首次行星探测任务天问一号探测器系统（中国空间技术研究院）
29	奋斗者号全海深载人潜水器 [中国船舶科学研究中心（中国船舶重工集团公司第七〇二研究所）]

序号	企业 / 项目
30	航空万吨级铝合金板张力拉伸装备（中国重型机械研究院股份公司）
31	钢铁产业绿色低碳全链赋能乡村振兴项目（江苏永钢集团有限公司）
32	煤、油、气资源综合利用低碳绿色循环集成创新 [陕西延长石油（集团）有限责任公司]
33	低碳节能及自动化技术的研究与应用（上海旺旺食品集团有限公司）
34	精密铜管低碳智能制造技术及装备研究（浙江海亮股份有限公司）
35	兴装强军，走向深蓝——我国首型舰载机歼－15飞机 [沈阳飞机工业（集团）有限公司]
36	12X92DF 全球最大功率低压双燃料发动机（上海中船三井造船柴油机有限公司）
37	橡胶轮胎全产业链关键技术攻关与应用示范 [国家橡胶与轮胎工程技术研究中心（软控股份有限公司、青岛科技大学、赛轮集团股份有限公司）]
38	新型潜水器控制系统研制及应用（中国船舶重工集团公司第七一六研究所）

2. 中国工业大奖表彰奖

荣获第七届中国工业大奖表彰奖的企业和项目共48家（个），其中，企业26家、项目22个。

郑州煤矿机械集团股份有限公司、北京精雕科技集团有限公司、抚顺特殊钢股份有限公司等26家企业和煤矿安全监控预警技术研究及产业化（中煤科工集团重庆研究院有限公司）、基于新能源装备智能制造整体解决方案的示范项目（无锡先导智能装备股份有限公司）、华菱涟钢起重机吊臂钢替代进口开发及系列化（湖南华菱涟源钢铁有限公司）等22个项目荣获中国工业大奖表彰奖。

3. 中国工业大奖提名奖

荣获第七届中国工业大奖提名奖的企业和项目共37家（个），其中，企业17家、项目20个。

国家能源集团宁夏煤业有限责任公司、许昌远东传动轴股份有限公司、河南心连心化学工业集团股份有限公司等17家企业和基于MDG标准的高端产品超高疲劳寿命试验及方法（中煤北京煤矿机械有限责任公司）、高速热冲压液压机关键技术研究及产业化（合肥合锻智能制造股份有限公司）、易焊接高强高韧煤矿机械用钢关键技术及产业化应用（安阳钢铁集团有限责任公司）等20个项目荣获中国工业大奖提名奖。

三、按地区分布

（一）按地区统计

第七届中国工业大奖获奖企业和项目总数123家（个），其中，东部地区74家（个）、中部地区18家（个）、西部地区18家（个）、东北地区5家（个）、台湾地区8家（个），见图4-92。

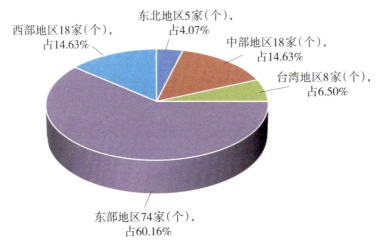

图4-92　第七届获奖企业和项目数量地区分布

1. 中国工业大奖

荣获第七届中国工业大奖的企业和项目共38家（个）。其中，东部地区28家（个）、中部地区3家（个）、西部地区3家（个）、东北地区1家（个）、台湾地区3家（个），见图4-93。

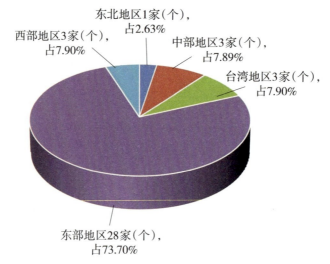

图 4-93 第七届中国工业大奖获奖企业和项目数量地区分布

2. 中国工业大奖表彰奖

荣获第七届中国工业大奖表彰奖的企业和项目共48家（个）。其中，东部地区23家（个）、中部地区9家（个）、西部地区11家（个）、东北地区2家（个）、台湾地区3家（个），见图4-94。

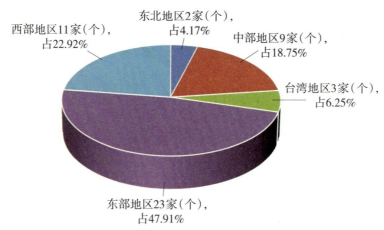

图 4-94 第七届中国工业大奖表彰奖获奖企业和项目数量地区分布

3. 中国工业大奖提名奖

荣获第七届中国工业大奖提名奖的企业和项目共37家（个）。其中，东部地区23家（个）、中部地区6家（个）、西部地区4家（个）、东北地区2家（个）、台湾地区2家（个），见图4-95。

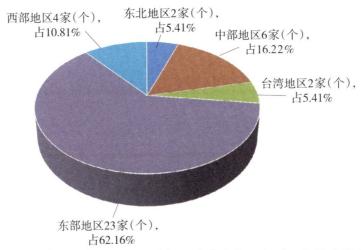

图 4-95 第七届中国工业大奖提名奖获奖企业和项目数量地区分布

（二）按省、自治区、直辖市统计

第七届中国工业大奖获奖企业和项目总数123家（个），其中，企业62家、项目61个。其中，北京11家（个）、河北3家（个）、山西1家（个）、内蒙古2家（个）、辽宁5家（个）、上海4家（个）、江苏18家（个）、浙江5家（个）、安徽6家（个）、福建5家（个）、江西2家（个）、山东19家（个）、河南4家（个）、湖北1家（个）、湖南4家（个）、广东8家（个）、广西1家（个）、重庆1家（个）、四川4家（个）、陕西7家（个）、宁夏1家（个）、新疆3家（个）、台湾8家（个），见图4-96。

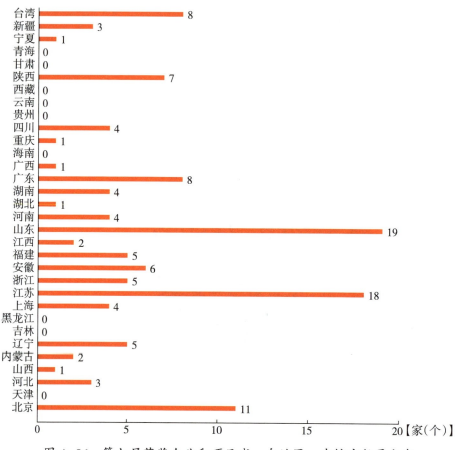

图4-96　第七届获奖企业和项目省、自治区、直辖市数量分布

1. 中国工业大奖

荣获第七届中国工业大奖的企业和项目共38家（个）。其中，北京3家（个）、辽宁1家（个）、上海3家（个）、江苏10家（个）、浙江1家（个）、安徽1家（个）、福建1家（个）、江西1家（个）、山东7家（个）、湖南1家（个）、广东2家（个）、陕西3家（个）、新疆1家（个）、台湾3家（个），见图4-97。

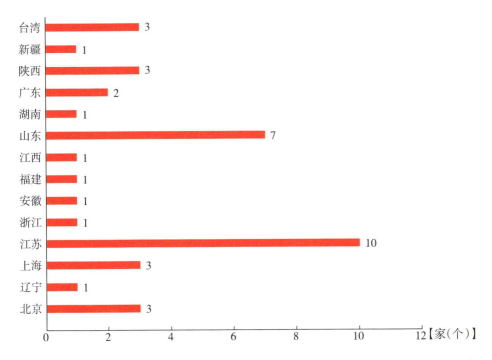

图 4-97　第七届中国工业大奖获奖企业和项目省、自治区、直辖市数量分布

2. 中国工业大奖表彰奖

荣获第七届中国工业大奖表彰奖的企业和项目共48家（个）。其中，北京2家（个）、河北2家（个）、山西1家（个）、内蒙古2家（个）、辽宁2家（个）、上海1家（个）、江苏6家（个）、浙江3家（个）、安徽3家（个）、福建1家（个）、江西1家（个）、山东5家（个）、河南2家（个）、湖南2家（个）、广东3家（个）、重庆1家（个）、四川2家（个）、陕西4家（个）、新疆2家（个）、台湾3家（个），见图4-98。

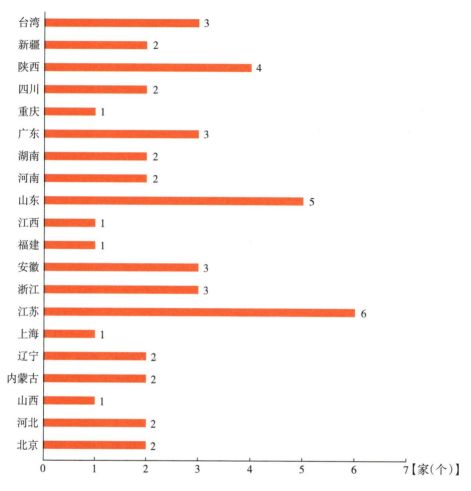

图 4-98　第七届中国工业大奖表彰奖获奖企业和项目省、自治区、直辖市
数量分布

3. 中国工业大奖提名奖

荣获第七届中国工业大奖提名奖的企业和项目共37家（个）。其中，北京6家（个）、河北1家（个）、辽宁2家（个）、江苏2家（个）、浙江1家（个）、安徽2家（个）、福建3家（个）、山东7家（个）、河南2家（个）、湖北1家（个）、湖南1家（个）、广东3家（个）、广西1家（个）、四川2家（个）、宁夏1家（个）、台湾2家（个），见图4-99。

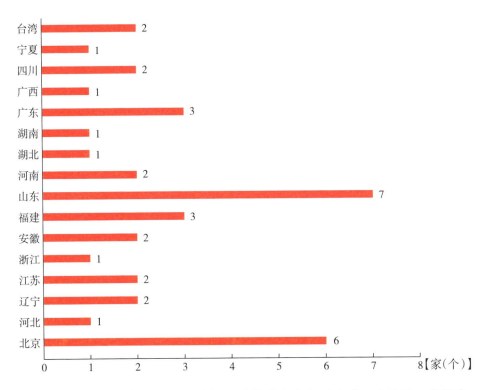

图 4-99　第七届中国工业大奖提名奖获奖企业和项目省、自治区、直辖市数量分布

四、按工业行业分布

第七届中国工业大奖获奖企业和项目总数 123 家（个），其中，煤炭行业 9 家（个）、机械行业 13 家（个）、钢铁行业 12 家（个）、石化行业 18 家（个）、轻工行业 13 家（个）、纺织行业 1 家（个）、建材行业 8 家（个）、有色行业 5 家（个）、电力行业 7 家（个）、电子信息产业 10 家（个）、医药行业 7 家（个）、船舶行业 8 家（个）、国防工业 7 家（个）、轨道装备行业 1 家（个）、环保行业 4 家（个），见图 4-100。

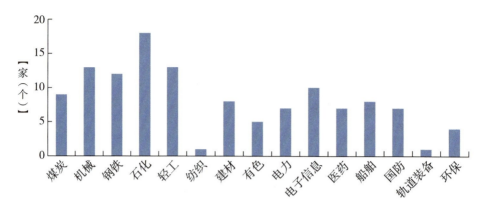

图 4-100　第七届获奖企业和项目行业数量分布

1. 中国工业大奖

荣获第七届中国工业大奖的企业和项目共38家（个）。其中，煤炭行业2家（个）、机械行业3家（个）、钢铁行业4家（个）、石化行业6家（个）、轻工行业5家（个）、纺织行业1家（个）、建材行业2家（个）、有色行业2家（个）、电力行业1家（个）、电子信息产业2家（个）、医药行业1家（个）、船舶行业4家（个）、国防工业4家（个）、轨道装备行业1家（个），见图4-101。

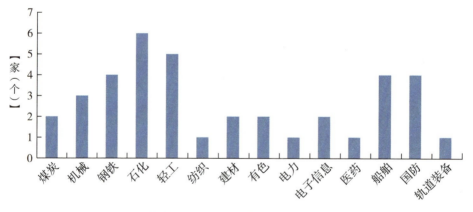

图 4-101　第七届中国工业大奖获奖企业和项目行业数量分布

2. 中国工业大奖表彰奖

荣获第七届中国工业大奖表彰奖的企业和项目共48家（个）。其中，煤炭行业4家（个）、机械行业4家（个）、钢铁行业7家（个）、石化行业6家

（个）、轻工行业5家（个）、建材行业3家（个）、有色行业3家（个）、电力行业3家（个）、电子信息产业4家（个）、医药行业4家（个）、船舶行业3家（个）、国防工业2家（个），见图4-102。

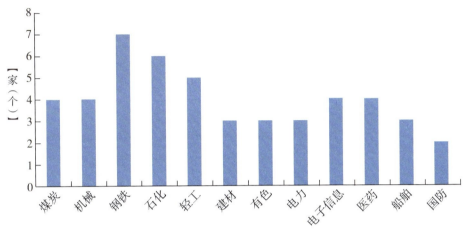

图 4-102　第七届中国工业大奖表彰奖获奖企业和项目行业数量分布

3. 中国工业大奖提名奖

荣获第七届中国工业大奖提名奖的企业和项目共37家（个）。其中，煤炭行业3家（个）、机械行业6家（个）、钢铁行业1家（个）、石化行业6家（个）、轻工行业3家（个）、建材行业3家（个）、电力行业3家（个）、电子信息产业4家（个）、医药行业2家（个）、船舶行业1家（个）、国防工业1家（个）、环保行业4家（个），见图4-103。

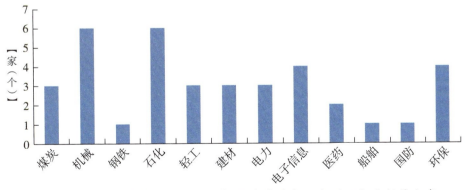

图 4-103　第七届中国工业大奖提名奖获奖企业和项目行业数量分布

五、本届特点

第七届中国工业大奖获奖企业和项目主要特点：从数量上看，是自实施中国工业大奖评审工作以来最多的一届，每种奖项数量都有较大幅度增加。从内容上看，获奖企业和项目在自主创新、强国使命、转型升级、绿色低碳、高质量发展等方面起到了引领作用。还有一大特点是首次有台湾地区企业参加并取得较好成绩。具体特点表现在以下几个方面。

一是集聚力量进行原创性技术攻关。中国工业大奖获奖项目——超深水大气田"深海一号"工程，是国内首个自营超深水大气田开发工程，由中国海洋石油有限公司（以下简称"中国海油"）投资、建设和运营。该项目深入贯彻落实习近平总书记的海洋强国战略思想，积聚力量进行原创性引领技术攻关，提升海洋工程高端装备制造水平，增强国家能源安全保障能力。该项目也是我国海洋石油工业领域高水平和科技自立自强的最新实践，是首创水下生产系统回接半潜式储卸油生产平台的全新海洋油气开发模式，创造了海洋工程"中国设计"的奇迹。"深海一号"能源站由上部组块与船体两部分组成，按照"30年不回坞检修"的高质量设计标准建造，设计疲劳寿命达150年，可抵御百年一遇的超强台风。"深海一号"能源站尺寸巨大，总重量超过5万吨，最大投影面积相当于两个标准足球场大小，总高度达120米，相当于3艘中型航母。众所周知，海洋工程设计基本被欧美国家和地区垄断，中国海油组织团队用4年的时间研发了3项世界首创技术，13项国内首创技术，攻克了10多项行业难题，这些都是中国海洋工程建造领域的巨大成果。10万吨级"深海一号"能源站等装备的自主建造成功，标志着我国已具备自主开发全海域油气资源的能力，我国海洋油气勘探开发进入"超深水时代"，展现了高速度、高技术、高质量和高安全性的中国制造。这一创举践行了用我们自己的装备开发油气资源，促进了国内海洋油气高端装备水平的提高，同时带动了我国造船、钢铁、机电等民族工业的发展。

"深海一号"大气田每年为粤港琼等地稳定供气30亿立方米，是保障民生、推进粤港澳大湾区和海南自由贸易港建设的现实举措。

二是以国家需求为己任，保障国防和能源安全。中国工业大奖获奖项目"兴装强军，走向深蓝——我国首型舰载机歼-15飞机"，是由沈阳飞机工业（集团）有限公司研制的。2012年，我国自主研制的第一型远程、重型、超音速高机动多用途舰载机歼-15飞机首次着舰，标志着中国战斗机迈出历史性一步。自主创新突破关键技术，填补国内舰载战斗机空白。该项目是一项开疆拓域的重大工程，新技术多、探索性强、风险性高、跨行业协作深度和广度前所未有。在研发流程、标准体系、机载适配性、试验及试飞方法等方面建立了全系统、全过程、全寿命研制和使用技术体系，同时也带动了支撑行业技术和产业发展。

歼-15飞机作为航母核心装备，从首次着舰到昼夜起降、从海空训练到伙伴加受油、从单舰到双航母时代，体系作战能力越来越强，培养了卓越的舰载机飞行员，为航母编队综合作战能力提供保障，加速海军近海防御到远海防卫战略转型。歼-15飞机多次圆满完成重大专项任务，先后5次接受了习近平总书记和全国人民检阅。

荣获中国工业大奖项目——奋斗者号全海深载人潜水器（以下简称"奋斗者号"），是目前国际上载员人数最多、潜浮速度最快、海底作业时间最长、作业能力最强的全海深载人潜水器。该项目由中国船舶科学研究中心（中国船舶重工集团公司第七〇二研究所）牵头完成设计、集成建造、调试和海上试验；拥有自主知识产权，显著提升了我国深海装备技术的自主创新水平。该项目攻克了多目标、多功能、多需求的全海深载人潜水器总体设计技术、极限耐压结构设计与安全性评估技术、全海深高速数字水声通信技术、复杂环境高精度稳定航行控制技术、全海深载人潜水器智能制造技术等核心关键技术。2020年11月，奋斗者号在马里亚纳海沟创造了10909米的中国载人深潜新纪录，并实现了全球首次万米深海作业现场高清视频直播。奋斗者号的成功研制与常态化运营激活了全海深装备设计制造、常规应用、实时监测、定时检测、性能评估、运维管理和人员培训的全寿命周期技术服务产业，牵引带动了深海领域材料、动力、通信、定位等核心配套产业的自主发展和重大进步。奋斗者号已成为人类探索海洋深渊最强有力的工具，为加快建设

科技强国和海洋强国建设作出了突出贡献。

三是突出转型升级在基础建设、智能制造、强链补链的作用。荣获中国工业大奖企业——中国铁建重工集团股份有限公司（以下简称"铁建重工"），是一家专注于地下施工装备和轨道交通装备的集研究、设计、制造、服务于一体的国家技术创新示范企业。

铁建重工拒绝国外厂家的"霸王条款"，不购买国外图纸和专利，成功研制出中国首款具有完全自主知识产权的高速道岔，沪杭高铁工程全线应用铁建重工54组无砟轨道高速道岔，以最高时速416.6千米刷新世界铁路运营试验最高速，擦亮中国高速交通绿色名片。

铁建重工自主研发设计了全球首条智能化磁浮轨排生产线，首款拥有核心技术的7组磁浮道岔产品应用于长沙磁浮工程，填补了国内行业空白；研制出全球首台长距离大坡度双模式煤矿斜井岩石隧道掘进机，创造了煤矿建井及深埋地下资源安全高效开发新模式；研制出全球首台煤矿护盾式快速掘锚装备，实现世界上首次实现掘进锚护同步作业，攻克了同类装备掘进、锚护不能同步作业的世界级难题，刷新矿山工程史上多项世界第一；研制出5台国产大直径盾构机，首次打开欧洲市场，"掘"胜莫斯科-30℃极寒环境，以日进尺35米的中国速度刷新俄罗斯地铁施工新纪录。

铁建重工研制了国产最大直径盾构机"京华号"、最深海底隧道盾构机"深江1号"、全球最大直径竖井掘进机、俄罗斯地铁极寒盾构机和国产大直径多支护TBM"高原明珠号"等国之重器，创造了全球最大、世界最长、行业最快纪录。全断面隧道掘进机破解困扰世界挖掘行业五十多年的"卡机"难题，创造独头掘进21000米世界最长纪录和月进尺1280米行业最高速度。该公司还研发了具有智能感知和分析决策功能的隧道智能施工机器人，打造了全工序、全地质、全地域、全工法、全断面的隧道钻爆法智能成套装备，实现超恶劣自然环境、超风险地质条件、超常规长大隧道建造少人化、无人化。"京华号"是我国首台16米级超大直径盾构机，被应用于北京东六环改造工程，创造单月进尺542米的掘进纪录，标志着我国超大直径盾构机技术跻身世界前列。

　　四是绿色低碳技术推广成绩突出。中国工业大奖获奖企业——宁德时代新能源科技股份有限公司（以下简称"宁德时代"），专注于新能源汽车动力电池系统、储能系统的研发、生产和销售，致力于为全球新能源应用提供一流解决方案。经过十余年踔厉奋发，已发展成为全球产能规模最大、生产效率最高、产品质量最好、技术实力最强的锂电企业。自2017年起，动力电池装车量持续保持全球第一，取得了全球每3辆电动汽车就有1辆配套宁德时代电池的瞩目成绩。宁德时代坚持以实现"汽车强国"为己任，打破了汽车关键零部件受制于人的被动局面，研制出全球最高能量密度的三无高镍动力电池，世界首款无热扩散不起火的NP（不含邻苯二甲酸盐）电池，世界唯一体积成组率超70%的麒麟电池，支撑我国新能源汽车产销量连续7年位居世界第一，成为引领全球汽车产业电动化转型升级的重要力量。特别是电动力取代了燃油动力，对环境保护作出了重大贡献。燃油动力汽车排放出的尾气中含有一氧化碳、氮氧化物、碳氢化合物、颗粒物（碳烟）等，因此，给人民生命安全和环境带来严重的危害。中国工业企业必须坚持制造业的绿色发展、高质量发展，让祖国的天更蓝、山更绿、水更清、环境更优美，这也是工业企业必须履行的社会责任。

　　荣获中国工业大奖表彰奖项目——大面积碲化镉发电玻璃关键技术开发及产业化，是由成都中建材光电材料有限公司研制成功的。该公司研制了国内首条拥有完全自主知识产权的年产100兆瓦大面积（1.92平方米）碲化镉薄膜太阳能电池生产线。该产品不仅具有低碳、环保、创能等优势，还具有结构、色彩、透光率、形状可定制等特点，已被广泛应用于机场、工商建筑、现代厂房等建筑，使建筑从"节能"向"绿色""创能"及"负能"转变，是实现我国"双碳"战略目标的重要材料，对降低建筑能耗，构建新型能源体系发挥了重要作用。该产品单条生产线每年可带动产值超10亿元，节约标准煤2.9万吨，减少二氧化碳排放约8万吨。

　　五是台湾地区企业首次参加并取得较好成绩。台湾地区企业首次参加中国工业大奖的申报评审，有8家（个）企业和项目榜上有名，其中有2家企业和1个项目荣获了中国工业大奖、有3家企业荣获了中国工业大奖表彰奖、有

1家企业和1个项目荣获了中国工业大奖提名奖。荣获中国工业大奖企业——冠捷电子科技股份有限公司，1967年创立于中国台湾。20世纪90年代初，在福建省福清市投资建厂，经过30多年的发展，已经成为全屏显示设备整体服务商的佼佼者，在全球建立了13个制造基地，生产的液晶显示器出货量连续18年稳居世界第一，在全球设有3500多个营销服务点，产品畅销世界。冠捷电子科技股份有限公司坚持创新驱动发展战略，以台湾、福清、厦门三地为研发核心基地，建立了国家级企业技术中心，获专利一千多项，多次荣获国际工业设计大奖，引领推动了中国显示产业技术高质量迭代发展。

荣获中国工业大奖项目——低碳节能及自动化技术的研究与应用，是由上海旺旺食品集团有限公司实施的。该公司1962年创立于中国台湾，1992年在大陆建厂，生产基地遍布全国。旺旺产品以美味、高品质深受消费者喜爱，远销60多个国家和地区，其中米果位居全球销售榜首位。该获奖项目主要基于食品碳排放生命周期分析，在不影响产品既有质量前提下，利用先进技术及自动化实现了企业高效运营及低碳减排。该公司研制的可常温储运雪糕为全球首创，全程无冷链储运，即冻即吃，可实现价值链减排150多万吨/年；烧上机节能技术研究实现米果核心设备低碳国产化替代；高温真空熬煮"零耗水"技术可实现"高温真空浓缩工艺"最佳节水实践，使能源和水资源使用效率均大幅提升，折算节约标准煤5.2万吨/年，节水170万吨/年，减少碳排放9.5万吨/年，相当于种树519万棵/年。

六是中国工业大奖获奖企业入选"灯塔工厂"。"灯塔工厂"是由达沃斯世界经济论坛与麦肯锡咨询公司合作开展遴选并发布的，被誉为"世界上最先进的工厂"，代表着当今全球制造业领域智能制造和数字化最高水平。截至2023年1月，共发布了132家"灯塔工厂"，其中中国企业有50家。在第七届中国工业大奖表彰名单中有4家成为"灯塔工厂"，即宝山钢铁股份有限公司、美的集团股份有限公司、宁德时代新能源科技股份有限公司、友达光电（昆山）有限公司，充分体现了中国工业企业的技术水平、竞争实力和制造力量。这些"灯塔工厂"具有共同的特点，是利用互联网、物联网、数字技术、大数据分析、第五代移动通信技术（5G）等，具有较高水平的自动化、数字化、智能化等技术的集成与综合运用。可实现商业模式、产品研发模式、生产模式、质量管理模式和消费者服务模式等全方位变革，促进效率提升、节能减排和经营优化，为工业企业发展引领了方向。

第九节　中国工业大奖获奖情况综合分析

2004年开始筹备和实施中国工业大奖评审工作，2007年表彰了荣获第一届中国工业大奖企业、中国工业大奖表彰奖企业和项目，迄今进行了7届评审工作，历时19年，共评审出中国工业大奖、中国工业大奖表彰奖和中国工业大奖提名奖共477家（个），其中，荣获中国工业大奖的企业和项目有137家（个），平均每届评审出19.6家（个）；荣获中国工业大奖表彰奖的企业和项目有192家（个），平均每届评审出27.4家（个）；荣获中国工业大奖提名奖的企业和项目有148家（个），平均每届评审出29.6家（个）。第一至七届中国工业大奖的评审实施工作，坚持公开、公平、公正，坚持高标准，宁缺毋滥，认真贯彻落实了党中央、国务院领导的批示精神，使中国工业大奖真正成为我国工业领域最有影响力的奖项。

从第一至七届中国工业大奖获奖企业和项目情况看，获得中国工业大奖的企业和项目代表了我国工业行业的最高水平，起到行业发展的引领作用；获得中国工业大奖表彰奖的企业和项目，在工业发展的许多方面代表了我国工业行业的先进水平，对本行业和地区工业企业的发展起到了积极的引导和促进作用；获得中国工业大奖提名奖的企业和项目取得了较好的成绩，正步入企业发展的上升通道，成为行业骨干力量，今后有望获得中国工业大奖表彰奖或中国工业大奖。这些获奖企业和项目主要体现了以下几个特点：一是坚持技术创新，提高研发强度，提升了企业科技水平，全球工业领域数字化转型已经铺开，出现了一批"灯塔工厂"，为实现工业4.0奠定了基础；二是由资源利用和传统产业加工型向资源节约和高科技产业型转变；三是由企业生产规模型向制造质量效益型转变；四是由高耗能和污染型向节能环保型企业转变；五是由一般性研发向有针对性攻关"卡脖子"难题发力并实现

突破，填补了国内行业空白；六是企业注重产业链的固链、强链、补链和延伸，稳固了产业链；七是部分行业的生产技术与世界同行业比较，实现了超越并"领跑"世界同行业发展；八是由国内生产向"一带一路"建设国际化发展；九是经过改革开放和发展，我国工业出现了许多由"跟跑"到"并跑"，再到"领跑"的企业，并创造了许多世界第一；十是我国工业基础相对薄弱，行业企业正在奋起直追，取得了进步和提升。总之，中国工业大奖获奖企业和项目，引领了中国工业企业发展，在推进中国工业化进程中发挥着重要作用。

通过荣获中国工业大奖、中国工业大奖表彰奖、中国工业大奖提名奖企业和项目的地区和行业分布情况，不难看出我国工业布局的特点，可以从以下3个方面进行具体分析。

一、从地区看

东部地区获奖数量和层级都呈现明显的优势。在第一至七届中国工业大奖、中国工业大奖表彰奖、中国工业大奖提名奖获奖企业和项目中，东部地区获奖269家（个），占56.4%，超过了一半，表现出强劲的工业力量；中部地区获奖90家（个），占18.9%，呈现较强的工业竞争实力；西部地区获奖86家（个），占18.0%，表现出不甘示弱、紧追其后的态势；东北地区获奖24家（个），占5.0%，可以看出获奖企业和项目数量相对较少，但也表现出东北老工业基地的实力；台湾地区获奖8家（个），占1.7%，体现出台湾地区企业的参与感和荣誉感。

值得一提的是，台湾地区企业从第七届中国工业大奖评审才开始参与，香港特别行政区和澳门特别行政区的企业尚未启动申报工作。

荣获中国工业大奖：荣获第一至七届中国工业大奖的企业和项目共137家（个），其中，东部地区获奖87家（个），占63.50%，稳居第一；中部地区获奖18家（个），占13.14%，工业实力较强；西部地区获奖21家（个），占15.33%，呈现崛起态势；东北地区获奖8家（个），占5.84%，展现东北老工业基地精神；台湾地区获奖3家（个），占2.19%，首次参加中国工业大奖评审就获得了大奖，增加了荣誉感。

荣获中国工业大奖表彰奖：荣获第一至七届中国工业大奖表彰奖的企业和项目共192家（个），其中，东部地区获奖102家（个），占53.13%，仍然超过半数，占有优势；中部地区获奖41家（个），占21.35%，工业实力较强；西部地区获奖35家（个），占18.23%，西部地区弱于中部地区；东北地区获奖11家（个），占5.73%，呈现较平稳增长态势；台湾地区获奖3家（个），占1.56%，取得了较好的成绩。

荣获中国工业大奖提名奖：荣获第一至七届中国工业大奖提名奖的企业和项目共148家（个），其中，东部地区获奖80家（个），占54.05%，仍然超过半数，保持优势；中部地区获奖31家（个），占20.95%，呈现工业竞争后劲的态势；西部地区获奖30家（个），占20.27%，与中部地区齐头并进；东北地区获奖5家（个），占3.38%，数量相对较少，后续力量需要加强；台湾地区获奖2家（个），占1.35%，仍然榜上有名。

从这几个地区荣获奖项数量来看，东部地区的强劲发展势头凸显；中部地区好于西部地区，但差距并不大；西部地区发展势头较好，紧追中部地区；东北地区虽然发挥了振兴东北老工业基地的作用，但是实力尚未完全体现；台湾地区积极参与并取得较好成绩。

二、从各省、自治区、直辖市获奖情况看

全国有28个省、自治区、直辖市获得了奖项，西藏、海南、青海、吉林、香港和澳门未获得奖项。如果说西藏、海南和青海的工业步伐相对慢一点（侧重在其他产业），吉林则属于东北老工业基地之一，有着雄厚的工业基础，尚有一些工业优势企业和项目，理应在中国工业大奖各种奖项中出现。但从获奖情况看，在实施中国工业大奖工作上吉林省明显缺乏组织与宣传，所以要充分发挥吉林省作为东北老工业基地在工业发展中的力量和带头作用。香港和澳门也存在组织和宣传工作做得不到位的问题，因此造成这些地区的企

业尚未申报中国工业大奖。

另外，在获得第一至七届中国工业大奖、中国工业大奖表彰奖、中国工业大奖提名奖的企业和项目中，各地区累计数量排名前6的共有253家（个），占全部奖项数量的53.0%。排名前6的省市分别为：山东省［63家（个）］、江苏省［62家（个）］、北京市［47.5家（个）］、安徽省［29家（个）］、上海市［26家（个）］、广东省［25.5家（个）］。在前6名中有5个属于东部地区，1个属于中部地区，再次体现了东部地区的工业实力及其在中国工业中的地位及作用。

三、从获奖行业数量分布看

荣获第一至七届中国工业大奖、中国工业大奖表彰奖、中国工业大奖提名奖的企业和项目共477家（个），行业累计获奖数量排名前6的共有313家（个），占全部奖项的65.6%，前6名行业分别是：机械行业［83家（个）］、石化行业［46家（个）］、轻工行业［46家（个）］、钢铁行业［41家（个）］、电力行业［33家（个）］、有色行业［32家（个）］、电子信息产业［32家（个）］。

荣获中国工业大奖：前6名行业累计获得中国工业大奖79家（个），占全部中国工业大奖数量的57.7%，其中，机械行业23家（个）、石化行业15家（个）、国防工业11家（个）、煤炭行业10家（个）、轻工行业10家（个）、船舶行业10家（个）。

荣获中国工业大奖表彰奖：前8名行业累计获得中国工业大奖表彰奖147家（个），占全部表彰奖数量的76.6%，其中，机械行业42家（个）、轻工行业20家（个）、钢铁行业19家（个）、石化行业17家（个）、建材行业13家（个）、有色行业12家（个）、电力行业12家（个）、电子信息产业12家（个）。

荣获中国工业大奖提名奖：前6名行业累计获得中国工业大奖提名奖87家（个），占全部中国工业大奖提名奖数量的58.8%，其中，机械行业18家（个）、轻工行业16家（个）、石化行业14家（个）、有色行业14家（个）、钢铁行业13家（个）、电力行业12家（个）。

综上数据分析可以得出：我国东部地区有明显的工业实力；省市竞争力较强的有山东、江苏、北京、安徽、上海、广东等；机械行业、石化行业、轻工行业、有色行业、钢铁行业、电力行业等获得奖项数量较多。

四、从实际获奖单位数量看

上述提到，迄今进行了7届中国工业大奖评审工作，共评审出中国工业大奖、中国工业大奖表彰奖和中国工业大奖提名奖477家（个），其中，中国工业大奖企业和项目137家（个）、中国工业大奖表彰奖企业和项目192家（个）、中国工业大奖提名奖企业和项目148家（个）。其实，该数字包含了某些企业或项目获得过中国工业大奖、中国工业大奖表彰奖、中国工业大奖提名奖的两种或三种奖项，存在重复现象，如沪东中华造船（集团）有限公司曾获得过中国工业大奖企业、中国工业大奖表彰奖项目和提名奖项目。有的单位既获得了企业奖又获得了项目奖，如海尔集团公司、徐州工程机械集团有限公司、中国空间技术研究院等。有的企业获得了多个中国工业大奖、中国工业大奖表彰奖、中国工业大奖提名奖项目，如国家电网有限公司获得了6个大奖项目。因此，从另一个统计口径来说，即统计所有获得中国工业大奖、中国工业大奖表彰奖、中国工业大奖提名奖的单位数量（不重复计算），荣获中国工业大奖共124个单位；荣获中国工业大奖表彰奖共161个单位；荣获中国工业大奖提名奖共132个单位，共计417个单位。

五、从各省、自治区、直辖市获奖数量看

经过分析和研究，第一至七届各省、自治区、直辖市获奖数量存在一定的差距，其主要原因可归纳为以下10个方面。

1. 工业基础

这是一个主要的因素，我国东部地区的工业起步早、投入多、发展快，特别是在中华人民共和国成立后的工业布局上起到了重要作用。同时，根据

国家发展工业的政策导向，在重化工业发展、满足人民生活需要的轻纺工业方面，引进国外先进技术和装备，提高了工业制造能力和水平，特别是在改革开放的强力推进下，我国优先在东部地区发展了一大批技术水平高、工业实力强的企业，为东部地区的工业发展打下了坚固的基础。

2. 科技水平

科研力量是提升地区、行业和企业技术水平的重要因素。研发强度决定了科技进步程度，企业的经济效益也起到基础保障作用。科技水平既直接决定了企业在国内外同行业的主导权和话语权，以及在国内外市场上的竞争力，也决定了企业可持续发展的能力。在加快企业数字化转型和智能制造方面，以及推广工业3.0和建设工业4.0过程中，互联网、物联网、云计算和大数据等新一代信息技术的应用，直接把企业之间的差距拉开了。

3. 规模效益

一般来说，我国东部、中部地区的特大型、大型规模的企业较多，发展历史长，在国内外市场已经具有了一定的影响力，再加上产品市场占有率较高，因此，获得的经济效益也高。这些企业都是长期以来坚持主业、深耕主业，没有转向其他行业，更没有生产其他行业的热销产品，所以，它们在本行业有稳定的客户资源，经济收入也相对稳定。

4. 人力资源

人才是决定企业发展的关键力量，没有高水平的科研人才，企业将不能做强做优做大。我国东部地区的人才力量明显优于中西部地区，企业的科研团队力量强，创新发展能力则强。具体表现在企业获得的专利数量多（特别是发明专利），具有自主知识产权创新产品多，赶超世界先进水平和实现跨越式发展的成果多。

5. 研发强度

有的企业在做强、做优、做大方面缺乏足够的认识，特别是在研发方面，不愿意投入资金，或因企业经济效益不佳而无力投入资金，无力提高研发强度，导致企业创新和竞争力不强，影响了技术水平、产品质量和品牌的知名度，进入了怪圈。于是，只能打产品价格战，长时间下来，就与同行业企业拉开了距离，落在了同行业企业的后面。

6. 信息资源

这是必须要重视的问题，由于我国工业化起步较晚，在一些高精尖领域缺少研究基础和相关知识，如中国潜艇的研发就是受国外市场上的一个儿童玩具的启发。中国人不缺少智慧，但对有些领域探索得较少，因此只有多了解和接触国际先进技术、多获取科技进步的相关信息，才能实现超越。我国东部地区的信息资源优于其他地区，因此产生的工业技术进步和成果就多。

7. 企业态度

有的企业对其发展战略并不重视，注意力集中在市场和经济效益。从现实来看不能说不可以，但从长远来看缺乏可持续性。如果一个企业仅仅是为了追求经济效益，就会偏离主业，就会跟着感觉"走"，就会跟着别人"跑"，就会失去正确的发展方向，也不可能做成百年老店。企业的态度是由企业"一把手"决定的，只有提高企业领导对工业发展和企业未来的深刻认识，才能把企业领导好，才能掌好舵，才能行稳致远。

8. 忽视对标

目前尚有一些企业对中国工业大奖的评审标准内容不清楚，不知道具备什么样的条件可以申报、如何参加评审，企业或项目达到什么样的水平才能获得奖项及如何培育提升。我国允许开展的评比达标活动，都有着严格的管理，不仅仅是不能收费，对其评审的必要性、科学性、公正性、规范性都要进行审查。任何评比奖项都有其评审内容和标准，要对标培育和提升企业。所以，企业如果忽视了评审标准，填写的申报书往往不能完全反映出企业的真实情况，评审的结果就会受到影响。

9. 组织力弱

有些省、自治区、直辖市的工业企业不知道通过什么渠道报名参加中国工业大奖的评审，这不仅需要具有受理申报资质的省、自治区、直辖市的工业经济联合会（协会）加大组织宣传力度，也需要具有受理申报资质的全国性行业联合会、协会做好组织和讲解工作。虽然目前在西藏、青

海、内蒙古、广东等地区还没有建立工业经济联合会，但是可以提出采取请其他行业组织替代申报受理推荐工作，经中国工经联批准后实施。如广东省没有成立工业经济联合会，现由深圳工业总会和广州工业经济联合会作为申报受理推荐单位，负责此项工作。另外，应加快启动、引导香港和澳门企业开展申报工作。总之，不要使一些地区的工业企业成为被遗忘的"角落"。

10. 宣传不够

各省区市工业经济联合会（协会）、全国性工业行业联合会（协会）、地方行业协会，中国工业大奖评审组织机构都要积极、广泛、深入、持久地开展中国工业大奖的宣传、解释及辅导工作，把此奖项的评审工作上升到推动中国工业化进程力量的高度，不辜负党中央、国务院领导对开展中国工业大奖评审工作的殷切期望。

第十节　填写中国工业大奖企业和项目申报书注意事项

中国工业大奖企业和项目的申报，要填写全国统一版本的《中国工业大奖企业申报书》或《中国工业大奖项目申报书》（以下均简称《申报书》）。填写《申报书》后，向具有受理推荐资质的全国性工业行业联合会（协会）或各省区市工业经济联合会（协会）申请提交，推荐给中国工经联工业促进工作部（大奖办）进行资格审核，进入行业专家和综合专家的评审，再提交中国工业大奖工作委员会审议，开展现场考察，征求国家相关部门意见，经中国工业大奖审定委员会审定，确定获得中国工业大奖、中国工业大奖表彰奖、中国工业大奖提名奖企业和项目的候选名单，向社会公示，最后上报国务院。

为了能够通过这一系列的评审流程，首先要填写好企业或项目的《申报书》。本节就如何填写好《申报书》，作者根据从事多届中国工业大奖评审工作实践经验，提出以下几个方面建议。

一、领导亲自挂帅，成立申报小组

《申报书》需要填写的内容比较广泛，几乎涵盖了企业或项目的技术水平、研发能力、产品质量、执行标准、品牌战略、经济效益、节能环保、安全生产、产业链条、企业管理、人力资源、企业文化、社会责任、"一带一路"建设等方面，是一份综合反映企业情况的综述资料，它涉及的工作部门多，所有栏目需要填写的数字要准确翔实，情况属实。此项工作不是企业某个部门独立完成的工作，因此，需要由企业相关领导负责牵头组织有关部门共同完成填写。由企业相关领导牵头组织此项填报工作，不仅能顺利完成任务，更重要的是领导对所填写的《申报书》要进行审核和把关，特别是要审核各部门提供的情况和数据是否衔接一致，部门所填写的数据和内容是否属实，必要时需要进行论证或查询，防止出现申报情况不实不详，受到评审专家的质疑、否认或举报，取消评审资格，并造成不良影响，对今后企业再申报造成困难。企业填写的《申报书》要经过行业评审专家和综合评审专家的审阅和评比打分，企业所报的材料都须经评审专家审阅，所以领导必须负起责任，牵头组织申报工作绝不能走过场，更不能存在形式主义和官僚主义。

二、明确责任部门，横向收集资料

为了更好地填写《申报书》，企业要明确一个职能部门承担此项任务，负主责，做到任务到位，责任到人。当某个部门接受这项工作任务时，首先要熟悉《申报书》中所要求填写的是哪方面的内容，搞清和理解具体要求。如果不能理解《申报书》的内容，应立即向申报受理推荐单位或向上一级中国工经联进行咨询。在清楚《申报书》的要求后，企业要广泛收集相关资料，这里会涉及许多不同的主管部门，需要协调和做好横向联络工作。同时尽量多地收集所需的相关内容资料，把《申报书》中各栏目需要填写的内容集中

在一起，再进行分类、筛选和取舍，做到不漏掉任何一项内容。需要强调的是，收集资料不仅是收集数据资料，还要收集一些重要情况、亮点突出的典型事例。

三、叙述内容全面，突出特点亮点

在已经收集相关资料的基础上，有选择性地汇集素材。这一过程是最重要的，关系到《申报书》填写的质量和水平。因此，在这一过程中，对资料的分析与取舍非常重要，要学会区分哪些材料要写到《申报书》中，哪些材料要舍去。这里需要把握一个原则，即坚持"内容全面、亮点突出、详略得当、语言精练"。内容全面是指不能漏掉《申报书》所要求填写的内容，否则在专家评审中，此项会因漏项而不得分。亮点突出是最重要的，就是要把申报企业或项目的优势亮点、独到特点、重大突破、创新成果、研发强度、技术实力、执行标准、国内外行业比较、发明专利、竞争能力、经济效益、环境保护、资源消耗、人才资源、重要荣誉、社会责任等叙述清楚，有哪些亮点就突出哪些亮点，而且应该把这些优势写在突出位置。特别是在综述篇中，更要把亮点写在前面，让评审专家对企业或项目尽快有第一感觉，吸引评审专家产生深入了解和继续审阅资料的欲望，才能得到好的结果。

四、填写重点内容，需要加大笔墨

在已经选定的资料中，有的内容要详细写，重点描述，不要吝啬笔墨。在重点叙述时，不能让评审专家感到有做广告宣传之嫌，内容要把握得当、真实客观、生动鲜活，震撼人心。叙述要有逻辑性，语言朴实，有引人入胜的可读性，注意用词的准确性和合理性，真实可信。在综述篇撰写中，采取的是记叙文的文体，以记叙企业或项目的情况、事件为主线，可以含有反映企业或项目的实例等。

五、围绕《申报书》要求填写，文字言简意赅

常言道：离题千里白费功。填写《申报书》时，一定要针对所问去作答，不要所答非所问，根据自己的想法去发挥，这往往是事倍功半的，很可能会失去一次申报机会；保持语句的通顺和简练，能用一句话说明白的，就不用两句话重复表达，要做到言简意赅，必要时可以用图表表述。这里要强调的是，不要长篇大论，让评审专家找不到重点，也不要高度概括，要合理把握。用最小的篇幅尚不失重点和亮点，完成《申报书》的填写才是最理想的。

总之，《申报书》填写反映了一个企业的综合水平。让专家评委了解或认识申报企业或项目，重要的媒介就是《申报书》。因为，不是所有的专家评委都参观过申报企业，都对申报的企业或项目熟悉和清楚，所以这些专家评委要通过审阅《申报书》来给出恰当的评判结果，《申报书》自然就显得非常重要。作者从组织过几届专家评审工作中得到的体会是：一些中国工业大奖的评审专家都希望用最短的时间，结合评审标准，"抓"到所要评审资料最核心的内容和数据，便于其判断如何给予评判和打分，《申报书》填写质量直接影响到评审结果。所以申报单位一定要充分重视《申报书》的填写，把申报企业或项目的真实水平展现给专家评委，才能获得理想结果。

中篇

中国工业大奖引领与培育

第五章
正确把握工业发展方向

在中国共产党的坚强领导下，我国工业取得了巨大成就，建立了完整的工业体系，成为世界第一制造大国，实现了可持续健康发展。党的十六大报告提出，坚持以信息化带动工业化，以工业化促进信息化，走出一条科技含量高、经济效益好、资源消耗低、环境污染少、人力资源优势得到充分发挥的新型工业化路子。党的十七大报告提出，着力把握发展规律、创新发展理念、转变发展方式、破解发展难题，提高发展质量和效益，实现又好又快发展，为发展中国特色社会主义打下坚实基础。党的十八大报告指出，坚持走中国特色新型工业化、信息化、城镇化、农业现代化道路，推动信息化和工业化深度融合、工业化和城镇化良性互动、城镇化和农业现代化相互协调，促进工业化、信息化、城镇化、农业现代化同步发展。党的十九大报告指出，加快建设制造强国，加快发展先进制造业，推动互联网、大数据、人工智能和实体经济深度融合。党的二十大报告指出，坚持把发展经济的着力点放在实体经济上，推进新型工业化，加快建设制造强国、质量强国、航天强国、交通强国、网络强国、数字中国。实施产业基础再造工程和重大技术装备攻关工程，支持专精特新企业发展，推动制造业高端化、智能化、绿色化发展。

党的十八大以来，在以习近平同志为核心的党中央坚强领导下，中国工业领域坚定不移地走新时代中国特色新型工业化道路，以新发展理念为引领，创新发展方式，加快新旧动能转换推动绿色低碳高质量发展，加快产业转型升级，提质增效、创新发展，多措并举、多点发力，实现了历史性、整体性、格局性的巨大

变化，创造了多个世界第一，正从世界工业产业链的中低端向中高端攀升。

2023 年两会上，习近平总书记参加江苏代表团审议时，在听了单增海代表关于坚定不移向制造业高峰攀登的发言后指出，任何时候，中国都不能缺少制造业。中国式现代化不能走脱实向虚的路子，必须加快建设以实体经济为支撑的现代化产业体系。❶

第一节　坚持发展实体经济不动摇

习近平总书记指出，工业是立国之本。实体经济是大国的根基，经济不能脱实向虚，坚持把发展经济着力点放在实体经济上。

在 2021 世界制造业大会上，中共中央政治局委员、国务院副总理刘鹤在书面致辞中指出，制造业是大国经济的"压舱石"，对推动经济增长和提高就业质量至关重要。高质量发展的基础是更高水平、更有竞争力的制造业。所以，必须不断增强产业竞争力，提高劳动生产率，保持制造业和生产性服务业的合理比重。

一个国家的经济实力和人民生活水平直接反映了其工业水平，工业化水平低，国家经济则落后；反之，工业强，国家才富强、人民才富有。从我国社会主义建设实践来看，工业制造业支撑了国民经济，经济搞上去了，国家也就富强了。1949 年中华人民共和国成立时，中国还是一个经济落后的农业国家，一穷二白。对于当时的中国工业现状，毛泽东主席曾感慨地说："现在我们能造什么？能造桌子椅子，能造茶碗茶壶，能种粮食，还能磨成面粉，还能造纸，但是，一辆汽车、一架飞机、一辆坦克、一辆拖拉机都不能造。"❷百业待兴，百端待举。1952 年中国的 GDP 仅为 679.10 亿元，2022 年中国的 GDP 为 121.02 万亿元，是 1952 年的 1782 倍；1952 年工业总产值 349 亿元，2022 年工业增加值 40.16 万亿元。特别是在 2010 年，中国制造业增加值首次超过美国，成为世界制造业第一大国。中国工业发展经历了从无到有、从小

---

❶ 中工网，2023 年 4 月 18 日。

❷《毛泽东文集》(第 6 卷)，人民出版社 1999 年版。

到大、从弱变强，我国完成了脱贫攻坚、全面建成小康社会的历史使命，工业经济发展在其中起到了重要作用。

从世界历史看，18 世纪 60 年代，第一次工业革命爆发，生产力水平得到大幅度提高，超过了人们的想象，实现了工厂制造替代手工工场的巨变，带动了整个社会的演变。几十年下来，以农业和乡村为主体的经济体制变成了以工业和城市为主体的经济体制，大规模地改变着人的生活方式和国家经济状况。第一次工业革命的特点是机器的大规模使用，淘汰了以手工为主的生产方式，人类由此进入了蒸汽时代，其中最突出的是创造了珍妮纺纱机、蒸汽机等。这种全面深刻的社会变化，说到底就是人类社会从农业文明转向工业文明的体现，后者比前者更加体现了创新与进取精神。

美国著名历史学家、历史作家阿瑟·赫尔曼在《拼实业：美国是怎样赢得二战的》（李永学译）一书中，讲述了美国企业在战争时爆发了巨大的生产力，迅速将美国军队装备成世界最强大的武装力量。正是那些被战争动员起来的民用工业，以及在军工生产中得到锻炼的普通工人，让美国在战争中取得优势和利益，并为战后长达 30 年的发展打下了坚实的基础，同时在冷战中拖垮了以军工为实业主体的苏联。其实，战争的背后是实业的较量，如今的俄乌冲突再次验证了战争需要现代的科技力量、经济实力和物质基础作为保障。一场战争除了比拼将士的战斗意志和勇敢精神外，更主要的是比拼交战国的科技水平、经济实力、制造业能力、产业链和供应链完整性。

2008 年由美国引发的全球金融危机重创了世界经济，其主要原因是信用扩张、虚拟经济引发的经济泡沫，次贷危机是导火索。事实上，本来没有那么多的实体经济财富，却运用财务和金融手段，导致实体经济财富增加。当市场炒作起来时，没有对现金和抵押债务能力的机构发放大量次贷债券，从而形成了泡沫经济。当购买者发现原来所购买的产品没有达到预期价值，多了也没有用时，就低价抛售，此时虚拟经济泡沫被捅破，由此引发了金融危机并波及全球。所以，坚持实体经济发展是创造真正财富的源泉和根本，按照唯物主义的观点脚踏实地地发展实体经济才是正确的发展方向。

从中国历史看，1840 年，英国侵略者对中国发动鸦片战争，用坚船利炮

轰开了中国的大门，掠夺资源财富，瓜分中国市场，使中国逐渐沦为半殖民地半封建社会，处在列强入侵、战火频仍、山河破碎、生灵涂炭的悲惨境地。同时，也导致了以小农经济和家庭手工业相结合为主要标志的自然经济的解体。落后就要挨打，工业不强，国家则不强，因此建设工业强国成为我们这一代人的历史使命和艰巨任务。

中华人民共和国成立初期，我国经济基础十分薄弱、生产力水平低下、物资匮乏、文化落后，人民对物质文化需要同落后的生产力之间的矛盾日益严重。中国人民在中国共产党的坚强领导下，在全国范围内对农业、手工业和资本主义工商业进行社会主义改造，经历三年的经济恢复，中国由此进入了社会主义建设的初级阶段。1978 年，我国开始实行改革开放，这极大地推动了生产力的发展，物质供给能力得到了大幅提高，使我国告别了短缺经济年代的票证制，逐渐解决了人民的温饱问题。同时，生产力的快速发展，物质产品的极大丰富，使广大人民开始走上了富裕之路。跨入新时代，特别是党的十八大以来，我国工业发展加快了由量到质的转变，创造了许多世界第一，实现了高质量发展。

改革开放之初，邓小平同志指出了贫穷不是社会主义，社会主义首先要发展生产力的要求。经济长期处于停滞状态，总不能叫社会主义。人民生活长期停滞在很低的水平，更不能叫社会主义。改革开放就是要发展社会主义生产力，保证一切社会成员有富足的和一天比一天充裕的物质生活，使广大人民摆脱贫困，走向小康。邓小平同志还指出，中国是个大国，但又是一个小国，大就是土地大，人口多，还有一个大，就是中国是联合国五大常任理事国之一；小是指国民生产总值小，每人平均才 250~260 美元，经济很不发达。这方面对我们来说要有自知之明。❶

跨入 21 世纪，中国已建设成为工业门类齐全、独立完整、产业配套的全球制造大国，2010 年中国制造业规模超过了美国，成为世界制造业第一大国。党的十八大以来，中国工业转型升级，向着高质量方向发展，我国工业重点领域的技术水平达到了世界领先和先进，如三代核电站"华龙一号"、万米全

---

❶ 《邓小平文选（第三卷）》，人民出版社 1993 年版。

海载人深潜器"奋斗者"号、5G、探月工程、北斗卫星导航系统、"复兴号"动车组、特高压直流输电技术、半潜式钻井平台"蓝鲸1号"开采可燃冰、超深水大气田"深海一号"、隧道盾构机、航空母舰、火星探测、天宫空间站等，中国制造业创造了世界制造业史上的一个又一个奇迹，令世界刮目相看。

工业强国家强，国家富人民富。看一个国家的人民是否富裕，要看该国工业化程度和工业发展水平。历史经验告诉我们，创造人类财富就要大力发展实体经济，依靠虚拟经济是行不通的。我们必须坚定不移地走发展实体经济之路，积极推进工业化进程，加快建设制造强国，把企业做强做优做大。

第二节　加快两化融合和数字化转型

信息化与工业化的相互融合，被称为两化融合。信息化是指工业社会向信息社会前进的过程，即加快信息产业发展，提高信息技术在经济和社会各领域的推广应用水平并推动经济和社会发展前进的过程。信息化进程通常以信息产业在国民经济中的比重、信息技术在传统产业中的应用程度和国家信息基础设施水平为标志。社会和经济活动中利用计算机、互联网、大数据、云计算、通信等现代信息技术，最大限度地开发、利用和共享信息资源。信息化包括三个方面：一是信息技术产品的研制和生产；二是信息技术在社会各领域的普及应用；三是使信息在最大范围内共享。从技术层面上看，信息化是一个新技术扩散的过程。从内容看，信息化是一个不断提高对信息资源的开发利用程度的过程。从应用结果看，信息化又是一个社会经济活动流程再造的过程。从社会变革进程看，信息化将是促进人类社会实现由工业社会向信息社会转变的过程。从人类历史发展进程看，技术革命引发社会变革并贯穿人类发展的全过程，与农业革命、工业革命相比，信息革命来势更加迅猛，影响更加广泛，意义更加深远。

政府有关部门研究了信息化与工业化的关系，提出信息化和工业化是两个具有本质差别又有一定的联系，它们是两个性质不同的社会发展过程。现代工业化不仅表现在工业高速增长的过程中，还表现出一系列复杂的经济和社会关系的总体进化过程。在工业化过程中，诞生了信息技术，并为信息化问世奠定

了坚实的基础。从总体上看，工业化与信息化相互作用，共同发展。工业化和信息化的关系主要表现为：一是工业化是信息化的基础，为信息化的发展提供物资、能源、资金、人才及市场，只有自主和完整的工业体系，才能为信息化提供坚实的物质基础。二是信息化的发展在一定程度上直接导致工业化向纵深发展，信息化主导着新时期工业化的方向，使工业朝着高附加值化发展。❶

从国际经验看，信息化的发展并不必然地以工业化完成为前提。根据后发优势理论，发展中国家完全可以在继续完成工业化的同时着手于信息化工作，通过采取"两步并作一步走"的并行发展方针，实现工业化、信息化的跨越式发展，在发展工业化的同时进入信息化时代，并利用信息化来推动工业化。在信息化过程中可以省略某些"过渡性环节"，如从模拟通信技术到数字化通信技术，西方用了一二百年，而我们则可以直接步入数字化通信时代，如在5G领域，我国领跑全球通信行业。

世界工业发展历史经历了四个时代，即四次工业革命：第一次工业革命（称为"工业1.0"）发生在18世纪60年代到19世纪中叶，是以蒸汽机为代表的工业革命。蒸汽机的发明结束了手工生产时代，大大提高了生产力水平，把人们从繁重的体力劳动中解放出来，也开启了机械工业生产。此时，人类进入了蒸汽机时代。第二次工业革命（称为"工业2.0"）发生在19世纪下半叶到20世纪初，由于蒸汽机带动了机械工业的快速发展，随后人类发明了电并广泛应用，使工厂生产实现了流水线生产，世界工业开始进入电力和内燃机生产。此阶段也被称为电气化时代。第三次工业革命（称为"工业3.0"）发生在20世纪中叶，是以电子计算机发明为代表的工业革命，人类开始进入科技时代。电子计算机的发明把人们从繁重的脑力劳动、复杂的计算工作中解放出来，能够快速准确地计算出人们所需要的计算结果，更重要的是在社会各个领域中提高了信息收集、处理和传播速度及准确性，直接加快了人类社会向信息化迈进的步伐。同时，还有微电子技术、航天技术等，把人们认

---

❶ 国家经济贸易委员会行业规划司，《我国走新型工业化道路研究》，机械工业出版社2003年版。

识大自然、改造大自然的能力和效率提高了一大步。第四次工业革命（称为"工业 4.0"）从 21 世纪开始，"物理信息系统 + 智能工厂"是工业 4.0 的核心。工业 4.0 也是继蒸汽技术革命、电力技术革命、计算技术革命后的新一轮科技革命，被称为信息时代，我们正处于这个时代。第四次工业革命是利用互联网、物联网、大数据、云计算及通信技术等，提升工业制造能力和水平。截至目前，全球已有 132 家"灯塔工厂"，其中中国有 50 家。中国排名世界第一，紧跟世界工业革命步伐，已在与世界各国制造业竞争中脱颖而出，实现超越，展现出工业制造实力和水平。

从国际上看，自 20 世纪 50 年代至 20 世纪末，世界上有几个经济发达国家率先实现了工业化。之后，它们步入了后工业化时期，在工业技术进步方面并没有止步，在 2013 年德国汉诺威工业博览会上，德国提出了"工业 4.0"的概念，引起世界工业制造国家的充分重视，由此，在全球掀起工业 4.0 的新一轮科技革命浪潮。工业 4.0 不仅提高了制造业的生产效率，而且改变了人与人之间的生产关系。工业 4.0 不仅给传统大型制造业企业的转型升级提出了方向，同时给中小型制造业企业带来了新的发展机遇。随着工业 4.0 时代的到来，工业企业开始围绕智能制造、人工智能、智慧工厂和智能机器人等领域深入发展。但是，在推进工业 4.0 进程中，也遇到了许多问题，如统一工业 4.0 的语言标准、传统制造业所需要的生产装备和人才不适应等，都被列为亟须解决的问题。

近年来，全球制造业始终面临着转型升级和可持续发展的挑战，包括劳动力的老龄化、根深蒂固的传统生产模式、全球制造业的结构和形式的不断变革，以及智能技术领域的创新等。工业 4.0 是德国联邦政府高技术战略工作组基于对制造业前景的预测而制订的前瞻性计划，政府对此给予了资金支持，拟构建以信息物理系统（CPS）为核心，引领第四次工业革命的全新生产体系。在工业 4.0 时代，智能工厂将取代传统工厂的生产方式，并生产智能产品。现存的制造业基础设施需要适应工业 4.0 时代的要求，建立有效的信息物理系统模型，也需要新工具、新技术和新方法的支撑。

德国弗劳恩霍夫协会（研究院）的研究成果显示，工业 4.0 具有高度自

动化、高度信息化和高度网络化三大基本特征。其中，自动化将导致工作形态发生变化，特别是企业工作者的角色和地位将发生较大的改变。这就要求新型工人拥有新的知识和技能，能与机器进行对话、协作。如果能够实现工业4.0时代的高度信息化，机器人协同工作将轻松完成生产任务，提高生产效率。目前的生产形式，仅仅是车间、工厂的革命，还不足以让我们认识到第四次工业革命带来的变革。按照德国工业4.0系统关于三大集成的论述，工业4.0研究院把它总结为工业4.0发展的三个阶段，分别为纵向集成、端到端集成和横向集成。在工业1.0、2.0和3.0阶段，技术创新与改造大多发生在车间；到了工业4.0时代，车间仍然是最先发生变化的地方。所谓纵向集成，也就是传统工厂边界内发生的技术革命、技术革新。但是，这个区域发生了改变，这也是德国企业西门子推出的数字化工厂解决方案的商业理由。因为最容易满足企业升级改造需要的，毫无疑问是车间的数字化，而在探索工业4.0方案时，关键在于不同类型的制造业企业既要把纵向集成做到位，还要相互协作、融通，横向集成，这就需要有一种共同的语言标准来执行，因此，要实现全球工业4.0，必须要制定统一的语言标准。

2016年，作者率中国工业4.0技术考察交流团到访德国，与德国弗劳恩霍夫协会（研究院）及西门子公司的技术人员进行交流。一致认为，要实现工业4.0尚需研究和攻克的问题还不少，首先生产企业要达到工业3.0基础水平，实现所谓的"黑灯工厂"（智慧工厂）；其次要从任务计划与下达到原料调配进入工厂，再到产品制造、检验、包装、转运、仓储；最后通过物流系统移交用户，全部流程都要由自动化、数字化和信息化来完成。除此之外，在工业4.0研究中，遇到较大的问题是供应链工厂与制造工厂之间横向配合协作问题、相互数据信息交互，以及需要共同遵守的语言标准制定的问题等。用德国人的话说，为实现工业4.0"继续前进"（On We Go）。这也表明，虽然工业4.0看着离我们很近，但要在全球实现工业4.0，尚需较长的一段时间。

虽然实现工业4.0难度较大，但世界许多国家都在努力进行探索和研究。我国提出的"互联网+"的概念非常重要，互联网技术在生产领域的应用将创造新的业态，目前主要体现为端到端集成的形态。具体的案例有小米、海尔和红领企业，它们在产业链上的影响力或创新力，实现了对供应链的集成，并利用其掌握的核心数据进入电子商务服务环节。按照德国工业 4.0 研究所提出的新工业价值生态，横向集成是互联网技术在生产制造领域深入应用的阶段，同时也是社会生产力大大提升的阶段。在这个阶段，技术体系也会发生革命性的变革，如信息物理系统（CPS）将带来高度网络化工业生产。工业4.0 的实现还将改变制造业企业的生产关系，从传统意义上讲的工人、经理等角色将不复存在，工业 4.0 生产体系将模糊工人和车间主任之间的界限，或许每个人都是生产者，每个人也同时都是管理者。

两化融合发展就是以信息化带动工业化、以工业化促进信息化的发展，是工业向高层次、高质量发展的必经之路。传统工业的发展必须要"拥抱"互联网，必须要与信息化相结合，大力发展产业数字化，用数字技术提升和改造传统产业，充分利用互联网、物联网、云计算、大数据技术提升工业制造业水平。工信部在 2013 年发布了《信息化和工业化深度融合专项行动计划（2013—2018 年）》，为企业两化融合深度发展指明了方向。同时，也为建立两化融合管理体系和国家标准奠定基础。2017 年国家出台了《信息化和工业化融合管理体系 要求》（GB/T 23001—2017），所以，工业企业要深刻认识到两化融合的重要性，要认识到迎接新一轮科技革命和产业变革挑战的现实性，在两化融合方面要有计划、有准备、有行动，才能打造百年企业。

第三节　绿水青山就是金山银山

改革开放以来，中国经济得到了飞速发展。工业发展速度令人欣喜，但工业快速发展也带来了一些问题，如资源大量消耗、能源严重不足、森林遭到砍伐、动植物数量减少、环境污染加剧、生态破坏严重等现象日益凸显，可见制造业的快速发展使我国资源、能源供给和环境保护压力过大甚至造成了损害。发展经济以牺牲资源和环境为代价是不可取的，也是不可持续的。

党中央高度重视解决制造业的快速与粗放型发展方式带来的一系列环境污染和生态保护问题。党的十八大以来，"绿水青山就是金山银山"理念的提出，明确了改善生态环境就是发展生产力，良好的生态本身蕴含着无穷的经济价值。从环境保护基本国策的确立到可持续发展战略的提出，从科学发展观、和谐社会观到生态文明观的逐步推进，特别是中国政府向世界庄严承诺，力争在2030年前实现碳达峰、在2060年前实现碳中和。这是中国基于推动构建人类命运共同体的责任担当和实现可持续发展的内在要求作出的重大战略决策。中国是一个负责任的大国，将在生态建设和环境保护领域作出不懈的努力和贡献。

回顾中国生态文明建设的发展历程，我国始终坚持人与自然和谐共生，始终坚持绿色低碳和循环发展理念，全方位、全地域、全过程开展生态环境保护，在生态文明建设中，实行最严格的制度、最严密的法治等。通过实践总结出：一是要高度重视生态文明建设，坚持人与自然的和谐共生。在处理人与自然关系的过程中，人要学会尊重自然、善待自然，在遵循自然规律的基础上改造自然，使自然向对人有益方向发生变化，形成人与自然的和谐统一关系，为中国生态文明建设提供理论依据。二是要加快转变经济发展方式。在生态文明建设中，始终坚持绿色低碳循环发展，面对传统粗放型经济增长方式对生态环境造成的破坏，党和国家高度重视转变经济发展方式，依据我国基本国情提出可持续发展的科学发展观、绿色发展观等生态文明理念，实质上都是对人类自身和自然关系的再认识，促使人类能动地调控资源、环境、经济、人口之间的关系。三是要全方位、全地域、全过程开展生态文明建设。生态文明建设是一项系统工程，要完整地认识自然共同体，全方位、全地域、全过程开展生态环境保护。习近平总书记在庆祝改革开放40周年大会上指出，我们要加强生态文明建设，牢固树立绿水青山就是金山银山的理念，形成绿色发展方式和生活方式，把我们伟大祖国建设得更加美丽，让人民生活在天更蓝、山更绿、水更清的优美环境之中。在全国生态环境保护大会上，习近平总书记还指出了新时代推进生态文明建设，必须坚持的六项重要原则：坚持人与自然和谐共生，绿水青山就是金山银山，良好生态环境是最普惠的民生福祉，山水林田湖草是生命共同体，用最严格制度、最严密法治保护生态环境，共谋全球生态文明建设。"六项原则"的提出，为我们打好污染防治攻坚战、全面加强生态环境保护指明了方向，提供了指导思想和行为遵循。我们要认真学习贯彻习近平总书记的生态文明思想，推动我国生态文明建设迈上新台阶。治理是一项系统工程，要以保护优先、自然恢复为主，实施山水林田湖生态保护的修复工程，全面提升自然生态系统稳定性和生态服务功能，划定生态红线和城市开发界线，着力提高城市发展的可持续性、宜居性，让城市融入大自然，让居民望得见山、看得见水、记得住乡愁。实行能源和水资源的消耗、建设用地等总量和强度双控行为，从源头上减少污染物的排放，倒逼经济发展方式转变。

同时，特别要综合控制能耗和物耗，有效降低资源消耗水平。中国人口众多，资源相对贫乏，如果长期采用高物耗、高能耗、高污染的粗放型的经济模式，对资源掠夺式开发，将造成巨大浪费并导致环境恶化，所以我们要将降低能耗、物耗水平统一考虑，把依赖资源净消耗发展经济，转化为依靠生态型资源循环来发展经济。推动制造业由资源加工伴随着污染排放的传统经济发展模式，向资源加工为产品和再生资源的循环经济发展模式转变，以此提高资源利用率。资源节约和循环利用工作需要广泛推广并进一步细化和专业化，将中国绿色低碳循环发展进一步落到实处。

在构建以政府为主导、企业为主体，社会组织和公众共同参与的环境治理体系中，要坚定绿水青山就是金山银山的理念，把环境建设和保护视为一项功在当代、利在千秋的伟大事业，推动生态环境治理。每个人既是获益者，也是为惠及后人而努力作出贡献的践行者。环境治理体系是国家治理体系的重要组成部分，提升全民环境保护意识，建立健全生态补偿机制，提高环保执法监管水平，调动公民和社会组织参与环境治理的积极性，完善环境舆情的监测引导体系，构建全民共同参与的环境治理体系，对于推动环境治理体系和治理能力现代化，全面提升治理现代化水平具有重要意义。

2020年，习近平总书记在第75届联合国大会一般性辩论上宣布，中国将提高国家自主贡献力度，二氧化碳排放力争于2030年前达到峰值，努力争取

2060 年前实现碳中和。这一庄严承诺被国际社会评价为是自《巴黎协定》签署以来应对气候危机的最重要的一步。要实现这一庄严承诺，中国工业制造业是重点，工业企业是主力军。中国工业企业要将"双碳"达标列入企业可持续发展战略，把碳达峰和碳中和作为企业履行社会责任和企业自身能否生存与发展的重要问题来对待与思考，制定有力和有效的减碳措施，跟上形势发展，争取在 2030 年前和 2060 年前实现碳达峰和碳中和目标。

第四节　完善和提升产业链

在这一节中，重点讲两个方面的内容：一是要完善制造业的产业链，实现自主可控；二是要补链、强链、固化制造业产业链，提升我国制造业在国际产业链分工中的位置，增加国际竞争力。

自 2010 年以来，中国一直保持着世界制造业第一大国的国际地位，形成了独立完整的现代工业体系，拥有联合国产业分类中较齐全的工业门类。我国用几十年时间走完了发达国家需要百年走过的发展之路，这已经是不争的事实。但是，由于我国工业领域有些行业的基础比较薄弱，当下还面临着工业产业链不够完整、不够稳定、不够安全的风险。有些行业还受到了遏制，特别是在一些高端技术领域，其关键设备和零部件、关键原材料和仪器仍依赖进口，在制造加工过程中感受到了"锁喉"之痛。从全球制造业产业链分工来看，目前我国有一些产业科技水平和制造加工水平处于世界领先，其中有 5 类制造业处于世界领先、6 类处于世界先进，但从整体上看，尚处在全球产业链中低端，尚有 10 类与世界先进水平有差距，其中 5 类与世界有较大差距，如 7 纳米以下的高端芯片、大推力航空发动机、靶向生物制药、高端机器人变速器和减速器、高精度数控机床等。

产业链是产业经济学中的一个概念，是各个产业部门之间基于一定的技术经济关联，依据特定的逻辑关系和时空布局关系，客观形成的链条式关联关系形态。产业链主要是基于各个地区客观存在的区域差异，着眼发挥区域比较优势，借助区域市场协调地区间专业化分工和多维性需求的矛盾，以产业合作作为实现形式和内容的区域合作载体。产业链是一个包含价值链、企业链、供需链和空间链四个维度的概念，这四个维度在相互对接的均衡过程中形成了产业链。产业链的实质就是不同产业企业之间的关联，而这种产业关联的实质则是各产业中企业之间的供给与需求关系。

完善产业链，产业集群中的企业不再单打独斗去参与竞争，而是形成产业舰队，整合力量，把循环做起来，提高整体竞争力。面对复杂的且难以预测的国际形势变化，中国企业要做强做大，必须把制造业领域中的行业产业链建设好，除固链外，还需要补齐产业链中核心"卡脖子"的且国内企业无法配套解决的链节，尽全部力量完善产业链。工业行业领域有能力的企业，还要争当本行业产业链"链长"，要提高产业链自主可控能力，再向产业的上下游延伸，从而实现企业的永续发展。

提升产业链在全球制造业产业分工中的地位，也是企业发展的主攻目标。党的十九届五中全会明确提出，加快发展现代产业体系，推动经济体系优化升级。党的二十大报告指出，巩固优势产业领先地位，在关系安全发展的领域加快补齐短板，提升战略性资源供应保障能力。推动战略性新兴产业融合集群发展，构建新一代信息技术、人工智能、生物技术、新能源、新材料、高端装备、绿色环保等一批新的经济增长引擎。构建优质高效的服务业新体系，推动现代服务业同先进制造业、现代农业深度融合。随着当今世界格局日趋复杂，国家之间的竞争越来越体现为产业链之间的竞争，现代经济发展逐渐表现为在分工合作基础上形成的产业链发展。因此，推动产业链优化升级是促进我国现代产业体系建设发展的必由之路，也是"十四五"时期经济社会发展的重中之重。产业链优化的内涵是指通过当代科技和先进组织方式对产业链进行优化，提升产业链的高端链接能力、自主调节水平和国际领先的竞争力。产业链优化的外延可以从产业链整体优化和产业链运转方式优化两个角度来进行分析。

从产业链整体优化角度来看，产业链优化在供应链上表现为能够实现连接效率和安全的均衡；在空间链上表现为能够实现区域布局的集聚与扩散协调；在价值链上表现为能够实现各环节的价值增值；在企业链上表现为能够

实现上下游的协同有序分工，通过以上四个维度的优化最终实现产业链整体优化。

从产业链运转方式优化的角度来看，产业链优化分为产业链韧性优化、产业链协同优化、产业链网络优化三个方面。其中，产业链韧性优化是指通过优化企业链中横向和纵向涉及的企业，不断提高整个产业链的技术经济水平，在高端方向上有更宽广的市场范围，以此能够应对市场日益增加的不确定性。产业链协同优化是指在产业链细分的四个维度上，即供应链、空间链、价值链、企业链上实现优化配置和提升，让产业链在横向多功能互补和纵向上下游各环节之间实现成本的优化和效率的提升。产业链网络优化是指产业关联形态从线性链条式向立体网络式转变的优化过程。

产业链优化升级是我国社会经济发展阶段的客观要求。"十三五"时期，我国产业体系建设取得了较大成绩，主要表现在三个方面：一是产业结构在经过基础性调整后成效显著，更加有利于产业体系的建设和优化；二是政府部门在制定产业结构调整政策上积累了更多的经验，在理论和实践方面对于产业体系建设和升级有了更加深入的认识；三是产业体系建设和升级的体制环境得到大力改善，政府职能转变和"放管服"改革的顺利推进使得市场的作用更为明显。因此，"十三五"时期的产业体系建设和升级为"十四五"时期进一步推动产业体系优化奠定了更加坚实的基础。

在当今世界科技革命和产业变革的大背景下，国家产业体系之间的竞争逐渐体现为产业链之间的竞争。现代经济发展的本质特征是以分工合作为基础的产业链，优化产业链是建设现代产业体系、优化社会经济体系的根本举措。改革开放以来，尤其是 2001 年加入世界贸易组织后，我国经济顺应了经济全球化潮流，积极成为国际产业分工体系的一分子，充分发挥我国产业体系的独特优势，在众多领域内展现了配套齐全、链条完整的产业链，在增进人民福祉、提升经济实力方面发挥了重要作用。但从全球产业链中的总体布局来看，我国产业链处于全球价值链的中低端，产品包含的附加值较低，在关键技术上受到个别西方国家的限制。特别是近几年，在逆全球化趋势、贸易保护主义、中美贸易摩擦、新冠疫情等多种因素的叠加影响下，世界正面临百年未有之大变局，我国产业链不强、不稳、不安全的风险逐渐凸显。在当前形势下，亟须推进产业链优化升级，维护产业链安全稳定，合理统筹产业链的发展与安全。

为打造产业高质量发展和国际竞争的新优势，夯实制造业基础，着力锻长板、补短板。在锻长板方面，一是对于我国具有产业规模优势的煤炭、机械、钢铁、石化、轻工、纺织、建材、有色等行业，大力开展产品质量提升行动，建立由国家科研机构、行业标杆企业、专业对口院校形成的"三维一体"高质量发展团队，共同开展科研技术攻关，解决产业的短板，补齐断链。针对企业在技术创新问题上遇到的具体困难，给予助力，形成产、学、研、用同发力的良好局面。强化提高产品质量和创造知名品牌的意识，将产品做精做细，真正成为行业细分领域的单项冠军企业和中国工业大奖企业。二是要认真学习贯彻落实党的二十大精神，建设中国式现代化，必须把发展经济的着力点放在实体经济上，加快建设制造强国，加快发展先进制造业；进一步巩固和提升我国具有先发优势的高铁、核电、新能源、通信技术等领域的国际领先地位，通过税收政策、提供专项信贷等方式为相关企业提供政策支持，形成一种产业链发展的正向激励机制；加强行业企业的知识产权保护，努力在行业企业发展初期阶段形成良好的市场竞争秩序，从而推动新一代信息技术、高端装备、新材料、新能源、生物技术等战略性新兴产业发展，锻造一批"撒手锏"技术。三是对于在东部地区失去竞争优势以及缺少发展空间的劳动密集型产业，可以采用财政补贴、减免税费等政策倾斜方式以及开展地方政府招商引资等活动促进产业链向中部和西部地区有序转移，进而发挥不同地区的区域优势，优化区域产业链布局，促进区域经济协调发展。

在补齐产业链短板方面，一是制定我国在产业链薄弱环节及断供风险较大的"卡脖子"技术领域的发展规划，为相关领域的发展提供总体路径上的指导。二是从人才配置上给予大力支持，通过有针对性地增加高校专业人才培养数量以及提高培养深度来储备更多科研人才，为相关领域的发展提供智力支撑。三是通过政府产业投资基金引导、提供财税优惠和信贷支持、建立孵化园区等方式，为相关产业的发展提供资金和场地资源。四是加强品牌的

宣传和推广，扩大我国产品在国际上的知名度和影响力，从而形成与国际上其他产品共同竞争、发展的新局面。

加强两化融合，拓展数字化技术应用，发挥数字化技术在产业链优化升级中的作用。当前背景下，数字经济发展、数字化转型已经成为全球经济发展的方向。数字化发展具有广泛的赋能效应，通过数字化转型，很多企业获得了更多的发展机会，补齐产业链的短板。"十四五"时期要以数字化技术为抓手，拓展数字化技术在产业链优化过程中的应用。一是扩大数字经济在生产生活领域应用的广度和深度，推动数字经济和实体经济的深度融合，打造具有国际影响力和竞争力的数字经济产业链。二是多元化发展数字技术的应用场景，培育数字化生态，推动数字社会和数字政务建设，提高公共服务和社会治理的数字化和智能化水平。三是数据作为一种新的生产要素，在其发挥作用的初期就需要建立数据资源产权、交易流通、跨境传输和安全保护等基础制度和标准规范，并根据数字经济和实体经济融合的程度进行动态调整，以实现在开发利用数据资源的同时保障国家数据安全和保护个人隐私安全，形成数字经济发展的良好秩序。四是政府部门要主动顺应数字化趋势，在扩大公共基础信息数据合理开放的同时，还要积极参与数字领域国际标准的制定，提高我国在全球数字化发展中的参与度和影响力。❶

第五节　以信息化推动新型工业化步伐

党的十九届五中全会提出了 2035 年基本实现社会主义现代化的远景目标，其中包括了基本实现新型工业化。早在 2003 年，国家经济贸易委员会行业规划司进行了大量研究工作，并提出了我国以信息化带动工业化为着力点，走新型工业化道路。大体可以概括为以下几个方面。

一是发展信息产业，促进产业结构升级。根据产业结构理论，一个国家工业化发展过程就是产业结构的高级化过程，是新型产业和高技术产业在经

---

❶　郭田勇，《国家治理》，2021 年 2 月。

济结构中所占比重不断上升的过程。信息产业是当今新兴产业的代表产业，信息产业的发展及其在经济结构中所占比重的提高，就是产业结构升级。因此，发展信息产业就是提升产业结构，就是促进工业化向高级化阶段发展，就是加快工业化进程。此外，信息产业发展还能带动其他相关高技术产业发展。在信息产业内部，计算机和通信技术产业的迅速发展，对微电子、半导体、激光、超导等高新技术产业带动作用很大。从对其他产业影响看，信息产生还能带动诸如新材料、新能源等产业发展，推动机械制造、仪器仪表、生物技术、海洋技术和空间技术等产业和技术的迅速发展。信息产业和信息技术的发展是信息化的第一推动力，是信息化的前提，没有先进的信息技术和价格性能合适的信息技术和产品，其他领域的信息化就不能实现。我国信息化建设是一项长期的巨大工程，同时也需要大量资金投入，因此要建立一个信息化产业支撑体系，大力发展数字技术，形成产业数字化和数字产业化相互促进、相互发展的局面。

二是利用信息技术提升传统产业技术水平。传统产业仍是我国国民经济发展的主体，是促进经济增长的基本力量，是实现现代化的重要基础。21世纪初，我国传统产业占国民生产总值的85%以上，占工业增加值的90%，固定资产原值的95%，利润的80%，从业人口的94%，出口的87%。我国传统产业需要转型升级，需要提高技术创新能力。信息化技术的应用不仅能够提高传统产业技术水平，还能够提高技术创新能力。通过计算机网络技术的应用，可在很大范围内配置和整合技术创新资源，提高技术创新能力。同时，信息技术的应用还能够提高技术改造投资效益。虽然以信息化技术设备改造增加了投资，但可以提高产品档次和质量，改善生产环境，降低能源和原材料消耗，从而增加更多的经济效益。

三是利用信息技术提高企业管理水平。发达国家的经验表明，信息技术在企业管理中的应用能够全面改造管理理念、管理制度、管理组织、管理方法和管理手段等各个方面，使管理理念现代化、管理体制合理化、组织结构扁平化、管理方法科学化、管理手段智能化、管理过程网络化，从而提高管理活动中的组织、指挥、决策、协调和监督的灵活性和有效性，使企业管理

体系更加灵活有效。

信息化能够提高企业管理水平，主要表现在以下几个方面：扩大管理空间，提升管理能力；提高管理系统性；提高管理科学性；提高管理深度和精度，提高管理有效性；提高企业对市场反应能力；促进管理理念和制度创新。

四是通过信息化促进社会化大生产。一方面能够促进专业化分工与合作。在社会化大生产中，实现专业化分工的一个必要条件是能够以低成本获取充分的信息。在自给自足的小农经济时代，不会产生对信息的大量需求，只有在社会大生产中产生了分工与协作，社会通过交换构成了一个有机的经济整体，才能产生对信息的大量需求。另一方面能够促进形成经济规模。信息技术的应用还可以在最大限度上扩大市场范围，形成大市场，从而为企业在专业化分工基础上形成经济规模创造条件。信息技术应用能够促进规模经济，还表现在闲置资源的充分利用上。由于市场迅速变化，单一企业生产能力经常出现相对过剩，总有部分设备不足或闲置的情况，信息技术的出现使全社会的生产能力信息充分传递，发挥各自优势，取长补短，相互合作，有利于提高产能利用率，在专业化基础上实现规模经济。

五是信息化还可以提高经济国际化程度。世界经济发展史表明，一国经济发展离不开其他国家。经济学理论也认为，配置资源的范围越大，资源配置效率越高。我国对外开放实践表明，我国的发展离不开世界，必须广泛参与国际竞争与合作。

六是利用信息化技术提高市场效率，主要表现为通过网络有效实现信息交流和传播，增加信息透明度，减少市场交易中的信息不对称现象；通过网络技术建立全社会的信用体系，提高信用度，规范市场行为；通过信息技术加强对市场的监督，改善政府对市场的调控方式等，特别是运用现代信息技术改进市场交易方式，创造新的商业模式，如开展电子商务，以网络为中心来实现市场交易中的信息流、资金流和物流整合，从而大大提高市场效率，降低交易成本。

信息化与工业化融合，加快了中国工业化进程，到 2035 年基本实现新型工业化，还是有一段艰苦奋斗的路要走。从历史看，1840 年鸦片战争后，中国逐渐沦为半殖民地半封建社会，遭受帝国主义列强的侵略和欺压。西方资本主义入侵，在中国建立工厂。辛亥革命后，国内出现了民族工业萌芽，但也仅在帝国主义、封建主义和官僚资本主义"三座大山"的夹缝中求生存。由于工业基础薄弱，以至于中华人民共和国成立时国家"一穷二白"，工业企业设备简陋、技术落后，只能生产少量粗加工产品。中华人民共和国成立初期，我国工业产值在国民经济中占比不到10%，仍然属于农业国家。为改变这种状况，我国从"一五"时期开始将有限的资源重点投向工业部门，通过建设苏联援建的156个项目及我国配套的数百个工业重大项目，为此后我国工业化发展奠定了初步基础。

1978年，党的十一届三中全会作出了把党和国家工作中心转移到经济建设上来、实行改革开放的历史性决策。由此，在工业发展布局和政策上也作出了相应的调整。一是在工业布局上进行调整，鼓励东部地区率先发展，沿海地区工业得到快速发展。二是大力发展与民生相关的轻纺工业。三是大力发展乡镇企业、个体私营经济，大力引进外资，发展"三资企业"。此后，以公有制经济为主体、多种所有制经济共同发展的社会主义基本经济制度逐步确立，为各类所有制性质的工业企业发展提供了制度保证。

中华人民共和国成立70多年来，虽然我国不断加快推进工业化建设进程，但还没有全面实现工业化，这表明我国是一个工业制造大国而不是工业制造强国。因此，全面实现工业化，把我国建设成为工业强国，是我们的使命和任务。当下，我国在推进工业化进程中，还存在着区域工业化不平衡，一些区域的工业化水平不充分；产业发展结构不平衡，创新能力和高端产业发展不充分；工业化速度与资源环境承载力不平衡，绿色经济发展不充分等问题。在制造业生产过程中还存在着一些高端装备、关键零部件、材料和仪器等需要依赖进口的"卡脖子"问题，如7纳米以下的芯片、高端数控机床等存在技术短板。

目前，工业化任务和目标尚未完成。总体上看，我国工业化进程还处在工业化中后期阶段。党的二十大报告提出，到2035年基本实现新型工业化。中国工业人要肩负起加快建设工业现代化国家，推动实现中华民族伟大复兴的重任。我们坚信，在中国共产党的坚强领导下，我国一定能建设成为世界一流的社会主义新型工业化强国。

第六章
坚持走新型工业化道路

党的十六大报告提出，要走出一条科技含量高、经济效益好、资源消耗低、环境污染少、人力资源优势得到充分发挥的新型工业化路子。新型工业化，要坚持以信息化带动工业化，以工业化促进信息化，要坚持走科技含量高、经济效益好、资源消耗低、环境污染少、人力资源优势得到充分发挥的工业化道路。新型工业化与传统工业化相比有三个突出特点：第一，以信息化带动的能够实现跨越式发展的工业化，以科技进步和创新为动力，注重科技进步的劳动者素质的提高，在激烈的市场竞争中以质优、价廉的商品争取更大的市场份额；第二，能够增强可持续发展能力的工业化，要强调生态建设和环境保护，强调处理好经济发展与人口、资源、环境之间的关系，降低资源消耗，减少环境污染，提供强大的技术支撑，从而大大增强中国的可持续发展能力和经济后劲；第三，能够充分发挥人力资源优势的工业化。

中国工业大奖设立的初衷就是要推动工业企业加快走社会主义新型工业化道路，推进实现中国工业化进程，建设工业强国。因此在评审中国工业大奖企业和项目时，注重考核企业和项目在科技水平、创新能力、质量标准、环境污染、资源消耗、经济效益、人力资源、安全生产、品牌战略、企业管理、产业链环、"一带一路"建设、社会责任等方面的状况，综合给出评判结果，评选出中国工业大奖企业和项目。为提高以上方面的能力水平，着力抓好以下方面的培育工作。

第一节　提升科技水平和创新能力

　　科技水平和创新能力是申报中国工业大奖企业或项目需要考核的重要内容之一。评审机构在重点考核申报企业具有自主知识产权的同时，还要考核申报企业的科技水平、研发强度、创新能力、数字化转型、智能制造、执行标准、产品质量、取得的重大成就、实现行业技术突破、全球同行业领先或先进、排名位次及产品市场占有率等方面，特别是在科技水平、研发强度、数字化转型、创新能力，获得国际和国内发明专利数量，以及荣获国际、国家级、省部级奖项数量等方面具有明显优势的企业更有获奖的机会。因此，凡是申报中国工业大奖的企业和项目，必须要做好企业的科技水平和创新能力这方面的培育和提升工作。

　　众所周知，国家与国家之间工业科技水平的较量，体现在各国企业与企业之间的对比上，而企业水平的高低又体现在企业的科技实力上。一个企业的科技实力也反映了企业的创新能力强弱。在全球同行业竞争中，"关键核心技术是要不来、买不来、讨不来的""关键技术、核心技术、高新技术，要依靠自己"。这就很清楚地告诉了我们，企业的关键核心技术只能依靠自己研发与创造。中国工业大奖获奖项目——8.8米智能超大采高综采工作面成套设备研发与示范工程，是由神华神东煤炭集团有限公司研制成功的。该项目实现了自主研发的突破，实现了安全、绿色、高效、智能开采，实现了无人地下自动采煤，既提高了工作效率，又避免了因事故而造成的人员伤亡。在该项目的研制中，重点对"卡脖子"的技术难题进行攻关，经过多次试验，最终破解了超大采高综采工作面围岩控制、关键装备研制、协同控制开发、生态环境修复四大关键核心技术难题，创造了五项世界第一。

　　中国工业大奖评审中把一个企业是否拥有核心技术知识产权列为首要考核指标，而且将企业所拥有的核心技术水平与世界领先技术水平进行比较，看是领先了国际先进水平，还是处于同等水平。企业只有掌握了处于世界同行业领先或先进水平的关键核心技术，才具有较强的国际竞争力，才能有较高的全球

市场占有率，才能把企业做强做大，才能为实现可持续发展奠定和夯实基础。同时，在中国工业大奖评审中还要考核企业拥有的专利数量，特别是发明专利数量，以及在全球同行业的排名位次、产品的全球占有率和覆盖率等情况。

中国工业大奖评审工作，就是要评审出经过深耕细研、攻坚克难、技术先进、创新发展、打破封锁、实现突破、填补国内空白、产品质量好、品牌竞争力强、清洁生产、绿色发展的中国优秀工业企业，树立标杆企业和榜样，引领中国工业企业发展，加快工业强国建设。在实现突破、打破国外技术封锁方面，有许多荣获中国工业大奖的企业或项目，如国家电网有限公司和中国南方电网有限责任公司研发试验成功的 ±800 千伏特高压直流输电示范工程向家坝—上海；云南—广东，是世界上首个实现电压等级最高、输送容量最大、输送距离最远、可靠性指标最高、技术水平最高、技术标准最高的特高压直流输电工程，是抢占世界电网科技制高点、振兴民族工业和装备制造业、走社会主义新型工业化道路的引领工程，是我国在能源领域取得的世界级创新成果，从根本上解决了煤电运紧张的矛盾。该项工程技术成果也获得了国家科学技术进步奖特等奖。

再如，"复兴号"中国标准动车组列车，以运营时速 350 千米居世界首位。截至 2022 年年底，全国高铁运营里程约 4.3 万千米❶，世界第一。对于中国铁路而言，铁路的任何一次提速都离不开齿轮传动系统这一关键核心零部件，然而在中国高铁引进之初，齿轮传动系统作为核心零部件全部需要依赖进口，其核心技术和工艺都被德国和日本公司垄断，制约了中国高铁发展，对我国装备行业自主创新能力和实现技术突破带来了严峻挑战。面对国外企业对中国高铁关键技术的重重壁垒和市场垄断，荣获中国工业大奖项目的企业——中车戚墅堰机车车辆工艺研究所有限公司肩负起了国家攻克高速动车组关键核心技术难题的历史重任，攻克一个又一个难关，坚持自主创新，一举实现了高铁列车高可靠性齿轮传动系统设计、仿真技术和多目标总体设计优化配置技术的突破，成功解决了镁铝轻合金、高强度齿轮用钢等关键基础材料的开发，以及低压铸造工艺、双频感应淬火处理工艺等多项先进制造技术难题，

---

❶ e 车网，2023 年 2 月 2 日。

最终完成了高铁列车齿轮传动系统国产化，真正意义上打破了我国高铁列车核心零部件生产技术受制于人的局面，填补了国内技术空白，达到了国际领先水平。尚有许多荣获中国工业大奖企业在赶超同行业世界先进水平的过程中，不断依靠自主创新，实现突破。特别是在数字化转型方面，解决了"卡脖子"问题，使产业链环环相扣，闭环运行，实现产业平稳发展。

中国工业企业在引领世界工业技术进步方面起到重要作用，截至2023年1月，在达沃斯世界经济论坛上发布了132家"灯塔工厂"，其中中国企业有50家，占37.88%，超过了1/3，充分体现了中国工业企业的制造技术水平和力量，见下表。"灯塔工厂"被称为"世界最先进的工厂"，代表了全球制造业领域智能制造和数字化的最高水平。

**入选达沃斯世界经济论坛&麦肯锡咨询公司合作遴选的132家"灯塔工厂"的
50家中国企业名单（排名不分先后）**

序号	入选年份	企业名称	细分领域	生产地
第一批：2018年9月公布的9家"灯塔工厂"（其中有3家中国企业）				
1	2018	博世汽车系统（无锡）有限公司	汽车零部件	无锡
2	2018	青岛海尔中央空调有限公司	家用电器	青岛
3	2018	西门子工业自动化产品（成都）有限公司	工业自动化	成都
第二批：2019年1月公布的7家"灯塔工厂"（其中有2家中国企业）				
4	2019	丹佛斯（天津）有限公司	工业设备	天津
5	2019	富士康	电子设备	深圳
第三批：2019年7月公布的10家"灯塔工厂"（其中有1家中国企业）				
6	2019	上汽大通汽车有限公司南京分公司	汽车制造	南京
第四批：2020年1月公布的18家"灯塔工厂"（其中有6家中国企业）				
7	2020	宝山钢铁股份有限公司	钢铁制品	上海
8	2020	北京福田康明斯发动机有限公司	汽车	北京

序号	入选年份	企业名称	细分领域	生产地
9	2020	沈阳海尔电冰箱有限公司	家用电器	沈阳
10	2020	强生（苏州）医疗器材有限公司	医疗设备	苏州
11	2020	江苏宝洁有限公司	消费品	太仓
12	2020	潍柴动力股份有限公司	工业机械	潍坊
第五批：2020年9月公布的10家"灯塔工厂"（其中有4家中国企业）				
13	2020	阿里巴巴犀牛工厂	服装	杭州
14	2020	美光科技	半导体	台湾
15	2020	美的集团广州南沙工厂	家用电器	广州
16	2020	联合利华合肥工业园	消费品	合肥
第六批：2021年3月公布的15家"灯塔工厂"（其中有5家中国企业）				
17	2021	美的集团	家用电器	顺德
18	2021	纬创资通	电子产品	昆山
19	2021	青岛啤酒	消费品	青岛
20	2021	富士康	电子产品	成都
21	2021	博世汽车部件（苏州）有限公司	汽车零部件	苏州
第七批：2021年9月公布的21家"灯塔工厂"（其中有10家中国企业）				
22	2021	友达光电	光电子	台湾
23	2021	宁德时代	电子产品	宁德
24	2021	中信戴卡	汽车	秦皇岛
25	2021	富士康	电子产品	武汉
26	2021	富士康	电子产品	郑州
27	2021	海尔	家用电器	天津
28	2021	群创光电	光电子	台湾
29	2021	三一重工	机械装备	北京

续表

序号	入选年份	企业名称	细分领域	生产地
30	2021	施耐德电气	电气元件	无锡
31	2021	联合利华	消费品	太仓
第八批：2022 年 3 月公布的 13 家"灯塔工厂"（其中有 6 家中国企业）				
32	2022	京东方科技集团	光电子学	福州
33	2022	博世汽车部件（长沙）有限公司	汽车零部件	长沙
34	2022	海尔	家用电器	郑州
35	2022	美的	家用电器	荆州
36	2022	美的	家用电器	合肥
37	2022	宝洁	消费品	广州
第九批：2022 年 10 月公布的 11 家"灯塔工厂"（其中有 5 家中国企业）				
38	2022	宁德时代	新能源	宜宾
39	2022	海尔	家用电器	青岛
40	2022	美的	家用电器	顺德
41	2022	三一重工	工业装备	长沙
42	2022	西部数据	电子产品	上海
第十批：2023 年 1 月公布的 18 家"灯塔工厂"（其中有 8 家中国企业）				
43	2023	日月光半导体	半导体电子	台湾
44	2023	工业富联	电子产品	深圳
45	2023	海尔	家用电器	合肥
46	2023	上海华谊新材料	化工	上海
47	2023	联想	电子产品	合肥
48	2023	亿滋	食品	苏州
49	2023	联合利华	消费品	天津
50	2023	纬创资通	电子产品	中山

注：根据世界经济论坛&麦肯锡咨询公司发布信息整理。

在提升科技水平和培育创新能力方面，有一些可以探讨和研究的路径。在这里列举两种途径来探讨：一种是依靠自身的内力，走以本企业为主的自主研发创新之路；另一种是借用外力，与国家科研机构和国家实验室开展合作。

一、加大研发强度，深耕企业主业，锻长板补短板

首先，要对本企业科技水平进行全面评估，清楚了解本企业与国内外同行业企业比较优势与劣势，在哪些方面存在差距，了解行业科学前沿和前沿科学水平，结合本企业现状和实际，找准问题所在和关键点，尽快补齐主业短板，特别是要找出与世界同行业企业的差距，确定创新主攻方向、制定目标，赶超世界同行业先进水平。举一个在自主创新领域领跑世界同行企业的例子：2011 年 3 月 11 日，日本遭遇里氏 9.0 级超强地震，福岛第一核电站随之发生爆炸与核泄漏。3 月 19 日，日本东京电力公司向中国驻日本大使馆和三一重工股份有限公司（以下简称"三一重工"）发函，请求三一重工支援一台 62 米混凝土泵车，对核电站 1 号机组进行注水降温。

三一集团有限公司是中国工业大奖获奖企业，长期聚焦工程机械为主的装备制造业，旗下拥有三一重工、三一重装国际控股有限公司、三一重能有限公司三家上市公司。三一集团的混凝土机械为全球第一品牌、挖掘机 6T 以上产品产量世界第一，特别是三一重工制造的混凝土泵车技术水平和性能世界第一。当三一重工董事长梁稳根得知日方请求后当即表示，三一重工可以免费提供所需设备，并愿提供全方位支持。于是，混凝土泵车很快被运送到了日本福岛第一核电站现场，开始为 1 号机组注水降温。第一次注水之后，反应堆的温度明显下降了。为了更好地掌握现场情况，三一重工还对混凝土泵车进行了改装，在臂架末端加装了摄像头和辐射传感设备，从空中对核电机组情况进行全方位探测与监控，最大限度地保证了日方工作人员的安全，见图 6-1。

当年日本福岛核泄漏事故引起世界关注，在危急时刻，三一重工捐赠一台 62 米混凝土泵车，紧急驰援核反应堆降温，为救援工作作出了重大贡

图 6-1　SANY-62 米混凝土泵车

献。那台泵车仍深受人们喜爱，被日本人民亲切地称为"大长颈鹿"，此事后来被中日两国人民传为佳话。如今，这台混凝土泵车上的 SANY 标志及 SY5520THB-62 型号，仍清晰可见。这就是一块金子般的品牌，成为中国制造的一张亮丽名片。

日本方面向中国提出请求，充分说明了三一重工水泥泵车产品的科技水平在国际同行业处在领先水平，所以才向中国企业提出求助。此实例充分表明，科学技术就是生产力、科技水平就是竞争力。三一重工经过多年的艰苦创业之路，走自己的深研之路，铸造了具有自己独特且具有创新水平的产品，引领着世界工程机械装备水泥泵车业的发展，为国增光。

再如，中国纺织工业界的一家荣获中国工业大奖企业——山东如意科技集团有限公司（以下简称"如意集团"）。说起如意集团的高端化发展，还要从打破如意集团发展瓶颈的"如意纺"技术谈起。"如意纺"技术被纺织业界称为传统纺纱技术的革命性突破，如意集团是国内外唯——家掌握该项技术的企业。"如意纺"技术名为"高效短流程嵌入式复合纺纱技术"，是一种能够将毛纤维抽长拉细达到用 1 克毛拉出 500 米线，再织成像纱一样薄的纺织品技术。有媒体报道称，用"如意纺"面料制作的西服像丝绸一样轻薄、隐

约透明，攥在手里抓成一把，松开即可平整；在行李箱中不管怎么放，拿出一抖即平展可穿。这种超薄的纯羊毛面料即使价格卖到每米千元以上，依然得到杰尼亚、阿玛尼、BOSS 等国际大品牌的青睐，纷纷将如意集团锁定为面料生产基地，见图 6-2。

图 6-2 "如意纺"自动生产线

二、借用国家科研机构和国家实验室力量

在 2021 世界制造业大会上，中共中央政治局委员、国务院副总理刘鹤在书面致辞中指出，创新是制造业高质量发展的关键。要强化企业创新主体地位，为企业营造良好创新环境，探索"企业出题、科研机构答题"的新模式，优化国家实验室体系，用好各类国家创新基地，引导和帮助企业专注主业、敢于创新，不断提高核心竞争力。❶

当下，国家正在逐渐建立立体的科研体系，在不同层面部署不同的科研力量：依靠国家实验室解决重大问题；依靠国家重点实验室体系解决基础研

---

❶ 中国政府网，2021 年 11 月 19 日（来自新华社）。

究、应用问题；依靠国家级创新中心等解决市场机制无法突破的关键产业共性技术问题；依靠各类研发机构解决市场机制的重要问题，从而形成一个完整的攻关克难的体系，解决制造业中遇到或存在的困难。因此，当企业在科研攻关和创新能力不足时，可以借用社会力量和国家力量来提升自身企业的科技水平。企业的创新发展是一个永久话题，也是企业竞争发展、抢占世界同行业高地的关键。企业要主动与相关高等院校、科研机构、重点实验室洽谈合作，按照"企业出题、科研机构答题"的新模式，走出一条自身力量不足，但又能提升企业科技水平之路。

三、坚持和提高企业研发强度

研发强度是指研发投入占某组织或地区当期生产总值的比重，具体到企业，就是企业用于研发支出的费用占全部销售收入的比重。研发强度是衡量一个企业在技术研发方面投入力量多少的指标，研发强度高，说明企业在创新方面投入的资金多，投入力量大，体现了企业发展潜力大，创造新技术、新成果的能力强。一旦企业创造出领先技术，在同行业竞争力就会增强，成为引领行业发展的龙头企业。现在工业领域传统行业的研发强度一般在3%~5%，而电子信息产业企业在10%以上，有的高达50%以上，视行业不同而有较大的差别。无论哪个行业，都应该遵循相对论原理，即在本行业内，研发强度应高于同行业平均研发强度，这是评审中国工业大奖企业和项目的基本要求。该指标也是考核中国工业大奖企业和项目的重要指标之一。因此，要把研发投入作为企业一项可持续发展的战略任务来对待。要坚信：只有今天的投入，才能换来明天的成果、未来的可持续发展。

第二节　经济效益与上缴税收贡献

一个企业盈利能力和水平对企业发展具有重要作用。这一点也是对申报中国工业大奖企业和项目的重点考核指标之一。一个经济效益不好，甚至亏

损或濒临破产的企业，是不可能被评为中国工业大奖企业的。大家都清楚，企业的经济效益对于企业的可持续发展非常重要，一个经济效益亏损、持平、微利的企业很难在市场经济大潮中搏击，其抵抗市场风险能力弱，一不小心就会被市场大潮淹没。从生产规模上看，一般荣获中国工业大奖的企业年度销售收入都在几十亿至百亿元，也有几百亿元或数千亿元的。企业对国家上缴的税收也是随之增加的，企业为国家作出的税收贡献越多越好。

在考核企业经济效益时，既要看企业的年销售收入、实现利润、税收贡献、出口创汇，也要看工业增加值率、资产负债率、应收账款、劳动生产率和全员劳动生产率以及总资产贡献率等。

工业增加值率可谓一项重要指标，通过工业增加值率考核企业在生产过程中新增加的价值，从而判断企业经济效益增长能力和潜力，也是对申报中国工业大奖企业需要考核的重要指标之一。工业增加值率是指在一定时期内工业增加值占同期工业总产值的比重。

资产负债率是用来衡量企业利用债权人提供资金进行经营活动的能力，以及反映债权人发放贷款安全程度的一项指标，也就是企业的负债总额与资产总额的比值。一般来说，资产负债率过低，尽管企业偿还能力强、经济风险小，但企业利用债权人的资金能力和企业拓展能力不够强；如果资产负债率过高，存在的经济风险大，特别是达到100%及以上时，那就表明企业已经没有净资产或资不抵债了。一般认为，企业的资产负债率控制在60%左右比较适宜，当然这也要根据企业的实际情况而定。无论如何，此项指标不能过高，否则会给企业带来债务风险。

应收账款是企业在正常经营过程中因销售商品、产品、提供劳务等业务，应向购买单位收取的款项资金。应收账款是伴随企业的销售行为发生而形成的一项债权，是购买方欠销售方的款，这种账款无论是已经发生还是将来要发生，都将对销售方企业的资金流动带来较大的经济风险。因此，应收账款数额不宜过大，否则会给企业资金链带来不良的影响，甚至造成资金链断裂，从而影响企业正常运行和持续生产经营能力。一般用应收账款周转率和周转天数来把控。应收账款周转率为企业在一定时期内赊销净收入与平衡应收账款余额比值，应收账款周转率越高越好，说明企业的赊账少、回收资金快、资产流动性好。应收账款周转天数＝平均应收账款×365天÷销售收入，应收账款周转天数越少越好，说明企业的资金流动性强。但因各行业和产品情况不一样，只有相同行业的企业之间才能可比并能得出结论。总的来讲，就应收账款周转率与应收账款周转天数而言，前者高、后者低是好的。

劳动生产率是指劳动者在一定时期内创造的劳动成果与其相适应的劳动消耗量的比值。劳动生产率水平可以用同一劳动在单位时间内生产某种产品的数量来表示，单位时间内生产的产品数量越多，劳动生产率就越高；也可以用生产单位产品所耗费的劳动时间来表示，生产单位产品所需要的劳动时间越少，劳动生产率就越高。还有一种叫全员劳动生产率，是根据产品的价值量指标计算的每一个从业人员在单位时间内生产的产品数量，是考核企业经济活动的重要指标，也是企业技术水平、工业3.0或未来工业4.0水平、经营管理水平、职工技术熟练程度和劳动积极性的综合表现。计算全员劳动生产率时，用企业的工业增加值与同一时期全部从业人员平均人数的比值。这项指标对于工业领域不同行业是不一样的，传统的产业没有完成数字化转型升级的，仍然属于劳动密集型产业，劳动生产率就会低；相对于科技水平高、数字化转型快，特别是战略性新兴产业的企业信息化、自动化、智能化生产水平高，其劳动生产率或全员劳动生产率就会高。

总资产贡献率反映企业全部资产的获利能力，是企业经营业绩和管理水平的集中体现，是评价和考核企业盈利能力的核心指标。计算方法：总资产贡献率＝（利润总额＋税金总额＋利息支出）÷平均资产总额。

企业的经济效益是企业生存之基础，是一切活动的出发点，没有一家企业能够摒弃经济效益而永久生存。所以，企业努力创造经济收入是必需的，同时还要做到开源节流，要注意企业内部的财务管理，降低生产成本。特别要注意以下几个方面：一是重视成本管理，要提高全员管理意识和系统成本管理水平，只注重生产要素、财务管控还不够，还要形成自下而上、上下结合的各部门和生产流通环节共同参与的成本管理体系，制定有效的管理措施，达到降低生产成本的目的，从而实现企业经济效益的提高。尤其要注意在成

本管理中不要过度重视"看得见成本"，而忽视"隐性成本"。二是科学运用预算管理，积极采用全面预算管理方法。要做到科学运用预算管理方式，防止出现生产情况与经济效益之间的不匹配，预算管理层级指标不精细、不深入生产实际的情况。三是开展项目管理，精准聚焦到每一个项目上。在项目管理中，既要防止出现项目成本管理与全预算成本管理纵横结合不清楚的状况，又要防止因受项目成本管理缺乏独立性，项目设立和运行数据不完整等情况出现，造成预算偏差较大，直接影响整体预算结果。四是原材料成本管理精细化，做到从源头抓起。成本控制涉及企业的各个环节，而原材料成本是不可避免的。企业采购原材料时要货比三家，选用物美价廉的原材料，同时还要注重发展循环经济，变废为宝，实现将生产制造环节产生的废料作为生产原料再利用或作为其他用途而创造经济效益。五是成本预算系统运行要全面，不能有漏点。企业成本预算管理涉及各个部门和单元，必须对所有部门和单元进行成本预算管理，不得出现认真负责的部门做得好，不认真负责的部门不做的现象。有的企业对一些部门没有成本要求，对它们没有成本的概念，往往在日常生产和管理中不计成本、不问成本、不考虑成本。一旦出现这种现象，预算成本管理就不完整，造成企业成本预算管理失灵，会直接影响企业的经济效益，甚至会误导企业领导，造成决策失误。

关于企业上缴税收，国家对于不同规模和类型的产业、企业都有统一的税种和税率，企业只要诚实守信，按照规定缴税、不偷税漏税，一般规模大、经济效益好的企业，为国家上缴的税款就多、贡献就大，这一点也是申报企业应该做到的。

第三节　制定产品标准和严控产品质量

企业在制造加工产品时，终端产品执行的标准是一个企业技术和质量管理水平的标志，也是反映一个企业产品质量的镜子。有些企业执行行业标准、国家标准、国际标准，有些企业执行高于或严于国家和国际标准的企业内控标准，生产出来的产品质量水平是大不相同的。观察一个企业执行什么样的标准，也是评审中国工业大奖企业和项目中应考核的一个方面。

一、培育制定产品标准能力

一个企业在国内外行业内的技术水平的高低，要看其在国内外行业中制定标准的话语权。中国工业大奖评审把申报企业主持或参与制定国际或国家产品标准的话语权和能力作为重要考核指标。从申报企业在牵头制定或参与制定国内外行业产品标准的能力，不难看出该企业的技术水平实力和在国内外行业中的领导地位，不难判断一个企业在行业内的引领能力。与此同时，企业产品质量也被作为评审申报中国工业大奖企业和项目的重要内容。通过企业执行产品的标准、出厂合格率、被质量监督部门抽查的合格率、产品召回情况、被消费者投诉，以及消费者的满意度等综合情况来评审产品质量。因此，产品执行标准和产品质量是申报中国工业大奖企业和项目的一项重要考核指标。

一些成功的企业主持或参与制定国内外行业产品标准，在行业拥有了话语权。从某种意义来说，这些企业在国内外行业制定产品标准上把控着行业产品发展走向，也是市场准入的一种手段，具有一定的排他性，对于企业发展非常重要。于是就提出了一个问题，是它们引领着这个行业在前行，还是被牵着鼻子跟在后边走。企业产品执行的标准就是产品进入市场的指挥棒、红绿灯、方向舵，不符合标准的产品就要被驱除市场，这直接关乎着企业生存和可持续发展。在这方面，一些中国工业大奖获奖企业做得比较好，如好孩子集团有限公司（以下简称"好孩子"），是一家从事多功能婴儿车的生产企业，虽然听起来并不是惊天动地的行业，但在小小的婴儿车上却做出大文章。当作者第一次来到好孩子时，走进了一个硕大的仓库，见到摆放着许许多多的婴儿车，而且每辆婴儿车还不一样，于是疑惑这些车是干什么用的呢？听完介绍后才知道，这些婴儿车都是世界各国同行业厂家生产的产品，是好孩子为了及时掌握全球市场动态，防止研发新产品时误侵他人知识产权，所以只要发现国际市场上有婴儿车新产品就买一辆进行学习和研究。这才知

道这个仓库的用途，也了解了好孩子的"秘密"。

好孩子创立于 20 世纪 80 年代，从自行研制的一辆多功能婴儿车起步，经过 30 多年的发展，如今已经成为世界名牌产品，在中国、北美、欧洲的市场占有率分别为 27 年、21 年、14 年连续保持第一。好孩子拥有全球 7 大研发中心，累计创造专利 1 万多件，亮眼之处是好孩子已经成为该行业国际标准的制定者，拥有了行业的国际话语权，引领着世界婴儿车行业的发展。特别是好孩子已经是国际标准委员会 ISO/PC310 的秘书处和主席单位，主导或参与制定国内外标准 200 多项，拥有世界领先的检测中心，是中国、美国和欧盟授权的检测认证机构。好孩子从创业的第一天，就力争对世界同行企业的婴儿车了解清、研究透，本着只要世界同行业企业有新产品问世，就买下来进行学习和研究的决心，既吸收了他人的长处，又防止产生再创新的知识产权纠纷。功夫不负有心人，好孩子终于领跑了行业，并取得了一系列成果。

好孩子的成功经验主要表现在：坚持以质量和标准为抓手，特别是重视和加大研发创新的投入；利用自身了解和掌握国际同行业企业的技术和产品，走自我创新之路；坚持做国际化企业，目光紧盯世界婴儿车市场，专注把小的婴儿车市场做成全球大市场，连续多年市场占有率第一。正是由于好孩子多年来坚持主业，不懈地深耕细研，才拥有了万项以上的专利权。同时，在标准制定方面也逐渐走上了高地，成为婴儿车国际标准的制定者，引领着行业发展。

二、培育高质量产品要打造"真金"

企业产品质量是企业市场竞争的基础，是企业生存的保障。没有过硬的产品质量，凭借着以次充好、出售假冒伪劣产品进行市场交易，这样的企业不会长久。申报中国工业大奖企业和项目必须在产品质量上过硬，否则是不可能被评上的。在荣获中国工业大奖、中国工业大奖表彰奖的企业中，有许多企业把抓产品质量作为重中之重，并且取得了明显成果。如石家庄君乐宝乳业有限公司是一家生产婴幼儿配方奶粉企业，一直坚持四个"最"的标准，即质量最优、品牌最强、社会最放心、消费者最满意，并坚持把产品"质量最优"放在首位。其生产的婴幼儿奶粉在 2016 年通过了香港食物环境卫生署的 397 项严格检测和审核，成功登陆香港市场，随后又进入澳门市场。习近平总书记视察石家庄君乐宝乳业有限公司时作出指示，让祖国下一代喝上好奶粉。该公司始终坚持生产出满足人民群众需求的好产品、放心的产品、优质的产品。同时，也让中国制造产品的质量享誉全世界。❶

三、提高产品质量从思想意识上着手

企业产品质量优劣，对企业的可持续发展起到重要作用，也是不言而喻的。中国工业大奖评审标准对产品质量水平要求非常高，申报企业若在产品质量上处于一般水平，或尚存在缺陷，那根本就不可能被评为中国工业大奖。

抓好产品质量工作非一日之功，要持之以恒。首先要从思想上重视，管理者要有搞好产品质量的决心和恒心。举个中国工业大奖获奖企业海尔集团公司走过的创业之路的例子：1985 年，青岛电冰箱总厂（海尔集团公司的前身），在一次质量检查时，发现库存不多的瑞雪牌电冰箱中有 76 台不合格。当时电冰箱是紧俏货、供不应求，这些电冰箱稍加维修便可以出售，能够获得一定的经济收益。但是，厂长张瑞敏当即决定，在全厂职工面前，将 76 台电冰箱全部砸毁。此时，也有人心痛地算小账，一台电冰箱可以卖 800 多元钱，而职工每月平均工资只有 40 元，一台电冰箱几乎等于一名工人两年的工资呀，全砸了太可惜啦；也有一些职工纷纷建议，便宜处理给职工吧。"如果便宜处理给你们，就等于告诉大家可以生产这种带缺陷的冰箱。今天是 76 台，明天就可能是 760 台、7600 台……因此，必须解决这个质量意识差的问题。"张瑞敏坚定地对员工说。不但坚决要砸毁这 76 台冰箱，而且还是由责任者自己砸毁。很多职工在砸毁冰箱时都流下了眼泪，平时浪费了多少产品，没有

---

❶ 君乐宝乳业集团有限公司提供资料。

人去心痛，但亲手砸毁冰箱时，感受到这是一笔很大的损失，痛心疾首。通过这非常有震撼力的场面，增强了职工的质量意识，树立了质量第一的理念。

事后看，这76台电冰箱砸得值、砸得对。企业生产1台不合格电冰箱，或许是万分之一的不合格率，但对消费者来说，那就是百分百的不合格率。用张瑞敏的话说，砸的是不讲质量的陈旧观念，砸的是不管好坏产品都能出厂卖的错误意识。可以说，没有把产品质量放在第一位的领导，没有走过创业阶段的艰辛之路，就不会有今日的海尔。

企业产品召回，是对处理产品质量问题的一种态度和补救办法。长久以来以卓越质量管理著称的国外某知名汽车公司，在过去几年中也不断遭遇质量危机。2010年，美国当地时间2月1日上午，丰田公司发布召回汽车油门踏板维修计划，宣布从2月28日开始召回2009年3月19日至2010年1月25日生产的75552辆国产丰田RAV4。由于油门踏板存在缺陷，丰田公司在美国召回8款共计230万辆汽车。因同样问题，丰田公司在欧洲召回大约200万辆汽车，以便对问题车辆进行检修。❶

综上所述，抓好产品质量不仅要从生产终端抓起，还要从生产始端抓起，具体要从原材料开始，每一道工序流程都要严格把关，严格监管，直至包装后出厂。这里重点讲的是，把好质量关，不仅要落实在管理制度、人员跟踪上，更重要的是要充分利用两化融合技术。有些产品质量问题仅靠人工是检验不出来的，只有通过信息化技术全流程跟踪，以及利用有效的仪器设备，才能发现问题并分析出问题产生的原因，从而有针对性地加以改进。例如，高铁可以实现人们出行的快捷高效、朝发夕至。但高铁使用的铁轨与普通火车铁轨不同，运用于高铁的铁轨除了对钢的材质有要求外，对铁轨的平直度要求也非常高，即长度100米一根钢轨，其平直度不能超过2毫米，也就是误差率在0.002%之内。这一要求通过人工控制是无法完成的，只有依靠信息化技术在生产加工过程中进行控制，才能生产出合格的高铁钢轨。由此可知，质量控制要从生产始端抓起，生产全过程都要进行质量监控。因此，申报中

---

❶《浙江日报》，2010年2月1日。

国工业大奖企业或项目的单位要把产品质量摆在重要的位置上，要全力培育和提高产品质量，搞好产品质量工作是企业永恒的话题。

第四节　坚持实施品牌战略

中国工业大奖是中国工业领域最高奖，树立走具有中国特色新型工业化道路的理念，注重企业做强做大的同时，更要注重企业是否能够做得长久。企业要做长做久、实现可持续发展，就必须树立品牌。实施品牌战略是企业生存发展的重要基础，不重视品牌的企业，市场竞争力不强，也不可能实现持续发展。"品牌就是效益，品牌就是竞争力"，要深刻理解其含义。只有把实施品牌战略提高到一定的高度去认识，才能提高企业的竞争力，才能树立品牌，才能有望跻身知名品牌行列。品牌战略的实施对于一个企业来说非常重要，也是判断一个企业能否做强做大的重要因素之一。

企业要实施品牌战略，首先要有明确的品牌战略实施规划，要确定企业未来的品牌发展目标、品牌市场定位、品牌系列划分、品牌培育行动、品牌推进路径、品牌推广方法、品牌宣传方式、品牌塑造投入、品牌战略实施等。品牌培育是重点，是形成知名品牌的重要过程，是提升企业市场竞争力的重要因素，也是提高企业产品市场占有率和经济效益的重要方法。实施品牌战略方面，我国名牌研究专家有过许多论述，作者在学习的同时，也非常认同其中的一些观点，现结合研究结果与大家探讨、分享。为企业顺利实施品牌战略，促进企业健康可持续发展。品牌培育要注意以下几点。

一、对品牌与名牌的正确认识

（一）培育品牌要处理好两种关系

品牌是有形和无形资产的对立统一。一般都把品牌看作知识产权，因为提出驰名商标的《巴黎公约》就对工业产权及知识产权作出了相关规定。在承认品牌是一种知识产权的基础上，通常又把它看作是企业的一种资产，并

把它进一步划归为无形资产。这样划分对于实施品牌战略具有指导意义。

知名品牌就是名牌，而名牌的形成和名牌的作用，主要是通过企业的有形资产和无形资产之间的良性循环来体现的。一般来说，这个循环是从有形资产开始的，先是利用有形资产逐步积累无形资产，再利用无形资产增值企业的有形资产，然后无限循环往复。如培育品牌伊始，企业认真完成产品的制造加工，生产出质量合格的产品，进入消费流通环节，于是在市场上得到肯定，为企业产品赢得名声，这就是利用有形资产创造无形资产的第一步。企业因为得到好的名声而获得了企业的无形资产，而后，利用自己良好的名声继续开拓市场，获得了经济效益的提高，这又增加了有形资产。如此循环下去，企业在有形资产和无形资产的共同发力下发展壮大。然而，品牌具有有形资产和无形资产统一的特性，企业可以利用这个特性培育出名牌，并有意识地利用这个特性发挥名牌效应。但是，有的企业家做了一辈子企业，却始终没有做出品牌名声来，其主要原因就是不清楚有形资产和无形资产相互转化的道理。总之，培育品牌不只是做无形的工作，也是做有形和无形的转换工作。搞企业的人，这个要点必须懂得。

（二）掌握并运用好知名品牌效应

（1）市场开拓效应：一个品牌产品的市场开拓力体现在进入一个新的市场环境，具有令消费者有首先考虑选购的特点。相比市场上的同类产品，具有排他性。因此，培育出一个知名品牌产品要在技术含量高、质量可靠、产品特色强等基础上，还要具有高性价比的特点。在成为知名品牌产品后，其销售规模会逐渐扩大，市场占有率也越来越高，而且具有产品卖得快的特点。因为知名品牌有较高的信赖度，容易被消费者接受，自然就比其他产品销售得快。然而，有些知名品牌总是能够引领消费新潮流，厂商总是不停地推出新产品，但品牌不变，从而进一步提高品牌知名度。

（2）商品溢价效应：培育出知名品牌后，这些知名品牌以其产品综合实力能够比同类产品卖出更高的价格，从而获得较好的经济效益。除了质量好、有特色、有较高的科技含量外，有的知名品牌是用特种原料和工艺生产的，甚至是一般地方和企业不能生产的，因此具有强烈的垄断性，这使得知名品牌具有溢价效应。在消费市场中，知名品牌消费成为一种时尚消费，象征着消费者的身份和地位。在社会交往中，一些人往往用穿"名牌"、吃"名牌"、住"名牌"来体现自己的身价。总之，是借用知名品牌来表现自己的气质、风度、派头，显示自己的经济实力，提高别人对自己的信任度和尊重度；有时也用知名品牌产品来招待客人，以示对对方的尊重。在这种情况下，消费得到了升华，消费本质已经不是物质的消费，而是名气的消费和文化的消费。

（3）资产内蓄效应：企业经营的战场是市场，市场竞争力没有了，企业就会走向失败。但企业发展不仅局限于市场，也表现在自身素质和规模变化方面。企业要善于运用市场竞争中的优势来适当发展和壮大自己，这样才能保证自己在市场竞争中不只是获得短暂的成功，而是能够获得长久乃至永恒的成功。企业素质表现在许多方面，最后凝聚在企业的资产方面。企业的资产既是获得经济效益的依托，又是企业经营状况的最终结果，还是企业持续发展的基础。

（4）资本扩张效应：知名品牌在资产重组过程中，对企业来说，会形成很强的资本扩张的能力。主要有以下两个方面。一是科技水平高，研发能力强，资金投入多。如果手工业时代最重要的竞争手段是手艺，那么在科学技术已经成为第一生产力的今天，科学技术就成为第一竞争要素。市场竞争是产品的竞争，产品竞争是质量的竞争，质量竞争是科技的竞争。当然，其中还包括产品执行标准的竞争和企业人才的竞争。谁掌握了最先进的科学技术并把它转化为生产力，谁就能够在市场竞争中稳操胜券。所以，知名品牌企业大多是掌握了同行业全球或全国先进技术的企业。即使传统产业，也要实行技术改造，两化融合，加快数字化技术替代，实现传统产业的转型升级。在这一方面，荣获中国工业大奖的企业天士力控股集团有限公司，在现代中药研制上取得了成功，将现代高科技用于传统中药材成分的萃取、提纯和制药，研制的复方丹参滴凡已经进入国际市场。该公司对中国中药的研究水平，已经发展到定性、定量研究的较高水平，为中国现代中药理论研究作出了较大贡献。二是生产规模大。追求规模效益，是企业经营的重要原则。没有一定的企业规模，就没有较高的经济效益。

（5）环境适应效应。竞争是针对一个市场主体与其他市场主体的关系而言的，发生在企业和企业之间，以及同行之间，但企业和市场之间绝不是竞争关系，而是适应与不适应关系。很多企业经营失败，都是由于不适应市场环境。世间万物是按照物竞和天择这两个规律来演化的，优胜劣汰是物竞的法则，在物种之间的直接竞争中，总是优秀的获得胜利，低劣的被淘汰出局，乃至灭亡和消失。适者生存是天择的法则，谁能够在大自然中生存下来，主要是看它是否具备环境适应能力，不适应的就要被消灭和灭亡。从局部和短期看，物竞和优胜劣汰是可以立竿见影的，但从长远和总体看，天择则是适者生存，才能坚持到最后。由此不难得出结论，天择的法则高于物竞的法则。

（6）集合优势效应。一般有两种形式：一种是地区集合，另一种是行业集合。无论是地区性的集合，还是行业性的集合，都有其必然性。这就是培育出知名品牌后外溢效应的一个重要表现形式。相对单体效应的外溢，集合称为群体效应。这是社会生活中常见的现象。如从直观来看，一个小商贩要想把买卖做得红火，应该远离其他商贩，这样顾客来了，没有其他商贩和他竞争，他就可以"吃独食"。但实践表明，单个小商贩的买卖并不好做，由于消费者喜欢货比三家，因此，他们总是扎堆儿众多摊位。这样就形成了一个大的市场，看起来竞争对手多了，但由于形成了"气候"，每家的买卖不是少了而是多了，这就是群体效应在起作用。除了能够形成营销气候，扎堆儿的商贩反而有了相互竞争、互相学习的机会，信息也格外灵通。同理，品牌之间，也可以通过相互学习来提高竞争力，对各种品牌都起到了促进作用。宁要群星灿烂，不要孤掌难鸣，这是对知名品牌外溢的一个深刻认识之后的必然追求。任何企图消灭其他品牌一家独秀的追求，不仅不可能实现，对企业自身的发展也是极为不利的，因此，各品牌企业必须认识到这一点。

（7）引领带动效应。知名品牌企业的带动作用表现在两个方面。一是对一般企业的带动作用，是对地方经济，乃至于国家经济发展的带动作用。在一定情况下培育成为知名品牌后，可充分发挥其对一般企业的带动作用，这就是知名品牌长久存在的必要条件。从一定意义上说，知名品牌企业真正的竞争对手并不是一般企业，而是其他知名品牌企业。一个知名品牌企业要在市场竞争中不断获得成功就必须联合那些非竞争对手，使其成为自己的合作伙伴，在层次和优势上相互补充，就可以充分发挥知名品牌企业的带动作用。而不是当行业霸主，只知道拼命"吃掉"别的企业，不知道发挥自身的带动作用，最终导致企业自身发展不顺。二是对一个地方乃至一个国家的经济发展的带动作用。从利益关系上来说，企业利益和企业所在地方的利益是联系在一起的，因为企业在创造利润的同时，也为地方上缴了税收。某集团公司把产业链需要的零部件及配套产品的生产延伸到各地方企业进行加工，促进了各地区经济的发展，解决了部分人员的就业。于是，地方企业关心该集团公司的利益，就像关心自己的利益一样，这就是知名品牌企业发挥带动效应的成果。

（8）延续效应。培育成为知名品牌的一大特点就是产品深受消费者欢迎，"回头客"多，最终形成一个庞大的消费群体。在激烈的市场竞争下，一般品牌产品很容易过时，但一些知名品牌却能够赢得更长的销售时间，并成为企业获得经济效益的重要途径。更长的销售时间不是指品牌创立的时间长，而是产品销售的时间长。事实上做到销售时间长是不容易的，也不是任何一个品牌都能做到的，只有当企业生产的一种或数种产品确立了一种独特的地位，成为知名品牌时，这种情况才可能出现。

（9）尊敬效应。培育成为知名品牌是品牌发展的高级阶段，知名品牌就是名牌。名牌是市场检验出来的，是由消费者经过反复消费而给予肯定的。因此，名牌是受广大消费者尊敬的。品牌的尊敬度越高，其品牌的价值也就越高，这是呈正比关系的。世界上，包括中国企业在内的一些名牌产品，一经提起，都是令中国乃至世界各国广大的消费者所尊敬、称赞和拥护的。

二、塑造知名品牌的误区

企业创名牌并不只是创商标的名气。一些企业在创名牌的过程中会进入一个误区，认为只要把自己的品牌打出去了，就算创出名牌了。事实并非如此。创名牌首先要懂得名牌的载体是什么？产品和服务只是创立名牌的依托

手段，并不是名牌的载体。名牌的载体应该是商标和商号，但是对载体的理解也绝不能失之偏颇，认为载体就是名牌，甚至认为只要把品牌打响了，企业就成功了，这样理解是不正确的。商标和商号只有作为企业的代表，它才有意义。商标和商号，只有代表符合名牌条件的企业才会成为名牌。如果一个名牌商标用在其他普通企业产品上，则不能称之为名牌。如果企业整体技术水平低、经营管理不扎实，即使一时用广告把品牌打响了，还是会很快地跌落下来，品牌创立阶段更是如此。在各个地方、各个行业都可以看见众多这样的事例，比如某个企业已经有了一定名气，但过不了多久，就悄悄地消失了，或者轰然倒下了。其根本在于盛名之下，其实难副。一时名气很大，但企业的综合实力不行，照样不能持久。

综上所述，企业在培育和塑造知名品牌时不能单纯地认为依靠各种宣传和广告把商标、商号告知消费者就可以创立名牌了，其实这样的"名牌"是立不住的，更不会持久。作者认为，企业培育和塑造品牌成为名牌的过程，如同培养一个孩子。培育品牌在世界观、价值观、人生观上要端正，无论是商品还是商号的培育之路必须正确，不能急功近利，也不可能一蹴而就。必须坚持在研发深耕产品、严把标准质量关、人力和资金的投入、企业战略和管理，产品细分市场管理、国内外市场竞争力、提高品牌产品的占有率、提高品牌知名度、可信度和信赖度等方面下大力气。一个知名品牌的培育之路是漫长的，成为知名品牌不容易，但要毁掉一个知名品牌很容易，一次负面事件，一次消费者的投诉，一次质量事故，顷刻间就可以毁掉多年来培育出的品牌成果。所以，品牌培育之路是企业生存、实现可持续发展必须要坚持的战略，不可动摇。

三、培育和塑造品牌的基本方法

品牌的培育和塑造有许多方法和路径，在此主要与大家共同探讨三种基本方法。无论用哪种方法，最终目的是打造知名品牌，成为消费者首先考虑选购的品牌，从而达到企业培育和塑造品牌的目的。

（一）打造自主品牌

培育和打造企业具有自主知识产权且市场竞争力强的知名品牌是企业管理者的追求，也是企业提高市场竞争力和生存发展的需要。但是打造出一个知名品牌并非易事，甚至要经过几十年甚至上百年的培育和打造才能成为名牌产品。例如中药企业知名品牌同仁堂始创于清朝康熙八年（1669 年），经历了三百多年的品牌培育和市场检验，在消费者心中树立起了名牌形象。中华人民共和国成立以来，特别是经历了改革开放的强力推进，我国工业制造业既有量的提高，也有质的提升，涌现出许多中国和世界知名品牌，一些高科技领域打造出了知名品牌，如中国制造的"复兴号"高铁、"华龙一号"三代核电站、天宫空间站、特高压直流输电工程、北斗卫星导航系统等都成为中国亮丽的国家名片，也是世界上的知名品牌。同时，我国也有许多与民生相关的企业，经过了几十年的艰辛努力，走向了知名品牌之路。下面介绍一下，他们是怎样培育和打造知名品牌的。首先向大家介绍的是"波司登"品牌一路走来的故事。

波司登股份有限公司（以下简称"波司登"）创始于 1976 年，地处江苏省常熟市，专注于羽绒服的研发、设计、制作，每一件羽绒服至少经过 150 道工序。近半个世纪来，波司登在羽绒、面料、工艺、版型等方面不断创新，羽绒服品质和保暖性广受国内外消费者好评。

波司登发展取得的辉煌成就，还要追溯到 1992 年。那年，波司登董事会主席、总裁高德康，对当下的生产方式并不满意，生产的大量产品最终贴上了别人家的品牌才能出售。虽然为其他企业贴牌加工羽绒服可以挣到钱，但这并不是他想要的，也不是企业可持续发展之路。他深刻认识到，代工生产（OEM 模式）挣到的钱是不稳定的，说停就停，常常要看人家脸色，听人家指令，受制于人。经过深思后，他做出了一个正确且具有历史意义的重大选择，决定跳出代工限制，注册具有自主知识产权的品牌，于是"波司登"这个注册商标诞生了。这个名字听起来颇有点洋味，据说其灵感来源于"波士顿"。

仅有一个好听的名字不等于就是知名品牌了，波司登在走向知名品牌的路上进行了大量的培育实践，走过了几十年打造知名品牌的艰辛之路。在如

何培育波司登品牌上，高德康董事长花费了大量心血和力气，一直不懈努力，迄今一提起品牌培育之路，他仍非常感慨。回忆起品牌创立过程，在研发方面投入了大量资金，在设计、技术、标准、质量、人力、财力、宣传和市场开拓等方面同时发力。他感受较深的是，企业不仅要有品牌战略，还要实施品牌战略。多年来，波司登积极实施品牌战略，拥有"波司登""雪中飞""康博"三个中国驰名商标。

1997年，波司登的国际战略初露眉目，当波司登在国内实现了快速成长以后，一举在全球68个国家注册了"波司登"的商标专利。1999年，波司登正式进入瑞士市场，这是波司登进入国际市场迈出的第一步。2007年9月，波司登被国家质监总局、中国名牌战略推进委员会联合评定为"中国世界名牌产品"，成为中国服装行业首个"世界名牌"。2009年，被中国纺织工业协会授予"中国纺织服装领军品牌"称号。2011年，波司登荣获中国工业大奖，成为当时国内消费品领域唯一获此殊荣的企业。2012年，波司登在英国伦敦开设旗舰店并设立欧洲总部。2021年，波司登品牌成为2021全球最有价值的50个服装时尚品牌排行榜中的一员。波司登羽绒服畅销美国、法国、意大利等72个国家，全球超2亿人次在穿。

（二）品牌并购

荣获中国工业大奖表彰奖的浙江吉利控股集团有限公司（以下简称"吉利"），始创于1986年。在打造"吉利"汽车品牌的同时，采用全球并购的方式，加快发展。迄今为止，吉利完成了三次海外并购，即在并购英国锰铜、澳大利亚DSI自动变速器公司的基础上，于2021年3月成功收购了瑞典沃尔沃汽车公司100%的股权，包括知识产权的收购，这使得吉利成为中国汽车行业第一家跨国公司。

"沃尔沃"是瑞典著名汽车品牌，1924年由阿萨尔·加布里尔松和古斯塔夫·拉尔松创立，该品牌汽车被称为世界上最安全的汽车。成立于1927年的沃尔沃公司生产的每款"沃尔沃"品牌轿车，处处体现出北欧洲人的品质，给人以朴实无华和富有棱角的印象。

收购之前，吉利清楚地认识到，用"吉利"品牌进入高端市场显然是行不通的。为了摆脱"吉利"品牌在消费者心中的低端制造形象，吉利决定收购沃尔沃，这也是其突破品牌发展瓶颈的一个最有效的路径。从吉利品牌发展战略看，成功收购沃尔沃后，在维持沃尔沃的高端品牌形象的同时，再通过沃尔沃技术进行消化吸收再创新，对提升"吉利"等品牌汽车的技术性能大有帮助。再利用细分的吉利、华普、帝豪、沃尔沃这些品牌来划分不同的市场。"沃尔沃"品牌主打中高端市场，"吉利"品牌抢占中低端市场，运用这种品牌实施战略对"沃尔沃"和"吉利"品牌汽车进行了合理定位。此外，吉利在收购沃尔沃之后，其汽车设计理念也逐步融入了其他产品并衍生出新的设计理念，提升了"吉利"等品牌汽车产品的性能和市场竞争力。

吉利始终坚定地一步一个脚印地前行。收购沃尔沃后，首先做到的是维护好沃尔沃80多年积淀下来的国际知名品牌形象，继续保持沃尔沃在欧洲市场的品牌美誉度。努力在原有品牌和市场的基础上，进一步提高产品质量，加强宣传，维护老客户，争取新客户。

收购沃尔沃，无论是对吉利，还是对中国汽车工业，都具有里程碑式的意义。没有中国改革开放的成功，没有李书福这样的民营企业家的执着和胆识，就没有中国企业收购沃尔沃这样的事情发生。收购后，沃尔沃汽车产销两旺，2011年，沃尔沃汽车在全球销售了44.8万辆，同比增长20%，实现扭亏为盈。沃尔沃全球员工满意度达84%，充分体现了沃尔沃员工在新的所有权架构下的向心力、凝聚力和战斗力。沃尔沃和吉利这两个不同层次的汽车品牌携手，共同参与了全球市场竞争。2012年度《财富》公布世界500强企业排名：2011年吉利以233.57亿美元的营业收入首次跻身于世界500强企业。

（三）联合品牌

所谓联合品牌就是利用他人知名品牌的市场影响力和竞争力，提升自己的产品市场地位。我国工业起步晚、基础薄弱，当我国企业产品品牌一时不能打开市场或开拓市场比较慢时，这种联合他人品牌的方法则较为有效。这种方式也被称为嫁接品牌。联合或嫁接一个知名品牌，不是完全借用别人的品牌，也不完全是使用自己的品牌，而是把两者联合起来。这样做有两个好处，一是自己的品牌价值得到提升，易被消费者接受。二是可以学习和借鉴

联合品牌商的技术和管理，全面提升自己企业的综合实力。经过一段时间的联合，待市场时机成熟，再单独打造自己的品牌。例如，在我国的家用电器行业，如今的世界品牌"海尔"也走过这样一段发展之路。改革开放初期，海尔集团与德国家电企业搞联合品牌，产品品牌叫"琴岛－利勃海尔"，琴岛是青岛的别称，利勃是德国企业的品牌。合作期结束后，海尔集团把商标名称去掉"琴岛－利勃"，最终成了"海尔"，成为地地道道的中国品牌，这实际上也是通过联合品牌逐渐生成的自主品牌。

值得注意的是，完成这一品牌演进的关键在于要掌握好"联"与"分"的时机，这一点非常重要。联合的目的不是要长久依靠，而是借助他人品牌的市场影响力和竞争力的优势，特别是要学习和掌握该品牌产品制造技术、管理方法，以及品牌战略实施的路径。如果不能完成品牌联合的分离，就没有达到打造自主品牌的目的，也可以说品牌战略的实施是不成功的。

四、品牌市场竞争力的测定

在企业品牌战略实施中，要经常对企业的品牌进行跟踪和监测，要定期对企业和产品品牌的市场竞争力进行测定。只有及时了解品牌实施的情况，才能有效调整或深入开展品牌战略实施的推进工作。作者从多年的品牌培育工作中体会到，企业品牌竞争力评价可以从五个方面建立评价体系，包括市场竞争能力、消费者购买力、财务净收益力、品牌培育能力、品牌发展潜力，即五力评价体系。

（1）市场竞争能力，包括品牌知名度、美誉度、国内外市场占有率、全球与国内消费者的回购率、品牌溢价能力、品牌生存年限等。

（2）消费者购买力，包括品牌消费者的忠诚度、信任度、依赖度、购买的排他性，以及全球或国内市场消费者购买数量的增长能力等。

（3）财务净收益力，包括品牌产品销售收入、净利润、同比净利润增长力、全员劳动生产率、总资产贡献率等。

（4）品牌培育能力，包括企业领导对品牌战略推进重视程度、技术含量、产品质量标准、培育资金投入、品牌深化宣传等。

（5）品牌发展潜力，包括技术创新能力、发明专利数量、世界同行企业排位、研发强度、人才力量、品牌定位、品牌文化等。

企业可以参照以上各项指标并结合实际，制定品牌考核测评指标体系，确定考核指标及权重，建立一、二、三级品牌市场竞争力测评体系。此体系的建立，有利于感知产品品牌市场变化，有利于企业有针对性地开展品牌培育工作，更有利于提升企业的品牌战略实施水平。

第五节　环境保护实行一票否决

2018 年 5 月，习近平总书记出席全国生态环境保护大会并发表重要讲话，再次强调要全面推动绿色发展。绿色发展是构建高质量现代化经济体系的必然要求，是解决污染问题的根本之策。我国提出，碳排放力争于 2030 年前达到峰值，力争于 2060 年前实现碳中和，也被称作碳达峰、碳中和"3060"目标。要实现绿色发展目标，从企业层面来看，要进行环境保护治理与改造，投入一定的资金。据介绍，一般的企业环保治理资金投入平均在总销售额的 1% 左右，发达国家的投入一般在 3% 左右，因此，尚有一定的差距。

中国工业大奖评审把保持生态环境、绿色制造和绿色发展作为一项重要考核内容且采取了一票否决制。在申报当期的前 2 年，凡是受到政府环保部门行政处罚的企业，不得申报中国工业大奖企业和项目的评审。凡是在评审中发现有受过政府环保部门处罚的企业，一律取消评审资格。对于已经拿到奖项的企业，也要做出相应的处理。同时，还要求申报中国工业大奖企业或项目的企业，排污指标要达到同行业国际先进水平或国内领先水平。所以，企业一定要把生态环境保护作为企业生存发展的前提。总之，企业发展必须要做到环保优先，坚持绿色发展和绿水青山就是金山银山的理念不动摇。企业要做好清洁生产、绿色制造，就要在"三废"治理方面下大功夫。

一、工业废气污染方面

生态环境部发布的《2021 中国生态环境状况公报》显示，2021 年全国 339 个地级及以上城市中，218 个城市环境空气质量达标，占全部城市数的 64.3%，比 2020 年上升 3.5 个百分点；121 个城市环境空气质量超标，占 35.7%，比 2020 年下降 3.5 个百分点。若不扣除沙尘影响，339 个城市环境空气质量达标城市比例为 56.9%，超标城市比例为 43.1%。

339 个城市平均优良天数比例为 87.5%，比 2020 年上升 0.5 个百分点。其中，12 个城市优良天数比例为 100%，254 个城市优良天数比例在 80%~100%，71 个城市优良天数比例在 50%~80%，2 个城市优良天数比例低于 50%。平均超标天数比例为 12.5%，以 $PM_{2.5}$、O_3、PM_{10}、NO_2 和 CO 为首要污染物的超标天数分别占总超标天数的 39.7%、34.7%、25.2%、0.6% 和不足 0.1%，未出现以 SO_2 为首要污染物的超标天。[1]

空气污染物主要包括：颗粒物、碳氧化物、硫氧化物、氮氧化物、碳氢化合物和其他有害物质。在大多数工业企业生产中，因行业和产品不同，在制造生产过程中会有不同种类空气污染物排出，这就要求生产企业做好排放废气的处理，使其达到国家排放相关标准后再排空。这一方面，各中国工业大奖申报企业要特别重视，在工业废气污染治理方面必须下大力气，加强治理，坚持做到不达标不排放。

在中国工业大奖企业中，有一些企业做得较好。如荣获中国工业大奖的珠海格力电器股份有限公司，加大研发力度向绿色发展发力，成功研制出基于磁悬浮转子技术的空调压缩机，实现了空调机的无污染排放，现已批量出口，畅销国际市场。沪东中华造船（集团）有限公司制造的 23000 TEU 超大型双燃料集装箱船，是世界上第一艘应用双燃料的集装箱船，以液化天然气为动力，从源头上降低了氮氧化物、硫氧化物、二氧化碳等有害气体排放，

---

[1] 中国政府网，2022 年 5 月 28 日。

做到绿色航行，减少了对公海的空气污染，得到世界人民的称赞。

近年来，党中央非常重视大气环境保护和大气污染的防治，狠抓绿色低碳技术攻关，加快先进适用技术的研发和推广应用。各行业都在加大研发力度，从根本上解决碳排放的问题。2022 年 8 月，我国最大的碳捕集、利用与封存（CCUS）全产业链示范基地、国内首个百万吨级 CCUS 项目——齐鲁石化—胜利油田百万吨级 CCUS 项目正式注气运行，标志着我国 CCUS 产业开始进入成熟的商业化运营阶段。CCUS 是减少二氧化碳排放的关键技术之一，把生产过程中排放的二氧化碳捕集提纯，投入新的生产过程再利用或封存，可直接减少二氧化碳排放。在碳利用与封存环节，向油井注入二氧化碳，可大幅提高石油采收率，同时二氧化碳通过置换油气、溶解与矿化作用实现地下封存，做到变废为宝。齐鲁石化—胜利油田百万吨级 CCUS 项目被誉为"工业森林"，投产后每年可减排二氧化碳 100 万吨，相当于植树近 900 万棵、近60 万辆经济型轿车停开 1 年，可有力推进化石能源洁净化、洁净能源规模化、生产过程低碳化，形成可复制、可推广的 CCUS 产业发展经验。

二、工业污水方面

生态环境部发布的《2021 中国生态环境状况公报》显示，2021 年，长江、黄河、珠江、松花江、淮河、海河、辽河七大流域和浙闽片河流、西北诸河、西南诸河主要江河监测的 3117 个国考断面中，Ⅰ～Ⅲ类水质断面占 87.0%，比 2020 年上升 2.1 个百分点；劣 Ⅴ 类占 0.9%，比 2020 年下降 0.8 个百分点。主要污染指标为化学需氧量、高锰酸盐指数和总磷。长江流域、西北诸河、西南诸河、浙闽片河流和珠江流域水质为优，黄河流域、辽河流域和淮河流域水质良好，海河流域和松花江流域为轻度污染。❶

工业生产过程中产生的污水主要包括生产废水、生产污水及冷却水等。工业废水造成的污染主要有有机需氧物质污染、化学毒物污染、重金属污染、酸污

---

❶ 中国政府网，2022 年 5 月 28 日。

染、碱污染、植物营养物质污染、热污染、病原体污染等。许多污染物有颜色、臭味或易生泡沫，因此工业废水常使人感到厌恶，并且威胁人们的生命和健康。

工业生产过程中产生的污水具有广泛性，但是经过污水处理后进行再排放是非常有必要的，也是中国工业大奖申报要求之一。没有达到污水排放标准而排放的企业，一经查实，立即取消评审资格，并取消下一届中国工业大奖申报资格。不仅如此，受过政府环保部门处罚的企业，近四年没有申报资格，再申报也被视为重点审查对象。

有许多的中国工业大奖企业，在工业污水处理方面做得很好，如中国工业大奖获奖企业——双良节能系统股份有限公司（以下简称"双良公司"），在 10 年前就开始了"三废"治理工作。国家出台新修订的《中华人民共和国环境保护法》（以下简称《环保法》）对工业废水排放做了严格规定，而双良公司早在 2013 年就开始进军工业废水"零排放"领域，成功开发出工业高盐废水零排放系统。通过对工业废水进行高效蒸发浓缩，使淡水和盐分分离，淡水回收率达 95%。同时还实现了废液资源化利用，其"治水"技术得到了行业专家的称赞。双良公司的"治水"不仅体现在工业领域，还体现在生活领域，彰显了一种企业履行社会责任的精神。双良公司出巨资收购浙江商达环保有限公司，全面参与村镇污水治理工作。该公司通过先进的生化处理技术和物联网技术实现了分散式城镇污水达标处理和专业化运行管理，将工业污水处理和村镇污水处理有机结合，实现对无锡锡山区 700 余座农村污水设施的有效管控。凭借第三方市场托管，有效降低了政府部门的治理成本，累计为浙江、江苏等地区 3000 多个行政村、100 多个乡镇提供村镇污水智慧治理服务。

在《环保法》颁布实施的大背景下，企业要发展就必须依靠科技进步、加强研发攻关、开辟发展新途径。河北晨阳工贸集团有限公司（其项目获得中国工业大奖表彰奖），由一家生产传统油漆的企业，顺应形势发展，变成了生产水漆产品的企业。随着环境问题的日益凸显，企业困境也逐渐显现出来，该公司清楚地认识到，产品转型升级十分迫切，限制油漆生产与使用，鼓励水漆发展的趋势已经十分明显，随着中国可持续发展战略的实施，未来中国涂料行业必将向绿色发展方向转变。要想把企业做强做大，就要走绿色发展之路，真正实现生态效益、经济效益、社会效益的多赢，于是，该公司下定决心，向水漆领域进军。当时，在我国工业涂料中水漆所占份额还不足5%，经过艰苦攻关，该公司终于研制出水漆技术，并建立起了年产十几万吨的智能化生产线。事实告诉我们，企业要实现可持续发展，必须坚定不移地走绿色发展之路。

三、工业固体废物污染方面

一般工业固体废物系指未列入《国家危险废物名录（2021年版）》或者根据国家规定的危险废物鉴别标准认定其不具有危险特性的工业固体废物，如粉煤灰、煤矸石和炉渣等。一般工业固体废物分为一类和二类。

一类：按照《固体废物　浸出毒性浸出方法翻转法》（GB 5086.1—1997）进行浸出试验而获得的浸出液中，任何一种污染物的浓度均未超过《污水综合排放标准》（GB 8978—1996）中最高允许排放浓度，且pH值在6~9的一般工业固体废物。

二类：按照《固体废物　浸出毒性浸出方法翻转法》（GB 5086.1—1997）进行浸出试验而获得的浸出液中，有一种或一种以上的污染物浓度超过《污水综合排放标准》（GB 8978—1996）中最高允许排放浓度，或者pH值在6~9之外的一般工业固体废物。

生态环境部发布的《2020年中国生态环境统计年报》显示，2020年全国一般工业固体废物产生量为36.8亿吨，综合利用量为20.4亿吨，处置量为9.2亿吨。全国工业危险废物产生量为7281.8万吨，利用处置量为7630.5万吨。工业固体废物因行业生产产品特点所决定产生的种类和数量不等，不仅要在固体废物的治理上下功夫，而且在固体废物的移动上也要遵守国家环境部门的规定。工业固体废物中煤矸石来自煤矿，在煤炭采掘时会有一些燃烧值低的非煤灰非石头物产生，这部分物质会形成固体废物。在处理煤矸石并用其发电，将废物变能源方面，荣获中国工业大奖表彰奖的山西平朔煤矸石

发电有限责任公司，对煤矸石燃烧发电进行了探索并取得了成功。该公司经过研究和试验，形成了一系列利用煤矸石发电的技术，包括 300MW 级、1065 吨循环流化床锅炉燃用 3000 大卡以下煤矸石、煤泥、风氧化煤等低热值燃烧技术，分室定位反吹风袋式除尘器技术，粉煤灰复合掺和料制备混凝土技术，锅炉尾部烟气喷淋脱硫装置技术，大型循环流化床锅炉联合排渣装置技术等，使排放的颗粒物、SO_2、NO_2 达到《环境空气质量标准》（GB 3095—2012）。同时，粉煤灰综合利用率达到了 100%。

另外，企业要注重走循环经济发展之路，减少"三废"污染排放，这是提高企业经济效益的有效方法。如荣获中国工业大奖的黄陵矿业集团有限责任公司，是一家煤炭生产企业，在整个生产过程中实现了废水废物的再利用，降低了生产成本，提高了企业经济效益和社会效益。该公司利用煤矸石发电，再把燃烧后的煤灰作为建筑泡沫砖的原料，把洗煤的水进行净化，净化后的水一部分回用，另一部分用于生产建筑用砖，基本实现了固体废物和污水的零排放。

总之，坚持绿色发展、加强环境保护已经成为全球的共同话题。2016 年，作者考察过一些国家，了解了德国鲁尔工业区的改造以及北欧国家的绿色城市建设，如丹麦，丹麦绿色国度是一个 PPP（公私合作）组织，主要任务就是推广绿色发展。在能源发展方面，特别注重新能源替代化石能源。图 6-3、图 6-4、图 6-5 是美国、欧盟和中国三大能源消耗体之间的一个比较，不难

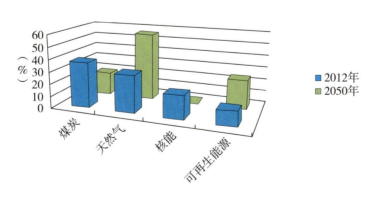

图 6-3　美国能源结构发展趋势

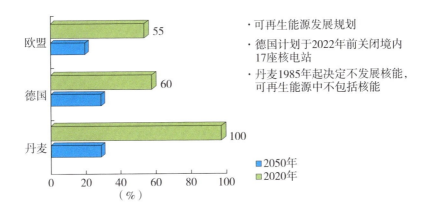

图 6-4 欧盟及德国、丹麦能源结构发展趋势

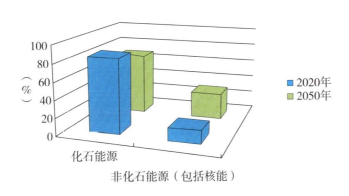

图 6-5 中国能源结构发展趋势

看出欧盟国家显然走在了世界前列，而丹麦表现尤其突出。

以"零碳"为目标的"丹麦绿色发展"模式，已经成为全球探寻能源供应和能源安全最为成功的"实验室"。丹麦人的目标是：到2050年新能源全部替代化石能源，实现零碳排放。丹麦绿色发展的成功经验可以归纳为五个方面。

一是政策先导。丹麦政府把发展低碳经济置于国家战略高度，制定了适合本国国情的能源发展战略，为国家彻底结束对化石燃料的依赖，构建起无化石能源体系设计总体方案，并就如何实施制定了路线图。丹麦政府采取了一系列政策措施：进口天然气来源地限于北海和德国；利用废水发电供热；

发展区域供暖系统；大力发展风能；增加国家支持的能效技术、新能源技术研发投入；鼓励工业和生活节能等。丹麦政府不断细化和完善相关能源政策，利用财政补贴和价格激励，对生物质能发电采取财政补贴；对"绿色"用电和近海风电实行优惠定价，采用固定的风电价格。在卖给消费者之前，国家对所有电能增加一个溢价，这样电的价格就统一了。丹麦政府在建筑领域引入了"节能账户"机制，就是建筑所有者每年向节能账户支付一笔资金，消费金额根据建筑能效标准乘以取暖面积计算，分为几个等级，如达到最优等级则不必支付资金。经过能效改造的建筑可重新评级，作为减少或免除向节能账户支付资金的依据。

二是立法护航。在丹麦的可持续发展中，政府和立法机构始终扮演着非常重要的角色，主要是从立法入手，通过经济调控和税收政策，使丹麦成为欧盟第一个真正进行绿色税收改革的国家。自丹麦 1993 年通过环境税收改革决议以来，逐渐形成了以能源税为核心，包括垃圾、废水、塑料袋等 16 种税收的环境税体制，能源税的具体举措则包括从 2008 年开始提高原有的二氧化碳税和从 2010 年开始实施新的氮氧化物税标准。

三是公私合作（PPP）。丹麦政府在商业中融合自上而下的政策和自下而上的解决方案，这种公私合作模式可以有效促进领先企业、投资人和公共组织在绿色经济增长中取长补短，更高效地实现公益目标。

四是技术创新。丹麦政府和国民具有强烈的忧患意识，把发展创新节能技术和可再生能源技术作为发展的根本动力。近年来，能源科技已成为丹麦政府的重点公共研发投入领域。通过制定《能源科技研发和示范规划》，确保对能源科技的研发投入实现快速增长，最终将成本较高的可再生能源技术推向市场。

五是教育为本。丹麦如今的"零碳转型"基础，与其一百多年前从农业立国到工业现代化转型的基础一样，均是依靠丹麦特有的全民终生草根启蒙式的"平民教育"，通过创造全民精神"正能量"而达到物质"正能源"，从而完成向着以人为本、尊重自然的良性循环的发展模式的"绿色升级"。

绿色理念在丹麦得以充分体现。就绿色出行来说，丹麦人均自行车拥有量为 0.83 辆（中国仅为 0.32 辆 / 人），是名副其实的"自行车王国"。

第六节　降低资源能源消耗

随着全世界工业制造活动不断进行，全球的资源和能源被大量消耗，且造成了环境污染，然而许多的资源和能源是不可再生的。据了解，我国矿山资源被大量采掘，工业能源消耗占全国能源消耗总量的 80% 左右。因此，中国工业大奖评审还要求申报企业原材料利用率、再生资源利用率要高，资源和能源消耗要低，能够达到同行业国际先进水平或国内领先水平。

企业要实现可持续发展，必须要节约资源能源。一方面，大力发展清洁能源的开发利用，如水能、风能、太阳能、氢能等，减少对化石能源的使用；另一方面，做好能源的节约和综合利用。如中国工业大奖获奖企业——陕西鼓风机（集团）有限公司（以下简称"陕鼓集团"），在生产区研发了全球首个陕鼓能源互联岛系统解决方案——分布式能源智能综合利用项目（以下简称"陕鼓能源互联岛系统解决方案"）。该项目实施后，节约土地 50.25%，节约天然气 36.9%，减少工作人员 58.6%，年运营综合成本下降 24.5%，二氧化硫排放量下降 52%，二氧化碳排放量下降 52%，氮氧化物排放量下降 27%。该项目实施所取得的成效使陕鼓集团成为全球鼓风机行业能耗最低、排放量最少的智能制造企业。

陕鼓能源互联岛系统解决方案也可广泛应用于其他工业行业。如应用在某钢铁企业 (500 万吨 / 年)，使其能源利用率提升 3%~5%，能源回收率提高 10%~15%，吨钢成本下降 4%~6%，人员减少近 100 人，每年增加经济效益不低于 1.5 亿元。在石油化工领域，陕鼓能源互联岛系统解决方案应用于某企业（550 万吨 / 年）重油催化热裂解项目，使能源利用率提升 3%~5%，能源回收率提高 8%~10%，吨产品成本降低 100 元，人员减少 120 人，每年增加经济效益不低于 1.2 亿元。陕鼓能源互联岛系统解决方案使某商用车制造企业的园区占地面积减少 15%，运营人员减少 50%，中水回用率达 100%，大幅减少了二氧化碳、二氧化硫、氮氧化物等的排放，实现单车能耗下降 5%。另外，在"一带一路"沿线国家，陕鼓能源互联岛

系统解决方案使塞尔维亚钢铁企业吨钢成本降低了 100~150 欧元。

　　同时，在工业制造企业的生产中，也要加强利用信息化技术对传统产业的升级改造，在节约资源能源方面发力。中国工业大奖获奖项目——山东康平纳集团有限公司（以下简称"康平纳集团"），在利用信息化技术改造传统产业方面树立了榜样。康平纳集团从事毛纺织物染整生产近 20 年，是国内首家创新应用半精纺工艺开发生产高档毛粗纺休闲面料的企业。凭借多年来创新积累的染整工艺经验，坚持两化融合创新驱动、设备创新的理念，以染整智能制造技术与装备的研究和产业转化推广、实现纺织印染行业装备智能化为目标，与中国机械科学研究总院集团有限公司、中国科学院自动化研究所、山东大学、华东大学等科研院所和高校实行产学研合作，将"互联网＋"技术与机械行业的先进理念成功应用于传统纺织印染行业，实现了生产过程的自动化和智能化，真正做到了产品工艺与设备工艺、纺织工艺与智能装备、"互联网＋技术"与传统印染行业改造升级的有机结合，成为工艺创新驱动、装备技术创新、两化融合再创新的典范。康平纳集团抓住两化融合的战略机遇，顺应"互联网＋"发展趋势，在前期研制的筒子纱数字化自动染色成套技术与装备基础上，充分利用互联网、工业云、物联网等新一代信息技术，建设筒子纱染色智能工厂，通过升级染色机，多参数在线监测与决策、染料助剂实时输送精度与效率，染缸、自动脱水和自动烘干单元的信息交互能力与安全互锁，实现染色系统工艺装备自优化、安全、可控、可靠，采用 RFID 技术升级装卸纱机器人、AGV、智能天车及立体仓库等，多种物流设备高效联动，实现智能化的装置和调度，物流链信息可视化、可追溯，升级开发能耗数据采集终端和管理系统，实现全生产过程能耗监测、预测、节能优化，建立基于云平台的远程服务系统，强化远程诊断和服务能力，升级中央控制系统，MES、ERP 系统，将智能化技术从单一染色生产线延伸至产品开发、工艺制定、络筒工段及原料成品仓库等，实现本企业的数据采集、分析、判断等功能。筒子纱染色智能生产工艺数据自动采集率达到 95% 以上，主机设备数控化率达到 92%，生产效率提高 28%，吨纱节水 60%、节电 45%、节蒸汽 58%，节约用工 70% 以上。康平纳集团筒子纱染色智能项目在纺织行业的推广应用，为国家节省了大量水资源、电力和蒸气能源等。该项目不仅被评为中国工业大奖项目，还入选了工信部"2015年智能制造试点示范项目"，成为全国首个纺织印染行业智能染色示范工厂。

第七节　人才是企业发展的重要力量

企业人力资源的力量，主要是指企业职工中大学及以上学历的技术人员所占比例，研发人员数量及所占比例，这些都是申报中国工业大奖企业被考核的指标。一个企业是否具有市场竞争力，在全球或国内是否具有行业引领能力，以及是否具有可持续发展能力，关键在于人才。企业产品的市场竞争力体现在技术水平的竞争上，技术水平的竞争又体现在企业人才竞争上，说到底还是人才的竞争。企业人才，尤其是高技能的人才，决定着企业的市场竞争能力和发展后劲。

2021年9月，中央人才工作会议在北京召开。习近平总书记强调，当前，我国进入了全面建设社会主义现代化国家、向第二个百年奋斗目标进军的新征程，我们比历史上任何时期都更加接近实现中华民族伟大复兴的宏伟目标，也比历史上任何时期都更加渴求人才。实现我们的奋斗目标，高水平科技自立自强是关键。在综合国力的竞争中，人才竞争起着重要的作用，人才是衡量一个国家综合国力的重要指标。国家发展靠人才，民族振兴靠人才。习近平总书记强调，我们的目标是：到2025年，全社会研发经费投入大幅增长，科技创新主力军队伍建设取得重要进展，顶尖科学家集聚水平明显提高，人才自主培养能力不断增强，在关键核心技术领域拥有一大批战略科技人才、一流科技领军人才和创新团队；到2030年，适应高质量发展的人才制度体系基本形成，创新人才自主培养能力显著提升，对世界优秀人才的吸引力明显增强，在主要科技领域有一批领跑者，在新兴前沿交叉领域有一批开拓者；到2035年，形成我国在诸多领域人才竞争比较优势，国家战略科技力量和高水平人才队伍位居世界前列。❶

---

❶ 全国政协网，2021年9月29日。

建设工业强国，企业是主力军，而企业需要人才。人才也是企业竞争的重要因素，通常企业把人力资源纳入企业战略管理内容，无论是技术人员、管理人员、服务人员等都要合理使用，要人岗匹配，特别是优秀人才更要重点培育和使用。不同类型的企业有不同的需求，不管什么企业，都要把人力资源和人才培养作为一项重要的工作来抓。在中国工业大奖企业中，有一些企业非常重视人才的引进、培养和使用。如中国工业大奖获奖企业——中国空间技术研究院（以下简称"航天五院"），始终把培养人才队伍作为一项重要工作来抓。月球探测工程对激发我国人民的科学热情，激励中华儿女开拓、奉献、创新的科学精神，有着深远的影响。在十余年的攻关历程中，航天五院探测器团队以加速推进我国空间技术，实现中华民族奔月梦想为使命，在起步晚、基础薄弱的情况下，瞄准国际前沿，坚持严谨细致、确保质量的工作作风，铸就了敢于担当、自主创新、团结协作、追求卓越的团队精神。坚持以神圣的使命感召人才，锤炼人才，以光荣的事业凝聚人才，吸引了众多青年学子投身航天科技事业，造就了一批具有世界水平的科学家和研究团队，保持了我国在航天等高新技术前沿领域的优势地位。航天五院经过十多年的知识积累和人才培养，不仅造就了一批年龄结构合理、业务素质过硬、富有创新精神、置身于世界科技前沿的科研队伍，还形成了以老专家、院士为顾问，以中青年专家为核心，以青年骨干为主力的老中青结合的人才梯队，在承担国家重大专项探月工程研制过程中锻炼了队伍，提高了创新能力，积累了丰富的技术知识和系统经验，为我国航空探测领域未来的发展奠定了坚实的技术基础，提供了人才支撑。此外，航天五院探测器团队还设置了高层次创新岗位，全面拓宽创新人才发展通道，建立了学科带头人考核激励机制，激发创新型科技人才不断涌现，制定了"自助、帮助、辅助、互助"四助政策，全面引领青年人才快速成长，并先后培养出"万人计划"科技创新领军人才，973计划首席科学家、总设计师、总指挥、副总设计师、副总指挥和主任设计师等多类型人才。该团队还获得了中国青年五四奖章集体、全国三八红旗集体等荣誉，多名骨干荣获了全国五一劳动奖章、中国青年五四奖章、中国青年科技奖等。如今，中国航天工业不断取得重大突破和辉煌成就，航天人才功不可没。

第八节　安全生产是企业发展的基石

　　中国工业大奖企业评审指标中有一项是安全生产，这既是大奖评审的充分条件，也是必要条件。特别明确，申报中国工业大奖企业或项目的企业，在申报当期的 2 年内，不得发生重大或较大的安全事故。一个好的企业如果出现安全事故，不仅给企业经济和发展带来重大损失，甚至会造成人员伤亡，对企业的声誉造成极坏的影响。如果发生的事故非常严重，不仅会造成大量的人员伤亡，还会造成企业停业。如果是易燃易爆行业类企业发生爆炸等事故，其后果更加不堪设想。所以，安全生产是考核企业的一项重要指标。企业要做好安全管理，应着重抓好预防工作，从源头开始，对全生产流程进行监控管理。同时，还要注意以下几个方面。

　　一是加强组织领导，建立健全规章制度。建立由企业领导牵头组成的安全领导小组，定期召开分析会，查找安全隐患，强化对重点项目、重点现场、重点时段的安全监督和监管，确保对重大安全风险的有效控制，推进隐患排查治理的常态化、规范化和科学化。强化安全生产理念，在日常工作中要做到"七想七不干"，即想安全禁令，不遵守不干；想安全风险，不清楚不干；想安全措施，不完善不干；想安全环境，不合格不干；想安全技能，不具备不干；想安全用品，不配齐不干；想安全确认，不落实不干。

　　二是建立风险分级控制机制。坚持严管严控严查严改，加强重点领域、重要部位、关键环节和敏感时段的安全监管监控；实行重点项目领导牵头督办，重大隐患项目由党组织成员和管理层领导督办；梳理明确所面临的安全风险，有针对性地研究建立从基层岗位到公司总部的风险分级控制机制。例如，中国工业大奖企业——中国石化大庆油田，为了杜绝事故的发生，始终加强现场监管，对每个施工区块、每项施工任务，在搞清地质情况、施工要求和外部自然环境的情况下，提前进行风险评估，并制定应急防范预案。特别是对水平井、深层气井、特殊复杂工艺井等，严格方案设计，强化过程控

制，实施有效监管，杜绝井喷失控等重大事故的发生。

三是利用信息化技术实施监控及风险评估。在加强组织管理和层层监督安全工作的同时，还要从科学角度防止安全事故的发生。对生产流程最具有风险的关键环节进行监查和检测，使用各种传感器和监视器随时将信息传送到控制中心，对安全隐患第一时间采取措施，消除和减少安全事故带来的损失，保障职工生命和国家财产安全。定期召开安全生产风险分析会，做好评估管理，强化责任意识，建立对各类安全生产事件责任追究机制。

四是建立应急救援体系。建立生产事故应急管理体系是企业做好应急管理的一项重要工作，一旦发生安全事故要有相应的应急预案。在认真总结应急管理工作经验、深刻吸取事故应急处置教训的基础上，以风险管理为核心，以基层建设为重点，以提高应急能力为着力点，不断加强应急管理体系建设。以中国石油化工股份有限公司（以下简称"中国石化"）为例，该公司认真贯彻落实国家关于加强应急管理工作的一系列指示精神，按照"以人为本，减少危害""预防与应急并重、常态与非常态结合"的工作思路，有针对性地加大工作力度，积极推进应急管理各项工作的开展。2011年，中国石化加强应急预案体系建设，重点将直属企业应急预案进行了修订、审查和备案；本着"简洁、实用、传承、提升"的原则，完成了《中国石化重特大事件应急预案》修订工作，着重在组织机构、应急响应程序、应急行动上作了较大调整，进一步提高了应急预案的实用性和可操作性。建立区域联防体制机制，修订了《区域应急联防管理规定》《区域灭火联防方案》，扩增联防区域，覆盖中国石化旗下所有企业；建立了9个应急联防区域，形成资源共享、协同联防、指挥有序的区域应急联防管理体系，提高了中国石化区域应急响应能力和协同应对水平，见图6-6。

五是建立职工安全健康体系。坚持以人为本，履行好企业的社会责任。劳动保护要齐全，做到没有劳动保护不开工、没有佩戴齐全劳动保护用品不上岗、劳动保护用品没有及时更换不上岗，切实抓好职工的劳动保护工作。同时，每年定期安排职工体检，关心职工身体健康，维护职工的合法权益。

图6-6　2014年6月中国石化胜利油田举行海上联合应急演练

第九节　加强企业管理和文化建设

企业管理包括计划管理、流程管理、组织管理、制度管理和文化管理。计划管理，使目标和资源相匹配。流程管理，是提高企业总体效率的关键，而时间是流程管理的重要因素。组织管理，分工明确，专人管理专门的事情。制度管理，像一只无形的手，约束着每位职工，但人不是机械，不能像执行程序一样去执行规章制度，只有让职工了解和理解制度的要求，才能使其有效主动去执行。文化管理，是企业价值观的体现。

企业文化是一项立体和深层的工程，贯穿企业运行的方方面面。企业文化分为文化建立和文化实施两个方面。通过对企业文化的战略策划、体系建设、推进落地、评估改进，推进企业文化建设深入开展。企业文化是在企业生产经营管理中，创造出的具有本企业特点的物质和精神财富，企业文化可以形成有形资产，也可以形成无形资产。企业文化能够激发职工的使命感，使其明确前进方向，增添力量。良好的企业文化不但能让职工在工作中实现自我价值，而且可以使职工产生社会责任感，以及一种建设好本企业无吾不可的强烈自豪感和归属感；企业文化能增加职工凝聚力，使职工具有相同的

奋斗目标和理想，对实现企业目标和企业发展起着重要作用；企业文化还体现在管理的许多方面，如规章制度、风险意识、防范意识等方面，职工要学习和贯彻落实；企业文化能够带给职工荣誉感和实现企业目标后的成就感。

在加强企业文化建设时，必须要突出企业的核心理念，企业的发展目标。要搞清楚企业激发职工靠什么？中国工业大奖获奖企业——徐州工程机械集团有限公司，确定了企业的文化理念体系，提出的企业愿景是："成为全球信赖、具有独特价值创造力的世界级企业"；企业使命是"探索工程科技，为全球工程建设和可持续发展提供解决方案"；核心价值观是"担大任、行大道、成大器"；新时代徐工"四种精神"是洞察发展规律的思辨精神、敢于刀刃向内的革命精神、识变应变求变的创新精神、聚力攻坚克难的登顶精神；"七大子文化"是创新文化、质量文化、学习文化、绩效文化、流程文化、安全文化、廉洁文化；广告用语是"徐工徐工，助您成功！"；等等。

企业文化还要体现企业对消费者的态度，体现企业对职工的关爱，体现企业对合作者的态度等。只有具有优秀的企业文化，企业才能做强做大。

第十节　产业链的完整与提升

在国际形势复杂多变和不可预测的情况下，一个国家制造业的产业链是否完整是一个重要的问题。产业链是产业经济学中的一个概念，即产供销，从原料、加工到消费者手中的整个产业链条，是各个部门之间基于一定的技术经济关联，并依据特定的逻辑关系、时空布局关系客观形成链条式关联关系的形态。产业链有价值链、企业链、供应链和空间链四个维度，包括动力供应、原材料生产、技术研发、中间品制造、终端产品制造、物流配送、售后服务等环节。所以，产业链和供应链的安全程度是产业发展的基础保障，也是助力国家产业高质量发展、保障实体经济运行、构建新发展格局的重要内容，更是国家经济安全的组成部分。值得注意的是，一个企业的供应链是其生存发展的关键。在关键材料、关键零部件和关键工业软件方面必须依靠自己，把核心技术和制造掌握在自己手中。对于一时不能自主解决的，要备有 2~3 家供货商，形成相对稳定的供应链，建立起牢固的产业集群。在产业链中，企业必须做好固链、修链、补链、强链、延链、全链，形成稳固的产业链，以便提升产业的价值链，努力向产业链中高端迈进。

申报中国工业大奖企业和项目时，不得有产业链中某一环节存在"卡脖子"的可能性，这会导致企业突然"死亡"。这也是中国工业大奖企业或项目评审中重要的考核内容。因此，中国工业大奖评审把企业是否具有完整产业链作为判断企业能否可持续发展的考核指标之一。可以说，构建具有特色一体化的全产业链，对于企业保持永续发展起到了重要作用。

航空发动机，一直以来被誉为现代工业"皇冠上的珍珠"。中国航空发动机技术研究起步较晚，一直是航空工业制造链条中的短板，有相当一段时期处于落后状态，特别是在军用飞机发动机领域受制于人。没有优良的飞机发动机，无论是发展民用飞机还是军用飞机，都显得底气不足，特别是在我国五代机歼 –20 的制造上，前期仍然需要依靠进口飞机发动机。这使得中国航空人明白一个道理，中国的飞机必须配有中国自己的飞机"心脏"，所以必须要补上这一环节，构成一条完整的产业链，否则就会被人"卡脖子"。党的十八大以来，中国航空人加快了高质量发展速度，奋起直追，提高航空发动机的研发强度，加大深研力度，开发设计、制造新型飞机发动机。同时，他们也清楚，飞机发动机是世界公认的制造业中的一大难题，要求性能高、设计难度大、加工技术高、材料有特殊性、工装和制造能力水平要求高。虽然攻克高性能飞机发动机技术如同攀登喜马拉雅山，但他们仍不懈地努力着。中国航空人，对党忠诚，有担当，以爱国主义情怀，在"航空报国"精神的鼓舞下，努力实现创新突破。经过了一系列艰苦的设计、研发、攻关、试验等，中国航空人终于自行研制成功了适用于五代航空的涡扇 –15"峨眉"发动机，自此歼 –20 战斗机终于换上我国自制的飞机"心脏"，并成为 4S 标准的第五代战机。随后，涡扇 –19、涡扇 –20 航空发动机也将研发成功，为我国各型号的歼击机、轰炸机、运输机、预警机等飞机制造提供了稳定可靠的保障，见图 6–7。

图 6-7　中国制造的飞机发动机

中国工业大奖获奖企业——新疆中泰化学股份有限公司，依托新疆蕴藏丰富煤炭、原盐、石灰石等自然禀赋，在全国氯碱行业中率先实行盐碱结合、碱电结合、资源和资本结合，构建以氯碱化工为龙头，各产业相互支撑的煤炭—电力—石灰石—电石—聚氯乙烯—电石渣制水泥一体化发展模式。2014年之后，该公司通过战略重组、项目投资，在全行业第一个实现了烧碱　黏胶纤维的有机结合，向下延伸形成煤—电—盐—烧碱—黏胶纤维—纺纱一体化循环经济发展模式，还发展形成了电石—乙炔气—碳产业链，以及烧碱—农业—渔业结合的特色一体化全产业链，形成各产业板块集群耦合、循环互补、协调发展的全新格局，为行业内循环发展提供了可借鉴的成功经验和模式。

第十一节　企业履行社会责任

企业履行社会责任也是中国工业大奖评审的考核指标之一，如在国家出现紧急情况需要企业支援时、积极为国家解决困难、对有质量问题的产品实行"召回"、对脱贫地区进行扶助、坚持绿色制造和节约资源能源等，都是企业履行社会责任的内容。企业在做强做大的同时，一定要履行好社会责任。企业是如何做的，又有哪些具体举措，成为中国工业大奖企业评审体系中考核的内容之一。

一、当祖国需要企业的时刻

2020 年 1 月 25 日，也就是刚刚迈入庚子年的大年初一，海尔 COSMOPlat 的几名创客，在看到各个社交平台发出一波波抗疫物资需求之后，萌生了搭建一个抗疫物资平台的想法。疫情之下，刻不容缓。平台于 1 月 28 日创建，1 月 30 日上线，到 2 月 6 日运行了整整一周的时间，海尔 COSMOPlat 依托全球平台和开放生态的优势，快速搭建的疫情医疗物资信息共享资源汇聚平台（以下简称"平台"），已经连接了医院 780 家，社区和企业等 500 多家，发布口罩等防护物资需求 2400 万件。从"全球采购"到"全球赋能"，平台率先实现了抗疫资源的精准对接。

波司登捐出价值 3 亿元羽绒服驰援武汉抗疫一线。此时此刻，全国大部分地区正经历着"倒春寒"，武汉最低气温已接近 0℃，波司登及时将羽绒服送到不分昼夜奋战在火神山、雷神山医院工地建设者们的手里，为战斗在一线的工作人员送去了温暖。

中国工业大奖企业徐工集团、三一重工等企业紧急驰援武汉，他们战斗在火神山和雷神山建设工地上，在与兄弟单位的配合下，仅用了 10 天就建成了武汉火神山医院，又用了 18 天建成了武汉雷神山医院，为武汉抗疫作出了实实在在的贡献。

二、脱贫扶贫是企业履行的社会责任

把企业与脱贫扶贫攻坚战结合起来，这种做法既发展了企业自身，同时又起到了扶贫助贫和脱贫致富的作用。如中国工业大奖表彰奖获奖项目——辣椒提取工艺技术装备创新及产业化项目，是由晨光生物科技集团股份有限公司（以下简称"晨光生物"）研制成功的。该项目实现了辣椒红提取率 98% 以上，辣椒油树脂提取率 97% 以上，使我国自主生产的辣椒红在国际市场占有率由不足 2% 增至 80% 以上（晨光生物占 55%）。晨光生物的产品生产原料

基地选定在新疆地区，带动了新疆 80 万亩甜椒种植农民年增收达 10 亿元以上，为新疆的脱贫扶贫作出了贡献。

中国工业大奖获奖企业——新疆中泰化学股份有限公司，勇于担当社会责任，致力于回馈新疆大地。通过大力发展劳动密集型绿色产业，解决了当地 3 万多人的就业问题，其中少数民族员工近万人，拉动就业 30 万人，实现了"就业一人，致富一家，转移一批，带动一片"的目标，彰显国有企业的引领魅力和责任担当。

三、把国家的需要作为企业社会责任

中国工业大奖获奖企业——九三粮油工业集团有限公司，以振兴中国大豆产业、振兴东北老工业基地为己任，以国家情怀和责任担当贯彻和践行了习近平总书记"中国人要把饭碗端在自己手里，而且要装自己的粮食"❶ 的重要指示精神。无论是面对国际粮商的打压，还是面对资本巨头的围剿，以及选用自己种植的大豆不如使用进口大豆经济效益好的影响，该公司始终坚守着种植非转基因大豆这片净土，稳产增产，增加农民收入，引领中国大豆绿色产业发展，保证大豆粮食供给，为国人守护着粮食安全和健康。坚持生产非转基因大豆，成为国家维护粮油安全和稳价保供的中坚力量。

四、企业履行社会责任形式多样

有一些中国工业大奖企业在默默地履行着社会责任，这种履行不是靠资金来实现的，而是靠节约国家资源能源来实现的。例如，由陕鼓集团实施的陕鼓能源互联岛系统解决方案为国家节省了能源消耗；有的企业从细小的地方着手，把夏天的雨水收集起来，贮存在地下水池中，经过过滤灭菌后，作为中水用于辅助生产，冲洗设备或车间地面等，每年大大节省了新水资源的

---

❶ 出自 2018 年 9 月 25 日习近平总书记在黑龙江省考察时的讲话。

消耗。所以，在履行社会责任方面不一定都是靠金钱来实现的。除此之外，对企业员工的关怀和关爱也属于履行社会责任的内容，关心职工的劳动环境、生产条件、劳动强度、休息条件、福利待遇等，都属于企业履行社会责任的内容。

第十二节　推进"一带一路"建设

"一带一路"倡议是在新的国际国内形势下，推动对外开放的新举措，是促进共同发展、实现共同繁荣的合作共赢之路，是增进理解信任、加强全方位交流的和平友谊之路。"一带一路"倡议强调相关各国要打造互通互利合作共赢的利益共同体和共同发展繁荣的"命运共同体"。截至 2021 年 11 月，中国与 141 个国家和 32 个国际组织签署了 200 多份共建"一带一路"合作文件。❶ 中国企业走出去，实施"一带一路"建设既是深化改革开放，也是实施"双循环"发展战略。中国工业大奖企业的评审，也要考核申报企业在践行"一带一路"方面的举措。那么推进"一带一路"建设从何入手呢？其实，一些中国工业大奖企业在推进"一带一路"建设方面有许多实践，他们在"一带一路"沿线国家建立了许多合作共赢的项目，并取得了成功经验。在此，向大家介绍其中部分企业在推进"一带一路"建设中的成功案例和取得的经验，供大家学习与借鉴。

中国工业大奖获奖企业——亨通集团有限公司（以下简称"亨通集团"）是一家致力于通信光网、智能电网及新能源新材料等领域的国家级创新企业。该企业自 21 世纪初开始了国际化的实践，经过探索和发展，在实施"一带一路"建设和发展中取得了一些经验。该公司开启了市场国际化、资本国际化、品牌国际化之路，也称为国际化"三部曲"。在部局国际化的过程中，亨通集团确立了国际化"555"的目标，即 50% 以上的产品销往海外，50% 以上的资本为海外资本，50% 以上的人才为国际化人才，充分利用国内国外两个大

---

❶ 中国政府网，2022 年 1 月 19 日。

市场、境内境外两类资本、国内国外两种资源。为实施"一带一路"倡议和建设，亨通集团提出"看着世界地图做企业，沿着'一带一路'走出去"的国际化发展战略，把"一带一路"视为亨通品牌迈向世界的"桥头堡"。亨通集团成功交付了代表中国高质量水平的马来西亚海光缆系统，与泰国、哈萨克斯坦、俄罗斯、巴基斯坦等国开展多项重点工程项目的合作。经过实践，亨通集团探索出了进一步扩大改革开放，向全球市场进军的发展之路，于是海外并购成为亨通集团全球布局的"先手棋"。亨通集团先后与印度尼西亚最大的线缆上市企业签署股权收购协议，成为其最大股东；在南非、西班牙等地区和国家也上演了一幕幕并购大戏；建立了产业基地和设立海外技术营销服务分公司几十处，在100多个国家和地区注册了海外商标。目前，业务覆盖了一百多个国家和地区，海外营销收入连续多年增长，成为亨通集团经济收入来源之一。

中国工业大奖获奖企业——巨石集团有限公司（以下简称"巨石集团"），从1995年在美国设立第一个地区独家经销商开始，到现在已经在美国、埃及、西班牙、法国、意大利、南非等十多个国家和地区建立了海外子公司，形成了完善的全球营销网络。但国际市场的经营并不是一帆风顺的，巨石集团也曾遇到过一些阻碍及问题。2009年，欧盟对我国玻璃纤维发起"双反"调查，并最终判定加征税率31.8%。随后，印度、土耳其都对我国生产的玻璃纤维征收了反倾销税。一时间，巨石集团身陷窘境，要么亏本生产，要么丢掉市场。这时，巨石人才意识到，虽然巨石集团的玻璃纤维产能是世界第一，但巨石集团不是世界级公司，也不是跨国公司，且产品较单一。要想突破困境，巨石集团必须走出去，搞国际化。按照"先市场、后建厂"的战略构思，巨石集团第一个海外投资项目选择在埃及，通过在其投资建厂辐射欧洲市场。这个总投资超6亿美元、产能20万吨的国际产能项目，在2018年全面建成投产，成为我国在埃及实体投资金额最大、技术装备最先进、建设速度最快的工业制造类项目，也是中非产能合作的典范，成为"一带一路"上的一颗耀眼新星。2016年5月，巨石集团与美国南卡罗来纳州签订了投资协议，正式拉开了在全球最大的玻璃纤维消费国建立生产基地的序幕。2019年，巨石美国股份有限公司第一条生产线投产，成为北美市场本土化的供应商，拉近了与客户的距离，提升了"巨石"品牌在当地的竞争力。除了非洲和美国，巨石集团还努力探索在东南亚、东欧等国家和地区投资建厂的可能性。通过玻璃纤维营销全球化布局，直销统一物流商业模式，从"以内供外"转向"以外供外"的盈利模式，实现"两头在外"和玻璃纤维生产战略性布局，探索出一条充分整合并利用全球资源的跨国企业发展之路。未来，巨石集团将实现产销全球化，在"三地五洲"建厂，即国内东中西部和全球五大洲都有其生产基地，巨石人将更勇敢地走出去、坚定地走下去、成功地走回来。

巴西美丽山特高压直流输电二期项目是南美巴西国家最大的输电工程，是由中国工业大奖获奖企业——国家电网有限公司独立投资、建设和运营的。该项目被称为贯穿巴西南北大陆的"电力高速公路"，是世界上同电压等级输电距离最远、直流滤波器性能指标最高、首个双回直流联合协调控制的特高压工程，可以为当地提供1万多个就业岗位。该项目的建设创造了多个世界新纪录，也成为巴西"零环保"的大型电力工程，作为"一带一路"建设和国际产能合作在南美的重要成功实践，两次在习近平主席和巴西总统的共同见证下获得开工和投运许可，对全面推进国家"一带一路"建设，加快提升我国企业国际竞争力，起到了重要推动和示范作用，这是中国和巴西提升全面战略伙伴关系的体现，也成为中国走向世界的又一张亮丽名片。

第七章
弘扬中华民族工业精神

中华民族有着 5000 年的悠久历史，有以爱国主义为核心的民族精神，艰苦奋斗、自强不息、勇于拼搏的优良传统。在中国共产党的坚强领导下，铸就了救亡图存的人民兵工精神，筚路蓝缕开国创业的大庆精神、铁人精神、"两路"精神、"两弹一星"精神、铁道兵精神、鞍钢精神、核工业精神、成昆精神、核潜艇精神、马灯精神，披荆斩棘改革争先的载人航天精神、青藏铁路精神、罗钾精神、东汽精神、三峡精神、预警机精神、航母精神，奋进新时代的北斗精神、探月精神、载人深潜精神、航空报国精神、中国高铁工人精神、大飞机创业精神等，汇聚出了中国工业精神谱系。这些工业精神充分体现了社会主义核心价值观，正是这些工业精神鼓舞着工业人向着世界制造强国进军。

第一节　大庆精神和铁人精神

大庆是个家喻户晓的名字，也是震撼世界石油界的大名。19 世纪 60 年代初，在松辽大地上，一场波澜壮阔、艰苦卓绝的石油大会战开始了，开启了中国石油工业的崭新篇章。以王进喜为代表的会战职工队伍以"宁肯少活 20 年，拼命也要拿下大油田"的铁人精神，先后战胜了无数艰难险阻，将中国当时"贫油"国的帽子甩到太平洋里，把"爱国、创业、求实、奉献"的大庆精神定格为历史的永恒，把铁人队伍的钢铁形象镌刻在亿万中国人民的心中。

2009 年 9 月，在庆祝大庆油田发现 50 周年之际，习近平总书记亲临大庆油田视察工作，高度评价大庆油田的贡献，并作了重要讲话。他指出，大庆油田的开发建设，铸就了以"爱国、创业、求实、奉献"为主要内涵的大庆精神和铁人精神，造就了一支敢打硬仗、勇创一流的优秀职工队伍，涌现了铁人王进喜、新时期铁人王启民等不少在全国很有影响的先进典型，形成了团结凝聚百万石油人的强大精神动力，集中展现了我国工人阶级的崇高品质和精神风貌。大庆精神、铁人精神已经成为中华民族伟大精神的重要组成部分，永远是激励中国人民不畏艰难、勇往直前的宝贵精神财富。❶一个国家的强大和昌盛是由精神力量支撑的。精神是追求，是动力，是支柱。新中国从一个"一穷二白"的石油贫乏国家，发展到今天的石油大国，取得了举世瞩目的巨大成就。大庆精神的主要内涵是：爱国，体现为为国争光、为民族争气的爱国主义精神；创业，体现为独立自主、自力更生的艰苦创业精神；求实，体现为讲究科学、"三老四严"的求实精神；奉献，体现为胸怀全局、为国分忧的奉献精神。大庆精神为中国石油行业立足了根基、充足了底气、赢得了荣誉，为中华民族争光。铁人精神的精髓，就是"爱国、创业、求实、奉献"的大庆精神的典型化体现和人格化浓缩，是中华民族伟大精神的重要组成部分，主要包括：为祖国分忧、为民族争气的爱国主义精神；早日把中国石油落后帽子"甩到太平洋里去""宁可少活 20 年，拼命也要拿下大油田"的忘我拼搏精神；干事业"有条件要上，没有条件创造条件也要上"的艰苦奋斗精神等。

铁人精神的形成，要从 1959 年说起，那时王进喜被评为甘肃省劳模，受邀到北京参加新中国成立 10 周年观礼会和全国"工农群英会"。当他走在北京大街上，看着因缺油顶着煤气包的公共汽车在马路上行驶时，作为一名石油工人，他心里很不是滋味，深深地为一名石油工人不能为国家打出更多的石油而难过。

---

❶ 新华网，《习近平在大庆油田发现 50 周年庆祝大会上的讲话》，2014 年 9 月 24 日。

20世纪60年代初，一个好消息传来，东北发现了大油田，王进喜非常激动，摩拳擦掌，恨不得一拳砸出一口井来。于是他立刻申请报名，决心参加大庆油田的会战。1960年3月，王进喜奉命从甘肃玉门油田率领1205钻井队奔赴大庆油田。全队职工日夜兼程，千里迢迢来到萨尔图，下了火车后，王进喜一不问吃、二不问住，而是找到油田生产调度室，问道：我们队的钻机到了没有？钻井的井位在哪里？这里的钻井最高纪录是多少？当他得知井位在马家窑附近时，立即带队步行两个多小时来到了井场。看到一望无际的大草原和黑油油的土地时，他禁不住为祖国有这样一片油田宝地而激动万分并高呼道：把贫油落后的帽子甩到太平洋里去吧。当天夜里，全队33人就住在当地农村的马厩、牛棚里，在野外风餐露宿。当钻机运到后，得知吊车和拖拉机数量不足时，他没有向上级申请，而是要求全队职工有条件要上，没有条件也要上，只能上、不能等，只能干、不能拖。为了抢时间，王进喜带领全队职工把钻机化整为零，使用撬杠和棕绳肩扛装卸，把钻机和设备从车站运到了马家窑的萨–55井场，并立即安装设备，竖起了井架。开钻时，需要大量的水来调制泥浆，但当时既没有铺设供水管道，水罐车也很少，全队职工不得不从500米外的冰泡子中破冰取水，用脸盆端了50多吨水，争取时间提前开了钻。在钻井过程中，突然发现有井喷迹象，万一发生井喷，整部钻机可能陷进地层，还会引起火灾，烧毁设备。为防止井喷发生，王进喜决定加大泥浆比重，但当时没有搅拌设备，在这千钧一发的紧要关头，王进喜带领几名工人奋不顾身，跳进泥浆池，用身体搅拌泥浆。经过两个多小时的奋战，一场井喷事故避免了，而王进喜和两名工人身上都被碱性很强的泥浆烧起了许多大泡。王进喜吃在井上，住在井场，饿了啃几口干粮，困了枕着砖头躺在成排的钻杆儿上休息一会儿。从安装钻机到第一口井的完成，王进喜一连七天七夜不下火线。当地赵大娘把饭菜送到工地上，她看见王进喜正带领大家拼命干，也顾不上吃饭时，感动地说："王队长可真是铁人啊。"从此铁人这个名字传遍了整个油田。

大庆精神为中国工业树立了一面旗帜，铁人精神激励着一代又一代中国工业人。大庆精神和铁人精神正在发扬光大，大庆涌现出新时期的铁人王启民、李新民，成了铁人王进喜的接棒人，使铁人精神得以传承。一代人有一代人的梦想，一代人有一代人的担当。在新时代，石油战线以一流技术，开拓创新，传承大庆和铁人精神，担负起产业报国的崇高责任，不让国家为缺少石油而为难，多打油、打好油，历尽千难万险，也要为祖国献石油。

第二节　航空报国精神

中国航空工业是在飞机修理基础上起家的。1950 年朝鲜战争爆发，为支援作战须尽快建设一支强大的人民空军，中共中央决定通过快速提高修理能力和配件制造能力来加速建设航空工业。1951 年 4 月，中央人民政府人民革命军事委员会和政务院颁发了《关于航空工业建设的决定》，标志着新中国航空工业的诞生。1951 年 8 月，国家重工业部提出，"3~5 年由修理走向制造的方案"，并在 6 天内得到了国家主席毛泽东的批示定案。1951 年 12 月，中央军委副主席周恩来主持会议，讨论批准航空工业发展方针和建设计划。针对折合 53.56 亿斤小米的资金需求，❶周恩来表示，国家准备拿出价值 60 亿斤小米的资金开展航空工业建设，这对于百废待兴的新中国来讲，无疑是一笔巨款。

被列入"一五"计划的军工项目有 44 项，其中航空工业有 17 项，占38.6%，可以说是数量多、规模大、投资多。确定重点建设 4 个飞机场、4 个发动机厂和 5 个机载设备厂，2 个科研所和 2 所院校。

"一片荒草窝儿，人少兔子多，耗子编队走，乌鸦来唱歌。"这就是形容当年位于哈尔滨市南郊平房区的航空制造基地。最早来建厂的 18 个人扎营在"九趟楼"，办公、住宿都在一起。冬天时，没有暖气，白天要从 4 公里外拉来冷冻饭菜，晚上睡觉常常被冻醒，甚至能把人冻哭，环境十分恶劣。就是在这样艰苦的环境下，1958 年哈飞仿制苏联米-4 直升机的直-5 飞机配装了东安发动机，并在哈飞机场首飞成功。

---

❶ 当时国民经济处于恢复时期，币值不稳定，故沿用中华人民共和国成立前解放区的习惯方法，制订计划是以小米数量作为费用和资金的计算单位。

1956 年 7 月，在苏联的帮助下，中国第一架喷气式飞机——歼-5 飞机飞上蓝天，宣告中国试制成功了新型飞机。10 月 1 日，歼-5 飞机在国庆节飞越了天安门广场。

但是，在 20 世纪 60 年代以前，我国空军装备的飞机大多是苏式的，从米格-15、米格-17、米格-19，一直到米格-21，很少考虑依靠自己的力量去研制军用飞机。直到公元 2000 年还没有一台我国自行设计的飞机发动机装到我国飞机上，这不仅影响了我国航空工业和研制部门的声誉，而且对我国军用飞机的发展产生了重大的制约，对保卫祖国领空也带来了严重的问题。

2000 年以前，我国战斗机一直处于第二代机水平，要做强我国航空工业，实现航空报国，就必须坚定走自主创新之路，加强设计、研发、制造，勇于挑战、敢于攀登。经过艰苦奋斗、冲破封锁、攻关克难，我国终于研制成功了歼-10 飞机并于 2004 年列装空军，实现了从第二代战斗机向第三代战斗机的跨越。同时，也得到了空军部队的好评，他们感慨地说，我军作战实现了"从捉襟见肘到得心应手"的转变。

进入新时代，我国航空实力更加强大了。2018 年在珠海航展上，歼-10B 作了"眼镜蛇机动""落叶飘"等精彩的飞行表演，更加耀眼的是，在这届航展上，4 架歼-20 作了飞行表演，庄严地向世界宣告：由中国自主研制的新一代隐身战斗机从第三代机水平提升到了第五代机水平，跻身于世界战斗机的强国之林。该机型已经列装空军作战部队。同时，还有一些强悍的机型也研制成功，并列装部队保卫着祖国的领空。如轰-6K 轰炸机、歼-15 舰载机、空警 600-预警机、运-20 大型运输机、直-20 直升机、翼龙和彩虹无人机系列等许多达到世界先进水平的战机。

与此同时，民用客机也有了长足发展，从新舟 60、新舟 600 到 2017 年试飞成功的 C919 中型客机。我国自主研制的 ARJ21 整机出口印度尼西亚，这使我国客机第一次走向国际航空市场。首架自主制造的民用客机 C919 也成功交付于东方航空公司，正式投入商业运营。我国自主研发的飞机发动机"太行""昆仑""玉龙"已经成为强有力且稳定的航空器的"心脏"。

为了更好地保卫祖国的大好海疆，必须实现从飞机的路基向海基的跨越，向海洋深蓝进军，因此，国家需要建造"航空母舰"。建造航空母舰不仅是船舶工业的任务，航空工业的任务也很重。"航空母舰"的主要作用就是要掌握海域上空的制空权，必须要有航母舰载机来完成，而这种飞机在世界上仅有少数几个国家能够建造。这对中国航空工业来说，无疑是前所未有的挑战。此项任务落在了荣获中国工业大奖项目的企业——沈阳飞机工业（集团）有限公司（以下简称"沈飞公司"）。歼-15（飞鲨）航母舰载机的研发和制造是一项极具挑战性的任务，不仅难度极大，实际应用风险也非常大，一旦飞机设计或制造中出现问题，就会造成机毁人亡事故。但是，如果没有航母舰载机，航空母舰的作用和意义也就不大了。研制航母舰载机的任务落在了时任沈飞公司董事长、总经理罗阳身上。他不畏艰险与困难，发扬王进喜的铁人精神，没有条件创造条件也要上，越是艰险越向前。据沈飞公司原党委书记谢根华介绍，当时研制的不仅是歼-15一种型号，而是多个飞机型号，任务非常繁重。罗阳同志不仅是歼-15这个项目的总指挥，还是好几个项目的总指挥。从接到航母舰载机的任务那天起，罗阳和他的团队就一直奋战在研制现场。工作节奏最初是"711"模式，即每周工作7天，每天工作11个小时。为了让中国的航母舰载机翱翔于蓝天，为了让航母舰载机驰骋于大海，在最后冲刺的1个月内，他的工作时间也达到极限，变成了"720"模式，即每周工作7天，每天工作20个小时。❶ 就在歼-15舰载机快上舰的时候，拦阻钩问题还没有得到解决，这可是一种重要的部件，如果拦阻钩达不到标准，钩不住缆索，飞机就无法着舰。因此，为了让舰载机减速着舰，不得不研制拦阻钩。面对没有任何可借鉴资料的情况下，研制拦阻钩成为一个新的难题。总指挥罗阳勇敢地带领着团队技术人员刻苦钻研，对每一个细节进行推敲，不断地调整主攻方向和研制模式，攻克了一个又一个难关，最终取得了成功。罗阳的这种勇于面对困难、攻坚克难、勇攀高峰的精神，影响和教育着身边的许多年轻人。

罗阳带领航母团队战斗了许许多多个日日夜夜，在攻克了一个又一个难关后，终于研制成功了歼-15航母舰载机。舰载机制造出来还不算完，还需

---

❶ 央广网，2018年10月22日。

要上舰的实战试验。为了完成这一艰巨任务，罗阳在 2012 年 11 月 18 日登上航母辽宁舰参加这次舰载机的起降试验任务。他一直在舰上紧张工作了一周时间，同时，心里承受了歼-15 航母舰载机能否在舰上起降试验成功的巨大压力。2012 年 11 月 25 日，中国第一代航母舰载战斗机"歼-15"成功完成着舰！这一消息引发世界瞩目，中国航母舰载机终于诞生了，填补了一项中国航空史上的空白。罗阳同大家一样也目睹了试验取得了圆满成功。但谁能知道，罗阳近几天来身体一直不太舒服，他没有告诉任何人，而是坚持着。也就是在同一天，2012 年 11 月 25 日，一个噩耗传来，罗阳积劳成疾，突发急性心肌梗死、心源性猝死，经抢救无效，因公殉职，享年 51 岁。

为有牺牲多壮志，敢教日月换新天。2012 年 11 月 26 日，习近平总书记对罗阳同志因公殉职一事作出重要指示，要求广大党员、干部学习罗阳同志的优秀品质和高贵精神。❶ 2012 年 11 月 30 日，国务院印发《国务院关于追授罗阳同志"航空工业英模"荣誉称号的决定》。

30 年来，罗阳从一个最基层的技术人员干起，从一个最基层的干部做起，他承担了所有航空航天人都要承受的寂寞和误解，但他从未有过怨言，而是履责担当。他用自己的学识、自己的人格魅力、自己的实干精神，将自己 30 多年的全部精力和智慧都奉献给了祖国的航空事业，直至生命最后一刻，他用身躯践行了航空报国的使命。

中科院院士，著名的导航、制导与控制工程专家梁思礼曾回忆说："在我小的时候，中国国内军阀混乱，国家衰败，民不聊生。……中华人民共和国成立 53 年后的今天，中国人不仅站起来了，而且还实现了首次载人航天飞行。从'东亚病夫'到世界瞩目的航天强国，从与狗并列到用自己的飞船送宇航员上太空，这是多么强烈的反差。"❷ 长期备受欺凌、压迫、侮辱的中国人明白了"国"的重要性，明白了国防对保家卫国、当家做主的根本意义。作为航空航天人，他们更明白了肩上的担子与责任。正是因为对祖国深厚的爱，对

❶ 国家政府网，2012 年 11 月 27 日。

❷ 梁思礼著，《中国航天精神》，《光明日报》，2003 年 10 月 17 日第 C1 版。

人民的拳拳之心，才有了更多的像罗阳一样的航空航天人，他们用一流的精神状态、一流的工作标准、一流的工作作风、一流的工作业绩，诠释了航空报国、强军富民的真谛，彰显了精益求精的学术精神、奋发图强的爱国情怀。

罗阳同志的优秀品质和可贵精神，大爱的胸怀、忘我的精神、进取的锐气，正是我们民族精神的最佳的写照。为弘扬航空报国、勇攀高峰的"罗阳精神"，中央决定成立"罗阳青年突击队"，从此，一群平均年龄30岁左右的年轻人，承担起了舰载机系列化急难险重的攻关重任。在中国航空工业沈飞工艺研究所，青年突击队员李晓丹博士，运用3D打印设备，生产应用于新一代战机上的零部件。随着激光灵动飞舞，一件件开关复杂的金属部件像被施展了魔法一样，自下而上凭空"生长"出来。3D打印技术在飞机制造上的应用，已经达到了规模化、工程化的应用，在世界上属于领先地位，引领了该类技术在这个领域的发展。但是，航空航天人不能忘记走过的困难之路，在起步阶段，团队没有任何资料、数据和经验可借鉴，研发和创新难度极大。作为青年突击队的牵头人，李晓丹带领团队仅用了28天，就打通了典型工艺样件在公司的全流程试制，以最短的时间创造了行业内高端装备零件生产的奇迹。李晓丹深有体会地说，这些成绩的取得正是源于"罗阳精神"的感召。❶如今，已有15000多支"罗阳青年突击队"。近日，习近平总书记在给沈飞公司"罗阳青年突击队"队员们的回信中写道，勉励他们学习贯彻好党的二十大精神，为建设航空强国积极贡献力量，争做有理想、敢担当、能吃苦、肯奋斗的新时代好青年。❷

中国航空人为中国航空事业谱写了美丽的乐章，创立了"航空报国"精神。2019年，"航空报国"精神的表述正式发布："忠诚奉献、逐梦蓝天"，这是一个宏伟的高度概括。作者认为，图强、拼搏、创新、攀登，也体现了"航空报国"精神。"图强"是中国航空人始终坚定对党忠诚和对祖国热爱的赤子之心，在中华人民共和国成立初期航空工业基础十分薄弱的情况下，不甘落

---

❶ 央视新闻网，《从跟跑到并跑 中国舰载机十年冲破了什么？》，2022年11月26日。
❷ 中国青年网，2022年11月19日。

后，怀着一种追求，就是要奋发图强地发展中国航空事业，把航空工业做强做大。"拼搏"是中国航空人不甘于落后，赶超世界先进，跻身于世界航空强国之林的内生动力。面对中华人民共和国成立初期的"一穷二白"，以及一直以来国际航空技术先进的国家对我国航空工业的打压和封锁，我们清楚地认识到，要实现航空技术水平的提高和突破就必须拼搏。"创新"是前进动力的源泉，在经历了学习和仿制国外飞机设计和制造技术的基础上，要实现航空技术研发的创新、突破和超越，就必须进行自主创新，走出具有中国特色的航空工业新路。实践表明，航空飞行器的一些机型设计、制造和航空发动机系列产品的研制成功，都是走自主创新发展之路取得的成果。"攀登"是航空人事业发展的理念，向着世界航空最先进技术和装备的目标奋进，用建设和实现世界航空强国的目标来回报祖国。崇高的航空人思想境界值得国人尊敬。

第三节　奋进新时代的北斗精神

2007年12月，中国航天科技集团有限公司（以下简称"中航科技"）是荣获首届中国工业大奖两家企业之一。中国航天事业走过了60多个春秋，形成了"自力更生、艰苦奋斗、大力协同、无私奉献"的航天精神。随着航天事业的发展和壮大，航天精神已经形成了精神谱系，包括"两弹一星"精神、载人航天精神、探月精神和北斗精神等，为航天事业发展，从无到有、从小到大、从弱变强，跻身世界航天强国提供支撑，鼓舞和激励着一代又一代的航天人。

2020年7月31日，习近平总书记郑重宣布："北斗三号全球卫星导航系统正式开通！"这标志着我国建成了独立自主、开放兼容的全球卫星导航系统，中国北斗走上了服务全球、造福人类的时代舞台。

1994年，北斗一号工程开始立项，经历了20多年的发展，北斗人秉承航天报国、科技强国的使命情怀，团结协作、顽强拼搏、勠力创新、攻坚克难，实现了从无到有、从有到优、从区域到全球的历史性跨越，实现了北斗系统工程建设的"三步走"发展战略，即到2000年，北斗一号为中国本土服务；到 2012 年，北斗二号为亚太地区服务；到 2020 年，北斗三号为世界各地服务。北斗人一次又一次刷新中国速度、创新实现突破、大力协同优势、展现中国精度和超载、彰显中国胸怀和气度，形成了"自主创新、开放融合、万众一心、追求卓越"的新时代北斗精神。自主创新，体现了以爱国主义为核心的民族精神、改革创新的时代精神，也是北斗的核心竞争力；开放融合，在北斗工程建设之初就坚持了中国的北斗，也是世界的北斗，充分体现了中国要建设全球北斗的博大胸怀，为人类造福，践行了实现人类命运共同体的理念。北斗系统已经向"一带一路"沿线国家和地区亿级以上用户提供服务，相关产品出口 120 余个国家和地区。万众一心，可以说是建设北斗工程的密码，充分体现了社会主义制度的优越性，集中力量办大事，举国人之力，协同发力，一举成功。追求卓越，追赶和超越对手，实现从跟跑到并跑，再到领跑，是中国人成功的体验，也是中国北斗人的奋斗目标。经过北斗人永恒的追求和不懈的努力，如今北斗三号已经成为世界上最佳导航、定位授时和短报文通信卫星之一。

在发达国家对我国高科技的封锁下，面临着没有任何可参考的数据和资料的情况下，北斗一号、北斗二号、北斗三号工程的实施确实很艰难，北斗人在艰辛探索和创新攻关中前行，走前人没有走过的路。1994 年，北斗一号卫星导航试验工程正式立项建设，我国科学家陈芳允院士提出的"双星定位"设想正式付诸实施。此后，开展了持续的技术攻关和研制。2000 年，北斗一号构建起兼具定位授时和短报文通信服务的双星定位系统，使我国成为继美国、俄罗斯之后世界上第三个拥有卫星导航系统的国家。❶

在北斗二号建设初期，北斗人深入研究国际电联规则，克服各种困难开展导航频率协调。为确保按期在轨发播信号，北斗人积极优化研制流程，创新设计工具，开展协同工作，夜以继日地忘我奋战，于 2007 年 4 月 14 日按期发射卫星并及时实现在轨播发信号，赢得了北斗发展的主动权。星载原子钟是卫星的核心部件，北斗系统研制建设初期，国内星载原子钟停留在实验

---

❶ 为北斗三号系统卫星系统总设计师撰文，《人民日报》，2022 年 6 月 30 日第 09 版。

室原理试验阶段。大家都清楚，依靠国外零部件就像是脖子上被系了一根绳子，随时都有被"卡脖子"的可能。北斗青年人勇挑重担，不分昼夜刻苦钻研，攻克一个个难关，终于研制出性能优异的原子钟。北斗人的科学严谨、一丝不苟的精神值得点赞。然而，目标的实现并非一帆风顺，如在发射北斗第9颗卫星前的测试时，检验人员发现计时钟有1纳秒（十亿分之一秒）误差，为避免带着危险因素发射，检验人员坚持查找原因。找到原因后，他们及时修正了这1纳秒才交付发射，确保了时钟的准确性。

北斗三号卫星性能要求高，每颗卫星的电子设备有数百台，涉及的元器件有几十万个。摆在北斗人面前的困难是国产产品起步晚，没有经过大量应用验证。困难激发了北斗人勇挑重担、报效祖国的豪情，纷纷表示"国家需要就是我们的奋斗目标""全力以赴、自主投入，一定保质按期完成任务"。于是从设计源头做起，每一台单机、每一种元器件和原材料都立足自主可控，最终实现了单机产品、核心元器件、原材料全部国产，避免了被国外"卡脖子"的困局。事实证明，只要锲而不舍、不懈钻研，就没有什么困难能够难倒北斗人。❶

关键核心技术装备是国之重器，对推动我国经济高质量发展、保障国家安全都具有十分重要的意义。北斗人不怕苦、不怕啃硬骨头，攻坚克难，探索出自己的科技创新之路。新时代北斗精神激励着中国工业人，为建成工业强国而贡献一分力量。

第四节　新时代核工业精神

2005年1月15日，中国核工业集团公司（以下简称"中核集团"）在纪念中国核工业创建50周年大会上，首次提出"四个一切"核工业精神，即"事业高于一切，责任重于一切，严细融于一切，进取成就一切"。核工业精神虽只有24个字，但内涵丰富，博大精深，反映了核工业人的意志，并成为

---

❶　北斗三号卫星系统总设计师撰文，《人民日报》，2022年6月30日第09版。

激发核工业人的积极性和创造性的力量。"事业高于一切"——为了祖国,为了核科技事业,把自己的本职工作与国家的发展、社会的进步和人民的根本利益紧密联系在一起,体现了核工业人共同拥有和信守的价值观念。作为重要的国防工业,核工业人肩负着事关国家荣辱兴衰的光荣职责,必须时刻把国家利益放在第一位。事业高于一切,既是核工业人的行为准则,也是核工业人的终生追求。"责任重于一切"——在思想上和实践中始终牢记祖国社会主义建设事业的重要性,牢记核事业发展的重要性,有高度的责任感和使命意识,以主人翁的精神开展工作。发展核工业,事关国家安全和民族命运,责任重于泰山。这种强烈的责任意识,增添了核工业人的使命感,激发了核工业人艰苦奋斗、甘于奉献的责任意识。"严细融于一切"——核工业人把从事的每一项工作,每一个细节都与事业成败联系在一起,把严谨认真精神融入一切工作中是核工业人严格细致、尊重科学、一丝不苟、扎实认真的优良作风,是核工业多年来形成的优良传统。为了确保万无一失,做到产品有问题不出厂,有疑点不发射,绝不放过一个疑点,不留下一个隐患,从每个人、每个环节、每道工序都严格地把住质量关、安全关。"进取成就一切"——积极探索、奋发向上、孜孜以求、永不言休的精神状态,就是利用一切有利条件,强化"争、抢、抓"意识,抢抓机遇,加快发展。核工业是战略性产业,是尖端技术,也是花钱买不到的技术,只有依靠自主创新,开拓进取,才能推动核工业的发展。进取是成就伟大核事业的关键,是推动核工业发展的动力。"进取成就一切",是核工业人始终如一的进取和创新精神。

20世纪六七十年代原子弹、氢弹和核潜艇研制成功,意味着核工业为捍卫祖国领土作出了贡献。进入80年代,核工业又在和平利用核能造福人民方面作了大胆的尝试和实践,在核能发电方面实现了突破。从秦山核电站建设到世界先进三代核电技术"华龙一号"的研制成功,走出了一条中国特色的新型工业化路子。

中核集团负责我国首座核电站——秦山核电站的建设。1983年6月,秦山核电站破土动工。1985年3月,秦山核电站浇筑了第一罐混凝土,中国第一座核电站的主体工程开工建设。

1991 年 12 月，秦山一期 30 万千瓦级核电机组成功并网发电，从而结束了中国大陆无核电的历史，实现了"零的突破"，开辟了核工业服务于国民经济建设的新天地。秦山核电站从开工建设到并网发电，历时 81 个月。秦山核电站的设计与建造荣获国家科学技术进步奖特等奖。

秦山核电站的成功建造使我国成为继美、英、法、苏联、加拿大、瑞典之后，世界上第七个能够自行设计建造核电站的国家。这是核工业在第二次创业中取得的重大成果，是军转民的成功典范。秦山核电站建设工程，圆满实现了周恩来总理"掌握技术、积累经验、培养人才"的初衷，极大地提升了中国自主发展核电的能力和水平。

实践证明，党中央、国务院作出加快发展核电的战略决策，以及核电建设"以我为主、中外合作""核燃料立足国内"的重大方针政策，是完全正确的。秦山核电站建设成功，积累了比较多的经验：一是坚持自力更生与对外开放相结合；二是坚持科研先行，重在掌握技术；三是始终把安全和质量放在第一位；四是调动各方面的积极性，大力协同，团结合作；五是集中统一领导和严格科学管理；六是重视职工队伍建设和加强思想政治工作。❶

2015 年 5 月，具有世界领先核发电技术水平的"华龙一号"全球首堆示范工程——福清核电 5 号机组浇筑第一罐混凝土正式开工建设。2020 年 11 月，福清 5 号机组首次发电并网成功。2021 年 1 月 30 日，福清 5 号机组完成满功率连续运转考核，正式投入商业运行；2022 年 3 月 25 日，福清 6 号机组也进入了商业运营。

"华龙一号"采用最新的安全标准，形成了自主创新的三代核电技术，该项技术水平达到了世界领先核电水平，是代表着中国自主核电技术的新名片。"华龙一号"具有完整的自主知识产权；具有独立出口的条件，符合清洁能源市场发展的需要；具有强有力的国际市场竞争力，是落实国家"一带一路"倡议的新名片。

---

❶ 中国工业经济联合会、中国核工业集团有限公司编，《中国工业史·核工业卷》，中共中央党校出版社 2021 年版。

1993 年 8 月，巴基斯坦恰希玛核电站的 15 号机组开工建设，到 2017 年 9 月，4 号机组竣工，恰希玛核电站一期工程四台压水堆机组全面建成。2015 年和 2016 年先后采用了"华龙一号"技术的巴基斯坦卡拉奇 K2、K3 项目开始动工。2017 年 11 月，中核集团与巴基斯坦原子能委员会签署了恰希玛核电站 5 号机组商务合同，这是"华龙一号"成功"走出去"的第三台核电机组。

2021 年，在传承弘扬"两弹一星"精神和"四个一切"核工业精神基础上，中核集团发布了新时代核工业精神——"强核报国 创新奉献"。

强核是事业。核工业是高科技战略产业，是国家安全重要基石。新时代，核工业迎来了"两弹一艇"以来又一个重要发展机遇期，深入贯彻落实习近平总书记重要指示精神，不忘初心，牢记使命，勇担国任，敢于开拓，奋力实现"强核强国、造福人类"的历史使命和"三位一体"奋斗目标。

报国是承诺。筑牢国家安全基石、建成世界一流核工业强国是核工业人的庄严承诺。核工业人胸怀大局，心怀国之大者，至诚报国，把爱国之情、报国之志融入核工业建设的伟大事业之中；忠于事业，坚守承诺，出色完成国家战略任务，服务于建设现代化强国、实现民族复兴的伟大目标，续写我国核工业新的辉煌篇章。

创新是法宝。创新是推动高质量发展的需要，是企业制胜的法宝。面向世界科技前沿，核工业人抢占科技创新的制高点，寻找重大突破，不畏挫折，敢为人先，在独创独有上下功夫，在解决受制于人的重大瓶颈问题上强化担当作为，着力攻克事关国家安全的基础前沿难题和关键核心技术，建设先进的核科技工业体系，成为国际核科技发展的引领者。

奉献是境界。无私奉献是核工业人的光荣传统。做强做大国有企业需要有一种为国家、为人民真诚奉献的精神。坚持国家利益至上，继承和发扬核工业人"干惊天动地事、做隐姓埋名人"的优秀品质，以建设核工业强国为己任，淡泊名利，勤奋钻研，奋力攻关，不求回报，甘做强核事业的付出者，不慕虚荣，不计名利，甘做致力提携后学的"铺路石"和领路人。

"献了青春献终身，献了终身献子孙。"这是一种革命精神，这是"三线"建设者、从事核工业事业人的写照，也是我国军工行业许许多多贡献者的誓

言。这，就是无私奉献的崇高品德。

第五节　中国高铁工人精神

"工人院士"李万君是中车长春轨道客车股份有限公司（以下简称"中车长客"）转向架制造中心焊接一车间的一名工人。2007年，"和谐号"动车组在中车长客试制生产。此阶段遇到了许多问题，机车转向架环口处的焊接难就是其中一个。转向架环口处的焊接是承载车体重量的关键受力点，焊接不牢会出事故。面临国外在高铁制造技术上的封锁，要解决这一难题就必须自主研发、创新突破。作为一名技术工人，李万君没有退缩，大胆钻研，反复摸索和实践，不知试验了多少次，终于成功总结出了"环口焊接七步操作法"，成为高铁转向架世界最高技术的焊接法。该焊接法突破了国外技术的封锁，保证了动车组转向架的批量生产。2017年，他带领的团队成功攻克了我国自主知识产权"复兴号"动车组转向架的多项难题，助推中国高铁不断领跑。他是一名普通的焊工，但他考取了各种国内外焊工资质6000多项。经过他培养的焊工累计2万多人。

高铁工人包括院士领衔的创新团队，劳动模范、技能大师领衔的制造队伍，还包括驻守在十几个国家和地区的销售和服务团队。他们用实际行动诠释了"产业报国，勇于创新，为中国梦提速"的中国高铁工人精神。中国高铁工人精神的内涵，主要是指为国增光、为民族增气的产业报国精神。作为高速列车九大核心技术之一的铝合金车体，型材最薄处只有1.5毫米，但要承受±6000帕的气密压强。中国中车集团有限公司首席专家丁叁叁率团队攻关，经历了一年多的时间，摸索出一套严格的化学成分控制技术，成功实现了100多种铝合金材料的高质量国产化，让中国成为世界上少数几个拥有此项技术的国家之一。中国高铁工人精神还体现在，不畏艰辛，永不止步，在持续超越中不断进取。高铁的牵引转动系统被誉为"高速列车之心"，而永磁牵引传动系统被业内视为引领高速列车的下一代技术。中国工程院院士丁荣军带领团队进行"1000千瓦大功率电机交直交实验系统"的研制，由于该项实验技术攻关难度非常大，整个团队经历了千万次的试验，其中仅试验烧掉的元器件就可以装满一卡车。丁荣军清晰地记得，1991年3月24日，凌晨2时许，他"领衔"研发的1000千瓦大功率电机，终于成功转动起来了。5年后，我国第一台交流传动原型电力机车AC4000诞生，国产电力机车电传动发展史迎来了一个新的里程碑。这一成功，令世界同行投来了佩服的目光。❶

截至2022年年底，中国高铁运营里程约4.3万千米，可绕赤道一圈多，约占世界高铁总里程的70%，稳居世界第一。中国高铁时速、平稳和安全性，全面超越了日本、德国、加拿大等国家，已经成为中国大国重器的又一张新名片。近年来，中国高铁得到了世界各国的青睐，已经有一些国家引进了中国高铁项目。2022年11月，印度尼西亚与中国合作的雅加达至万隆高速铁路已经试运行成功。这条铁路被称为雅万高速铁路，从印度尼西亚首都雅加达的哈利姆站，到印度尼西亚第四大城市万隆的德卡鲁尔站，共设4座车站，全长142.3千米，设计速度350km/h，运行速度300km/h，这是中国首条出口东南亚国家的高速铁路，是全部采用中国高铁标准和技术的项目，也是中国高铁首次全系统、全要素、全产业链在海外落地的高速铁路项目，见下图。

走向世界的中国高铁

❶ 国务院国资委网站，宣传工作局，2016年5月1日。

　　2014 年 11 月，印度尼西亚总统佐科受邀体验了京津城际铁路，开启了中国与印度尼西亚合作建设雅万高速铁路的议程。2015 年 3 月 26 日，佐科总统访问中国并签订了《中印尼雅加达—万隆高速铁路合作谅解备忘录》。同年，4 月 22 日，国家主席习近平访问印度尼西亚，并签订了《关于开展雅加达—万隆高速铁路项目的框架安排》，9 月 2 日，中国击败日本成功竞标雅万高铁项目。2016 年 1 月 21 日，举行了雅万高铁开工仪式，如今试运行成功，将正式投入使用。在雅万高铁项目建设中，也遇到了许多困难与问题，但最终战胜了这些问题，实现了中国在海外首个全系统的高铁项目的建设成功，充分体现了中国高铁工人精神。随着雅万高铁项目的合作成功，越来越多的中国高铁合作项目将遍布世界，中国高铁工人精神也将随着合作项目的拓展而传遍世界五洲大地，让世人真正感受到中国高铁工人精神的高尚和荣光。

下篇

中国工业大奖
成果与经验

2004—2023 年，我国共实施了 7 届中国工业大奖的评审、表彰和发布工作，评审出中国工业大奖、表彰奖、提名奖企业和项目 477 家（个）**❶**。据国家统计局统计，2021 年我国规模以上工业企业 40.88 万家，获奖数量相对于全国规模以上工业企业数量来说实属凤毛麟角，但中国工业大奖企业和项目在工业领域有着工业企业前行的灯塔效应，极大地发挥了引领作用。这些获奖企业和项目成为走中国特色新型工业化道路的标杆，代表了中国工业行业领域的最高水平，在引领中国工业企业发展方面起到了重要作用，为推进中国新型工业化实现作出了贡献。作者曾走访和调研过许多中国工业大奖企业，也采访过一些企业领导，感受颇深，被他们艰辛创业、艰苦奋斗、坚守主业、爬坡过坎、曲折前行、勇于拼搏和开拓创新的精神，以及所取得的辉煌成就感动。现选取部分典型企业，将他们的创业经历、奋斗历程、成功经验和丰硕成果等介绍给读者，值得从事工业制造企业的管理者、研发人员及广大职工学习和借鉴。

---

❶ 该数字包含了某些企业或项目获得过提名奖、表彰奖、大奖的二种或三种奖项，也有的单位既获得了企业奖又获得了项目奖。因此实际获得奖项单位数量仅为 417 家（个）。

第八章
全球第一吊

 作者曾几次到过我国苏北大地世界知名工程机械装备企业徐州工程机械集团有限公司（以下简称"徐工集团"），该企业主要生产经营起重机、挖掘机、压路机和装载机等，其中，最抢眼的要数移动式起重机。从汽车吊吊起5吨到抓起百吨级的突破走过了40年艰辛之路，又用了10年时间突破了抓起千吨级的难关，再用3年时间深研创新实现吊起4000吨货物，成为世界抓起吨位最高级别的车辆起重机，完全替代进口并打破跨国公司国际市场垄断。这使中国成为继德国、美国之后世界上第3个能够自主研发制造千吨级超级移动（全地面）起重机的国家，创造并保持了全球第一吊4000吨级大型履带起重机、2600吨级大型全地面起重机的世界纪录，技术性能、质量可靠性指标全面达到国际先进水平，使中国超级移动起重装备技术登上了世界之巅。这样的成绩创造了中国工程机械的又一辉煌，树立起了又一座新的里程碑。他们一步一个脚印地走过来，确实艰难，所取得的突破全部是国产首台（套）重大技术装备，让我们为他们点赞的同时，一起走进徐工集团，探寻其成功的经验和奥秘。

 徐工集团是地方国有企业，早先由于体制和机制原因，在决策程序上过于复杂，且时间长，市场应变能力明显不足。在激烈的市场竞争中，困难重重，逐渐开始走下坡路，再加上人们思想中存在错误想法，国有企业共吃大锅饭，干好干坏都一样，企业创新发展动力不足，资金链紧张，已经陷入了经营困难的境地。如果不大刀阔斧地改革，企业就会出现亏损，且面临着被

兼并重组或倒闭的风险。危难之时，经上级领导部门批准，徐工集团原党委书记兼董事长王民同志挑起了这个重任。

1999年，王民接手徐工集团时，员工有25000人，年营业收入40亿元，人均劳动生产率16万元，因企业负担重，除上缴各种税金和去掉固定成本后，没有剩余利润了。他上任后，首先确立了企业发展战略，坚持加大研发力度，坚持走自主创新道路，带领徐工人，将陷入经营困境，人心涣散的老国企一步一步拉出泥潭。经过二十多年的努力和发展，2021年人均营业收入达到了500多万元，比1999年整整提高了30倍，成为营业收入过千亿元，规模居全球行业前3强的工程机械世界品牌和装备制造的国家队主力。他们是如何走过来的呢？又是怎样成长为我国制造装备业脊梁的呢？

（一）

20世纪90年代之前，国外工程机械制造商对中国客户的态度非常傲慢，我国重大工程项目的施工进度、设备购置价格都要看这些国外工程机械制造巨头的脸色。当时的工程机械行业没有自己的核心技术和产品，即便国内龙头企业徐工集团，也没有专门的研发团队，自主研发能力几乎为零。当时的状况就是技不如人，工程机械行业人承受着夜不能眠的锁喉之痛。

为了改变这种受制于人的局面，徐工集团想尽办法，先是技术引进德国50吨产品的全套图纸与整机零部件，开始进行生产与产品研究。据徐工机械副总裁、总工程师单增海回忆，那时德国全地面起重机已做到300吨级，50吨起重机在他们眼中仅是台小机械，而且已不是最先进的技术，所以在合作开发阶段，他们向我们毫无保留地展示了图纸、生产过程。在参观德国爱茵根工厂时，德国一位老工程师说过一句话，"这里的一切，你们中国的工厂是学不来的！"这句话深深刺痛了他。

话虽刺激人，但残酷的现实就是这样。由于当时中国缺失这种高端核心技术和高级技术人才，同时制造技术的保障水平也达不到图纸设计的要求，于是首次大胆的技术引进以失败告终。几个月来的辛苦，花掉了当时非常紧俏的外币，却换来了引进技术的失败，这无情的事实给大家上了刻骨铭心的一课，也告诫徐工人，核心技术是求不到、买不来的。

在此背景下，当时 25 吨级别高端的全地面起重机依然只能依靠高价购买。徐工人眼看着正在建设的 300 公里国家级气象雷达站，因国产起重机设备无法满足施工吨位需求，虽然在徐州市施工，但也不得不从上海调度国外起重设备进行作业。徐工人看在眼里，急在心里，这是徐工人的挑战，也客观反映了中国工程机械被挤压在产业价值链的最底端，苦苦求生的现实状况。

市场如同一块蛋糕。在产业链底端的企业就得生产低端市场的产品，就得受市场中高端产品制造巨头的欺压。同时，也只能获取低端产品带来的微薄利润。

那年春节刚过，苏北大地还沉浸在一片祥和欢乐的新年气氛中，徐工旗下核心企业重型公司 5300 多名干部员工却内心忐忑、倍感不安，对企业和自身充满担忧。据悉此前徐州市已六次研究重型公司资产负债率达 150% 的破产问题。徐工集团内部困难企业已累计欠贷、欠税、欠息、欠费、欠工资近十亿元，这在当年是一个天文数字。曾经无比辉煌并被地方视为"工业旗帜"的经济支柱，基本走到了谷底，濒临破产。

当时很多人这样形容：这样的企业在国外早破产很多次了，能撑着只是因为"大而不能倒"。在现金流断裂对企业意味着死亡的情况下，面对生产经营难以维系的生存危机，企业的生死存亡没有吓倒徐工人，反而激起徐工新一届领导班子骨子里的顽强血性，他们庄严发声：我们不能仅仅活着，而且要活得更好！

为了跳出低端竞争的死循环，突破起重机高端技术迫在眉睫。于是，由王民带领的团队制定了"三高一大"企业发展战略，即高技术含量、高附加值、高端市场、大吨位的产品发展战略。他们深深感到：这就是徐工集团发展的唯一出路，也是中国工程机械做强的希望。

"三高一大"企业发展战略是怎样实施的呢？

1963 年，徐工在学习和消化了苏联的技术图纸基础上，完成了 5 吨机械式汽车起重机试制，这是中国第一代机械式汽车起重机，见图 8-1。1966 年生产受到干扰，行业基本停产，但当年徐工有一批老技术员、老技师始终坚守岗位，于 1967 年完成 10 吨液压汽车起重机试制，这是中国第一台液压传动汽车起重机，也是中国第一台真正意义上的现代汽车起重机。

图 8-1　徐工 5 吨汽车吊

　　面对基础弱、底子薄、技术力量十分薄弱的状况，向"三高一大"全面进军这一决定，立刻在业界掀起了激烈的争论。中国起重机产业存在着"中国起重机行业与国际水平还相差二十年、三十年""技术差距只有越拉越大，规模差距或可缩小"的固有观念，因此产生出"中国起重机企业应当在国际产业的大分工下，做好小中吨位产品，做好中低端市场"的经营理念。甚至有业内人士和个别专家及一些企业的高层领导，联合撰写系列专题文章，抨击这一技术创新项目。

　　全地面起重机作为一种高性能移动式起重机，兼具汽车起重机高速行驶和轮胎起重机高越野行驶性能的优势，广泛应用于能源、交通、石化等重大工程项目的起重安装作业。由于其技术复杂性和制造工艺等难题，我国全地面起重机产业处于空白，国际上也只有德国掌握着百吨至千吨级的关键技术。

　　一根筋、不服输的血性催生了徐工干部员工必须自救的决心，发展目标和信念聚拢了彷徨离散的心，员工们有一个最朴素的愿望和坚定的决心："徐工要超越美国、德国、日本，在精气神上超过他们！只要方向对，就不怕路远，我们情愿少拿或不拿工资，一定要把有限的资金投入核心技术研发上！"这份震天动地的誓言，这种勇于拼搏，一根筋、不服输的精神，激励着徐工人向着"三高一大"勇敢前行。

（二）

创新道路不是一帆风顺的，创新具有风险，不是所有的创新都能成功。在这紧要关头，徐工人选择了创新发展，努力实现突破。一场不寻常的生死战开始了。

为实施"三高一大"产品发展战略，徐工集团建立了国家级企业技术中心、江苏徐州工程机械研究院、分公司技术中心的三级研发体系，坚定地走自主创新的发展道路。2000年，徐工集团将突破点瞄准了被国际巨头垄断的市场主流机型——25吨全地面起重机。经徐工集团领导班子研究，决定申请立项。听单增海介绍，当时开发25吨全地面起重机是有很大争议的，行业专家以及各企业有个普遍的共识：太超前了，需求太小了，中国用户用不起这么高端的设备。只有经历过濒临破产考验的人能理解这个项目的重要性，这不是开发一两个高端设备的问题，核心技术这一关不突破，中国起重机产业只有死路一条。

中国第一台全地面起重机QAY25的任务下达后，徐工人非常激动，因为他们迎来了发展机遇并找到拼搏的战场。但是，由谁来牵头实施呢？经领导层研究决定，把这项艰巨而又带有使命性的重要任务交给年仅28岁的单增海。他带领的技术研发团队经常披星戴月，并就如何构建25吨全地面起重机雏形展开激烈讨论，持续深入钻研，他们在切割、折弯、拼点、焊接、机械加工的各种设备旁边，开辟了"第二战场"，与一线工人一起，夜以继日地琢磨、钻研，为的是将图纸变成一件件鲜活的实物。经过无数个日夜的努力，最关键的技术难题——油气悬挂装置也已成形（油气悬挂装置用以减少车体振动）。他们终于松了一口气，可以踏踏实实地睡一个好觉了。

"第二天试车时，大家都没有想到，在前来参观的领导面前弄了个大红

脸。"单增海说。试车时油气悬架减震功能表现极差，操作员在起重机座位上颠簸着。正常的全地面起重机在颠簸不平的路上行驶，即使是放碗水在驾驶室里，水都不会洒。"那时大家意识到，原来全地面起重机研发不是那么简单，搞清原理、做出零件根本不够，系统构建出来了，没有试验测试，系统各项参数都没有确定，产品肯定是不行的。"单增海遗憾地回忆道。

经过分析研究，他们发现用以减少车体振动的油气悬挂技术，是全地面起重机的关键技术之一。为了验证系统的使用性能，技术人员对该产品进行了整车道路模拟振动实验，通过一年多的试验，获得了大量宝贵的技术数据，并根据试验结果对系统进行了反复改进，经历了理论研究、试验研究、运用研究的艰辛过程。

在研发最紧张的一年多的时间里，整个技术团队一天都没有休息过，全心扑在研制任务上，其中一位张姓同志全身心投入研发工作，没有时间照顾出生不久的孩子，类似的事情还有很多。在烈日炎炎的调试厂，面对每一道关键工序，技术团队都会深入研究，悉心听取一线工人的意见，及时改进设计不足，发扬了执着坚守、锐意改革、创新发展的"一根筋"精神。

终于，经过三轮改进测试，我国自主研发的第一台全地面起重机 QAY25 成功问世。无数次的试验和改进让他们体悟到高度成熟的技术是产品研发的基石，并将这一理念灌输给每一个徐工人。

2002 年，中国第一台具有自主知识产权的 25 吨全地面起重机面世了。它对中国工程机械行业具有里程碑的意义，当年被评为行业十大新闻事件之一，不仅打破了欧美国家的高端垄断，也使整个行业坚决向自主技术创新转变。

2006 年，徐工 7 台百吨级不同型号的全地面起重机在上海宝马展会上展出，吸引了数十万参观者驻足。这其中，就有来自德国利勃海尔起重机事业部总裁弗雷。在徐工展区，他细细查看每一台起重机，从整机构造到局部细节，并不断和他的研发团队探讨，惊讶于眼前的这些高端产品竟出自中国人之手。

随后，还是满心疑虑的他，又带团队专程赴徐州观摩了徐工工厂，亲眼印证了所见。离开时，他感慨地只说了一句话："我好像回到了德国爱茵根工厂（其总部所在城市），我在中国真正找到了对手！"

<h2 align="center">（三）</h2>

关键技术零部件必须掌握在自己手里。对超级移动起重机来说，液压系统、智能控制系统、动力系统等都曾是"卡脖子"的高端核心技术，缺少哪一个都无法实现整机交付。在自主攻克高端液压系统方面，徐工集团1975年就组建了液压油缸工厂，但多年来主要满足于常规中小吨位起重机油缸生产供给和保障，百吨级以上起重机液压油缸的攻关着实让徐工技术人员吃了不少苦头。

20世纪80年代初，随着国家经济建设的加快，市场对吊装设备的吨位需求越来越大。1991年，规模仅有几个车间的徐工液压件公司开始着手大型吊装设备配套油缸的研发工作，而跟随主机开发生产50吨全地面起重机配套油缸的设计工作，落到一位刚进厂不久的大学生肩上，他就是后来徐州徐工液压件有限公司的副总经理刘庆教。1991年10月25日，这一天刘庆教永远不会忘记。油缸在主机上第一天进行调试，没想到精心设计的导向结构就出了问题，刺耳的噪声中，液压油大量喷出，喷满了他的全身。回忆起第一次独立承担产品设计的经历，刘庆教至今仍颇有感触："在研发初期，因为没有先例可循，一个现在看起来很简单的设计问题，在当时的情况下真的很难，折腾了近半年的时间，油缸才设计制造出来，然而，能否通过主机验证才是真正的关键。"试验失败了，这无情的打击和无尽的失落给了他一击。但徐工人不服输的"一根筋"精神激励着他，使他坚持不懈地奋斗着。刘庆教心里苦闷却咬牙继续查阅文献资料，寻求解决问题的方法。后来，经过深入研究，决定用金属加非金属"合金"的方式，在此基础上进一步优化结构设计，经过四天三夜的攻关，改进型大长薄壁油缸导向防松结构诞生了。谁也不会想到，这项技术衍生结构，使坐了10年冷板凳的他们，最终取得了突破。

2003年起，中国工程机械的"黄金十年"为自主核心零部件产业创造了极为有利的发展空间。为抢抓市场机遇，满足吊装设备对液压元件低能耗、高效率的新需求，销售收入已突破亿元大关的徐工液压件公司也正式启动了

多油路大长薄壁类油缸研发项目。然而项目研发初期，设计团队在油路设计方面就遭遇了瓶颈。"由于经验不足，团队对使用工况缺乏足够的了解，导致研发阶段非常漫长，从结构设计、工艺验证、工艺设计，到最终的产品定型，可以说设计人员以及工艺人员、质检人员付出了非常大的艰辛。"徐工液压件公司油缸产品所副所长张虹源回忆道。正是他借鉴了当时国际先进产品的设计理念，提出了国内首创的三芯管结构设计思路，在保证油缸伸缩速度的同时，简化内部结构。

为山九仞，功亏一篑。想法虽好但难于实现，尤其穿焊技术的改型最为让人头疼。当时，为了提高生产效率，项目组成员冥思苦想，多次试验还是不成功。有一次，在深夜加班做试验的过程中，项目研发负责人张虹源发愁多日，正在寻求解决一个难题的方法，忽然，他看到一位同事正在吃糖葫芦，一根长长的签子，穿在了山楂上，坚固而稳定。受此启发，张虹源立刻组织召开了研讨会，大胆地提出用穿焊的方式固定芯管，不仅可靠性得到了大幅提升，加工效率也提高了三倍。实践证明，这个方法大大解决了生产周期问题，并最终完成了国内首创的三芯管油缸结构，而大长薄壁类油缸的性能优势也使徐工液压件公司产品成为行业标杆。迄今，该结构仍然是不可复制的经典，填补了国内相关技术的空白，并保持了亚洲最大吨位起重机油缸配套纪录。

如今，全球最大吨位2600吨全地面起重机的全车液压油缸已全部由徐工液压件公司生产配套。在此基础上突破的徐工360吨大型矿用挖掘机液压油缸已在澳大利亚力拓集团矿山无故障运行10000个小时，跻身世界最顶尖产品行列，证实了徐工已具备世界级关键部件技术与制造能力。

没有改革创新就没有徐工的今天，也不会有徐工的未来。徐工人正是以敢为人先的勇气，破除思想观念的禁锢和体制机制的束缚，锐意改革、开拓创新，才在激烈市场竞争中越战越强，闯出了一条地方国企发展壮大之路。

（四）

2008年美国次贷危机引发了世界金融风暴，从2011年4月起，国内外工程机械市场由十年黄金期转入五年锐降期，各企业在增长速度、发展质量、效益水平上都受到前所未有的挑战。整个行业开工率在30%左右，不足行业高峰期的一半，整个中国工程机械行业再一次面临生存危机。业内专家不断有这样的观点和论调：接下来还要死一批工厂。

正经历着断崖式下滑的徐工集团，面对这样一盘国际化大棋，经营管理层敏锐地意识到：关键板块的发展不能等车马炮齐全，全部齐备了，机会就没有了；必须以改革的精神先行尝试，创造性地干起来。不改就没有发展，注定被时代淘汰。于是，徐工开启了面向2020年的"全球赶超计划"，实施"大船变舰队"的全新发展模式。

过去，企业的研发主要集中在产品层面上，技术处于跟随阶段。做一个产品就突破这一个产品的技术，像一艘艘孤立的大船，缺少共享平台和协同作战的能力。王民指出：世界市场的舞台很大，徐工不能缺席，国际比拼质量第一，徐工的法宝就是创新驱动。2012年，徐工集团构建"大船变舰队"的组织模式和航母舰群式的研发模式，吹响了进军高端、国际化市场的号角冲锋号角！

为了追求有质量效益的内涵式增长，徐工在行业率先构建航母级研发平台，以"原创技术、核心零部件技术、试验检测技术"为核心，投入15亿元建设国家级技术中心和实验室。这是国内很多企业不愿意做的事情，因为这种投入短期内很难看到成果，但这又是实体产业走向世界高端的必由之路。随后他们又联动德国、美国、巴西等海外研发中心，吸引了200多位国际顶级技术专家，借助全球协同研发系统，共享全球前沿技术，专注孵化行业最尖端的共性技术和新兴产品，被业界誉为全球工程机械的"最强大脑"。徐工持续不断地加大研发投入，研发团队从最开始的200多人，已经发展到全球6000多人。由于打造了徐工研发航母平台，以及各产业研发舰队，一个极具徐工特色的航母舰群研发模式被成功构建。

在国务院发布的振兴装备制造业和产业化、国产装备首台（套）激励等政策支持下，从2002年的25吨，到2012年的1600吨，徐工集团走过了国外巨头50年的技术升级之路。如今，"全球第一吊"2600吨全地面起重机响

彻大江南北。这一重大技术装备研制的突破，不仅让国家《高技术产业发展"十一五"规划》中提出的"用高技术改造提升传统产业"成为现实，激活了技术创新体系，人才梯队也发生了规模裂变，每突破一个难关，产品的技术水平就提升一个台阶，平均每年都有"第一"诞生。

面对徐工集团取得的成绩，徐工人清醒地认识到：虽然我们的产品起重量已经做到了世界第一，但是，从技术上来讲，我们的原创技术与核心零部件还有待提高，有的还处在一个跟随的阶段。跟在别人后面，你永远不能完成超越！要全面赶超世界一流，就要从跟跑向并跑、领跑转变。时任徐工起重机械事业部总经理陆川制订了对标全球主要对手的赶超计划——G计划（G意思为"赶超"）。G一代产品在智能、节能、轻量化、人性化四大技术上站在全球行业前端，形成了全球行业首创的产品技术平台，并在此基础上研发出引领中国起重机行业8~2600吨系列产品。起重机智能作业技术、独立悬架技术、重载转场技术等技术难题，一个一个被攻克，这些技术都做到了世界领先。

（五）

大型履带起重机的历史虽已过百年，但20世纪80年代我国才开始进口。当徐工集团为拥有第一台具有自主知识产权的QUY50（50吨）履带起重机欢呼雀跃的时候，国外生产商已经拥有了800吨履带起重机产品。从德国利勃海尔轻蔑的眼光开始，徐工集团不断鞭策自己，加大自主创新，紧跟国家的发展步伐，创造了"世界第一吊"的履带起重机神话。

"别人能做的，我们都能做，别人不敢做的，我们扒掉几层皮也要去试试。"这是XGC88000（4000吨）总设计师孙丽时常挂在嘴边的一句话。因为她有一种追求，那就是让"世界第一吊"属于中国，让中国起重机站上世界之巅。这是一种责任，更是一种徐工红色基因的伟大精神传承。

1000天的主攻战打响了，研究团队的全体同志克服了一个又一个困难，攻下了一个又一个难关，最终取得了胜利。

XGC88000的成功问世成为世界上起重能力最大的履带起重机，但是成功来之不易。在设计路线和方案中，他们遇到了各种各样的困难和问题，但在团队夜以继日的不懈努力下攻克了多项看似不可能完成的技术难关；研发了拥有自主知识产权的履带式自行配重系统，攻克了满配重稳定行走难题，提高了地面适应性；以模块化设计理念，首创了单双车不同组合技术，"一车两用"技术更是实现了世界上所有起重机设计师的梦想；创新的多动力多机构和前后履带车的协同控制技术，提高了超大吨位履带起重机的安全可靠性；首创的并行八弦杆复合臂架系统，显著提高了臂架的承载能力和侧向稳定性，满足了超大型起重设备对臂架的苛刻要求。可以说每一项技术都是创新，都是突破，推动中国装备制造业向世界最高水平迈进。XGC88000的研发制造不仅实现了多项技术的突破，更重要的是培养了60多位研发、制造、调试和服务方面的专家。当年参与XGC8000设计的主要部件设计者都已成为履带起重机行业的技术专家，而且他们从未停下技术创新的脚步，因为技术的发展从不停歇。追求技术领先，赶超世界标杆，正是由于一代代徐工人打下了深厚的技术基础才造就了XGC88000的世界第一，见图8-2。

图8-2　徐工集团4000吨级履带起重机

更重要的意义是XGC88000彻底打破了国外企业在超大吨位起重机行业的多年垄断。在这之后，国外企业在国内的招标、国外同类产品报价上直接下降了20%以上，而且它们已经很难再进入中国市场。XGC88000相比以往

吊装同样吨位的大型设备显示了更稳更快的优越性，以 2013 年山东烟台吊装作业为例，吊装一座丙烯塔仅用了 5 个小时，而在过去，要完成这样一座丙烯塔的安装，至少需要三个月，而且还要分段吊装，空中焊接。"世界第一吊"解决了施工安全风险大，施工质量差，周期长的问题。

（六）

两化融合打造国际第一品牌。进入工业 4.0 时代后，工业发展迎来了信息化、数字化、智能化。徐工人感到，只有拥抱互联网才是制造业发展的方向。先进制造业不仅是设备间的互联，更是与市场研发、客户的互联。要实现这一点，只有提高智能化水平，加快供给侧结构性改革，提供用户所需要的产品，才能引领行业发展。

2016 年，伴随着徐工 G 一代 XCA60 智能机型的成功推出，过去只能在科幻片中看到的远程操控技术变成现实。2018 年徐工"汉云工业互联网"正式挂牌，"汉云工业互联网"平台融合了云计算、大数据、物联网、AI 等多种 IT，徐工集团自主研发的"汉云工业互联网"平台，覆盖了研发设计、生产制造、营销服务、供应链体系及产品使用等全生命周期，见图 8-3。该平台接入了在市场上 130 多万台的设备终端，实现动态掌握，随时和他们保持联系。连接"一带一路"沿线 80 个国家和地区，连接设备数量超 4.2 万台，这些数据的掌握为开展服务型制造提供了必要的前提条件。同时，实现了由工业产品出售创利模式到出售产品 + 服务创利的服务型制造模式的转变，特别是后服务的提供是由制造环节建立，在设备终端装配有传感器，利用互联网技术，实时把机器运行的数据和情况传送到平台，随时指导用户对机器的监护、报警和保养，强化了为用户服务的理念，实施了两化融合的在线服务，提高了企业创造经济效益的能力。因此，徐工集团的这种工业云平台模式是一套可复制、可推广的典范。为工业场景提供设备接入、数据采集、数据分析、数据建模、数据可视、数据存储、计算分析、机器学习等功能，积累的大数据为国家经济预测提供重要指数参考，为超级移动起重机研发创新提供了源头数据支持。借助大数据分析应用，徐工 G 一代起重机做到把最佳性能布局在高频使用工况上，实现设备节油 15% 的突破，达到行业领先水平。

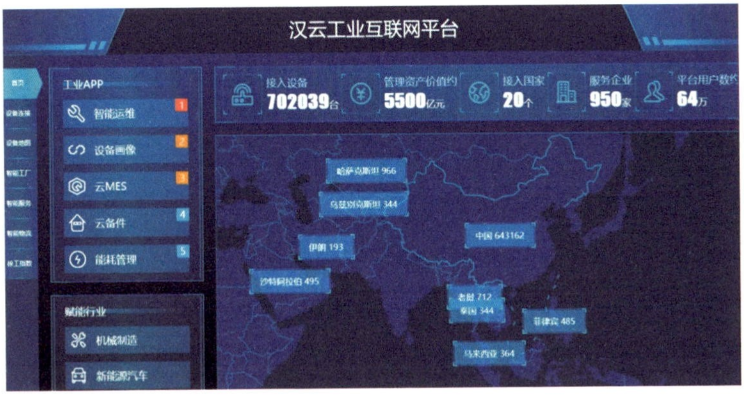

图 8-3　徐工集团"汉云工业互联网"平台

徐工智能制造已成为工信部认定的标杆企业，智能互联超级起重装备将设备效率自动管理、施工工艺方案智慧优化、故障预测报警智能服务等变成新的客户价值。全国人大常委会副委员长、中国科学院原院长路甬祥视察徐工集团后给予了高度评价："徐工的智能制造不仅走在行业前列，在国内也属于第一梯队的引领位置。"

这只是智能互联超级起重装备技术突破的一小步，徐工集团致力于利用互联网、物联网技术开发无人操作的移动装备，更好地满足那些工作环境恶劣、劳动力成本过高、AI 进步快的国家和地区消费用户的需要。现在，徐工集团已经成功研制了无人驾驶液压挖掘机、矿山机械、成套路面施工集群等，实现了技术上全球产业珠峰登顶的目标。

2017 年 12 月 12 日，是徐工人终生难忘和激动的日子。习近平总书记视察了徐工集团，还饶有兴致地登上徐工完全自主研发的 XCA220 型全地面起重机车驾驶室，向技术人员询问技术创新过程和操作流程。在车间外的广场上，习近平总书记亲切看望了劳动模范、技术能手等职工代表，热情洋溢地发表了近 8 分钟的重要讲话，高度评价徐工集团继承红色基因、适应时代发展取得了很好的成绩。徐工集团有光荣的历史，一定有更加美好的未来。殷切勉励徐工集团："要着眼世界前沿，努力探索创新发展的好模式、好经验，

为我们国家'两个一百年'的目标作出新的贡献！"

2023年3月5日，十四届全国人大一次会议开幕当天，习近平总书记参加了江苏代表团审议会议，在听取全国人大代表、徐工机械总工程师单增海发言时，总书记肯定地说："你们的工程机械是做出来了，达到了世界领先水平。"总书记殷切叮嘱："任何时候中国都不能缺少制造业。还要再提升，向中高端走，我们高质量发展要体现在这里。"五年后，总书记又一次在关键时期、重要节点，为徐工集团的未来发展提出了谆谆嘱托和殷切期盼。

迈向新时代，擘画新蓝图。党的二十大代表，徐工集团、徐工机械董事长、党委书记杨东升对未来充满自信：我们明确了新时代新征程"两步走"的珠峰登顶战略目标，就是要加快建设世界一流现代化企业，打造世界级先进制造业集群，攀登全球装备制造产业珠峰。当前，徐工集团上下牢记嘱托、感恩奋进，坚定不移沿着习近平总书记指引的方向奋勇前进，加快实现高水平科技自立自强，打造世界级先进制造业集群和享誉全球的"工程机械之都"，真正不负关怀、不负信任、不负重托。

作者评说： 徐工集团被评为第三届中国工业大奖企业、第五届中国工业大奖项目，是一家"双冠王"企业，成为中国工业企业前行的"灯塔"，引领着中国工业企业发展。徐工大型起重机已经实现突破，进入德国、美国等工程机械强国高端市场，来自包括欧洲和北美在内的国际订单源源不断。

常言道，遗传基因不可改变，这是科学道理。徐工集团前身是八路军鲁南第八兵工厂，有着红色基因。1957年成功试制出第一台塔式起重机，1960年徐工成功研发出中国第一台10吨蒸汽压路机，1963年徐工集团成功研发出中国首台5吨汽车起重机，2021年徐工集团已经成为世界工程机械制造商的前3名企业。但是，徐工集团发展之路并非一帆风顺，曾经历了激烈的市场竞争，企业也出现了许多的困难，甚至走过下坡路。面临企业创新发展动力不足，资金链紧张，产品市场萎缩，企业效益明显下降，职工人心涣散等局面，不大胆改革，不创新发展企业就会出现亏损，也面临着被兼并重组和倒闭的风险。在这关键时刻，徐工集团彰显了国有企业的定力，他们不忘初心，牢记使命，对党忠诚，产业报国，担当作为，坚守了工程机械实业的阵地，用徐工"一根筋"、不服输的血性激发了干部员工的斗志。值得肯定的是，徐工人心怀"国之大者"，具有深厚的工业情怀。他们不服输和不甘于落后的"一根筋奋斗精神"、工程机械装备争当全球第一的"珠峰登顶精神"，建设制造强国和实业报国的"担大任、行大道、成大器"精神，都是我国工业企业需要向徐工集团学习的真谛。

徐工人将永远保持清醒头脑，以"一根筋"、一种激情、一种情怀、一份忠诚、一份清醒，以新时代徐工思辨精神、革命精神、创新精神、登顶精神的"四种精神"，以创新驱动战略的厚积薄发，实现铸就大国重器和装备制造强国的中国梦。

第九章
中国的"灯塔工厂"

　　"海尔",大家对这个品牌并不陌生,但许多人认为海尔是一家生产家电的传统企业。这样理解海尔集团公司(以下简称"海尔")就不够深入和全面了。海尔的前身是青岛电冰箱总厂,创建于1984年。经过近40年的创业、奋斗和发展,不但生产智能家电产品,还转型为面向全社会的孵化创客平台、工业互联网平台。在物联网时代,海尔致力于成为实现工业4.0企业的领航者。2023年1月13日,由世界经济论坛和麦肯锡遴选,发布了十次"灯塔工厂"名单。海尔拥有6家"灯塔工厂",其中含1家"可持续灯塔工厂",是国内拥有"灯塔工厂"数量最多的企业。海尔已打造出覆盖冰箱、洗衣机、空调、热水器、智能控制器等行业的"灯塔集群",在数字领航上具有十足底气。

　　"灯塔工厂"被称为"世界上最先进的工厂",是由达沃斯世界经济论坛与麦肯锡共同遴选的"数字化制造"和"全球化4.0"示范者,是全球智能制造领域的风向标。入选世界"灯塔工厂"意味着海尔在探索新型制造转型方面走在了行业的前列,更意味着海尔在采用世界先进技术方面走在全球前列。海尔已有6家"灯塔工厂",分别是海尔中央空调互联工厂、沈阳海尔冰箱互联工厂、天津海尔洗衣机互联工厂、郑州海尔热水器互联工厂、青岛海尔冰箱互联工厂、合肥海尔卡奥斯智控互联工厂。

　　(1)海尔中央空调互联工厂是首批入选"灯塔工厂"的中国本土企业。该工厂创新采用以模块化、智能化、数字化、透明可视为基础的全生态互联体系，搭建以用户需求为中心的，集研发、制造、物流、服务于一体的全产业智能生态系统，见图 9-1。

图 9-1　海尔中央空调互联工厂

海尔中央空调互联工厂是世界上首家磁悬浮中央空调互联工厂。依托 5G、人工智能及区块链技术支撑，该工厂实现了 5G 设备云平台、5G+AR 远程协作、视觉检测等场景应用，打造了全球首个 5G 中央空调应用示范基地。其最大特点是把一次性交易的用户变成全周期、全流程参与持续交互的终身用户，产品 100% 不入库，研发周期缩短 50%，实现了 100% 用户定制、100% 网器、100% 终身用户。

（2）沈阳海尔冰箱互联工厂是世界冰箱行业首家"灯塔工厂"。作为以用户为中心的大规模定制模式的典范，该工厂通过部署可扩展的数字平台，实现供应商和用户端到端连接，生产效率提升了 28%。智能制造技术的全面应用，使其突破实体工厂范畴，重塑用户"旅程"，见图 9-2。

图 9-2　沈阳海尔冰箱互联工厂

（3）天津海尔洗衣机互联工厂是世界首座洗衣机端到端"灯塔工厂"，也是首家入选"可持续灯塔工厂"的中国本土企业。该工厂把 5G、AI、大数据等工业 4.0 新技术与工厂先进制造技术深度融合，通过网络连接用户并驱动产品快速迭代，从提供产品到提供解决方案，实现全周期场景解决方案的转变，打造了场景生态引领下的数字化转型新模式，见图 9-3。

图 9-3　天津海尔洗衣机互联工厂

在可持续发展方面，天津海尔洗衣机互联工厂采用了大数据和人工智能技术，建立起设备用电负荷模型和基于单台生产能耗模型的排产优化方法，实现高耗工艺的自动诊断优化及最低能耗的生产调度，挖掘可持续改善机会，实现节电 35%、减碳 36%、节水 54%、节省废料 59%。

（4）郑州海尔热水器互联工厂是全球第一家热水器行业端到端"灯塔工厂"。该工厂采用 IOT、UWB 技术，基于 5G+MEC 的高速运算，部署 20 项 AOI 应用，首创行业技术融合应用 63 项，大幅优化工厂质量管理、生产效率及生产成本等。其中，工业 4.0 技术 20 项，先进制造技术 43 项，智能制造水平实现行业引领。利用大数据、5G 边缘计算和超宽带解决方案，与供应商、工厂和客户建立密切联系，订单响应周期加快 25%，2020—2021 年，生产效率提高了 31%，产品质量提高了 26%，见图 9-4。

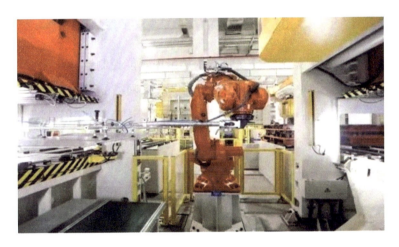

图 9-4　郑州海尔热水器互联工厂

（5）青岛海尔冰箱互联工厂是继沈阳海尔冰箱互联工厂后的又一次入选，自此，海尔冰箱成为行业内唯一拥有 2 座"灯塔工厂"的品牌。该工厂围绕高端冰箱的智能化制造全流程，打造五位一体的智能生产模式，通过制造全过程数字化升级，实现了前工序到总装全工序高效混流生产；搭建 3 层数字化立体物流配送体系，时序拉动、精准匹配，实现工序间高效协同制造；深度融合新一代信息技术与制造技术，通过物联感知、实时数据分析，实现质量精准管控。该工厂借助大数据、数字孪生和先进视觉检测技术，加快研发、升级制造流程，完善物流调度模式。据介绍，产品订单响应周期缩短了 35%，生产效率提高了 35%，质量性能提高了 36%，见图 9-5。

图9-5　青岛海尔冰箱互联工厂

（6）合肥海尔卡奥斯智控互联工厂是国内智能控制器行业首座"灯塔工厂"。世界经济论坛对其这样评价，随着供应商网络的不断扩大，为了应对产品多样性、交付时间短和产品质量高的挑战，该工厂利用定制化的工业物联网平台，在供应网络、研发、制造和客户服务等领域部署了18个不同的第四次工业革命技术，旨在加速人工智能、机器视觉和先进分析技术的大规模应用，最终将订单交付时间缩短了一半，并将现场缺陷率降低了33%，见图9-6。

图9-6　合肥海尔卡奥斯智控互联工厂

在数字经济蓬勃发展的当下，"灯塔工厂"已经成为数字经济与实体经济融合发展的重要推动力，也是制造业发展的新趋势和风向标。海尔代表中国企业在全球展示出"中国创新"的引领力量，不仅推动了产业数字化、智能化发展进程，更为企业实现能源高效利用以及生态可持续发展树立了典范。

海尔的6家"灯塔工厂"在冰箱、空调、洗衣机、热水器、智能控制器5大产业实现行业引领，这一成绩的取得离不开旗下工业互联网平台——卡奥斯（COSMOPlat）的助力。

卡奥斯是一个工业互联网服务平台，赋能中小企业创新，加快制造业转型升级。卡奥斯从产品的设计、成型到使用是与用户交互进行的。卡奥斯的核心就是一切用户说了算，是加速行业从大规模制造向大规模定制转变的工具，有利于服务型制造理念的推广与应用。目前，卡奥斯已经赋能海尔打造了6家"灯塔工厂"，被称为中国的"灯塔工厂"领路人。除对内助力海尔，卡奥斯对外跨界赋能助力青岛啤酒厂成为首个啤酒行业的"灯塔工厂"，是唯一成功对外复制灯塔经验的工业互联网平台。通过数字孪生体、数字空间、工业机理模型等核心模块，卡奥斯不仅能够在智能制造领域进行行业赋能，同时也构建了"与大企业共建，与小企业共享"的生态赋能模式，实现个性化定制、平台化设计、智能化制造、网络化协同、服务化延伸、数字化管理，从"企业数字化"迈向"数字化企业"。现在卡奥斯与德国西门子（MindSphere）、美国通用电气（Predix）比肩，成为世界级工业互联网三大平台之一。卡奥斯已连接全球近90万家企业，服务企业8万余家，被国际三大标准组织授权主导制定大规模定制模式的工业互联网平台。❶

卡奥斯不仅在工业领域起到了服务平台作用，在其他领域也能发挥其独特作用。"滇云蜜语"是云南一家蜂蜜生产企业。蜜源地品质不一，蜂蜜采收、生产管理标准不一，蜂蜜产品优质不优价，消费者对蜂蜜真假、品质存疑，产品信任度低，是一直以来困扰行业的普遍问题。如今，这些问题可以通过工业互联网平台一一化解。

---

❶ 山东广播电视台闪电新闻，2020年9月27日。

海尔卡奥斯工业互联网平台旗下的农业子平台海优禾与滇云蜜语签署了蜂产业扶贫生态平台战略协议，为滇云蜜语打造蜂蜜物联网数字化管理基地，严格监测蜜源地环境质量，实现了全产业链管控、全程溯源。卡奥斯将应用在工业领域的物联网、云计算、人工智能等底层技术嫁接到农业管理平台，通过架设在蜜源地的传感器，实时监测温湿度、二氧化碳浓度、空气质量、农药残留等环境情况，再加上卫星遥感监测技术，实时确定蜜源地的地块位置，形成大数据一张图。这样一来，平台可以掌握蜜源地信息、蜂箱位置、蜂蜜质量，在实现产品溯源的同时，可以根据气象数据对花期预测、灾害预警、产量预估进行分析，把控蜂蜜产品生产全流程。

据滇云蜜语测算，工业互联网解决方案使蜂事综合管理效率提升 20%，损失减少 14%。仅 2019 年，实际带动蜂农 7566 人，户均增收 4716 元，预计缴税突破 100 万元。跨行业、跨领域赋能是工业互联网的大势所趋，也是时代机遇。从工业到农业，卡奥斯赋能的步子迈得虽大，落得也实。

2020 年 6 月 2 日，李克强总理考察山东期间来到海尔，刘海尔卡奥斯工业互联网平台的跨行业、跨领域实践给予了高度肯定。海尔不仅把自己的工厂做成了"灯塔"，也赋能其他企业，帮助他们提高了效率，降低了库存；还利用工业的思路来赋能农业，把农民的智慧也融合进来，把餐桌上的需求和农业基地连接起来，这就是创新。

如果仅仅把工业互联网看作改造提升传统工业的工具，是对其狭义的理解。作为工信部认定的十大跨行业、跨领域工业互联网平台之首，依托工业互联网，通过资源、模式、生态的赋能，重塑研发、生产、运营全流程，卡奥斯正在推动形成万众创新的"热带雨林"，构建新物种丛生的跨产业生态，让每一个企业得以尽情施展。面向未来，卡奥斯不仅要抓住工业互联网的机会，还要让更多行业、更多企业抓住数字化发展的机会，共享工业互联网红利。

作者评说：《中国数字经济发展白皮书（2022 年）》进一步将我国数字经济分为两部分：一是产业数字化，即在传统产业中广泛应用数字化和科学信息技术所催生出的新型产业和实现传统产业模式变革的部分。二是数字产业化，即数字电子商务和信息电子通信产业。数字经济是我国现代工业发展过程中的新经济形态，也同样需要传统经济下基础设施与技术、人力、资本、土地等生产要素相配套，其特殊之处在于将以上设施、生产要素与现代数字化技术融合，并生成数据分析信息，运用互联网、物联网、大数据、云计算、AI技术，进一步推动数字经济发展，形成互相促进的良性循环，推动经济和产业不断融合，提升国民经济快速发展。海尔在产业数字化探索和发展中为工业企业树立了榜样，并建立了多家"灯塔工厂"，走在了通往工业4.0的道路上。中国制造正向高质量水平转变，成为世界制造业领军者，截至2023年1月，在全球现有的132家"灯塔工厂"中，有50家在中国，如海尔、三一重工、宁德时代等企业。"灯塔工厂"被誉为"世界上最先进的工厂"，其科技水平、数字化技术、互联网、物联网、大数据和人工智能的应用达到当下最高水平。中国的"灯塔工厂"将在不断迭代优化中发展壮大。

第十章
核电站内外壳电缆谁来造

2017 年，作者率中国工业大奖考察团一行，来到了江苏上上电缆集团有限公司（以下简称"上上"），见到了一位我国电线电缆行业的传奇人物，他就是上上董事长丁山华。在与丁山华董事长的交谈中，得知了许多他本人的故事和上上的发展历程，也了解到了中国核电电缆是怎样一步一步走向世界，并成为全球核电电缆领头羊企业的。

1992 年，溧阳电缆厂（上上前身）厂长丁山华因工作业绩突出，被任命为溧阳市经信委副主任。然而在他离开企业的三年里，曾经红极一时的电缆厂急转直下，濒临破产。无奈之下，市领导决定让丁山华回来"挽救危局"。面对人心涣散、生产无序、企业亏损的烂摊子，他没有气馁，一番大刀阔斧的整顿之后，再次将电缆厂一步一步地导入正轨。

"制造业得靠产品说话"，企业要想谋求进一步发展，就必须开发市场需要的产品。在此背景下，丁山华经过深入市场调研后作出两个影响深远的决定：一个是着眼短期，让企业扭亏为盈。他力排众议，大胆地向银行借贷 2000 万元（相当于当时企业固定资产的一半），进军电力市场。当时正好赶上中国城市地下电网改造，电缆厂第二年便实现营收 1.9 亿元，打了一个漂亮的翻身仗。时至今日，电力市场仍然是上上的订单主力。另一个是放眼长远，开发高含金量、高附加值的特种电缆，进军被视为"烫手山芋"的核电缆领域。

从 1996 年起，上上核电缆的开发便在一穷二白的条件下拉开了艰苦卓绝的序幕，成为我国最早一批进入核电缆研发的企业之一。20 年磨一剑，上上与中国核电事业共同成长，从二代、三代到四代，从零起步到填补世界空白，闪耀成绩的背后是一条披荆斩棘、充满汗水甚至付出生命代价的开创之路。

一、横空出世的二代核电缆

20 世纪 90 年代，我国商用核电站的建设从零起步，虽然成效卓著，但直到 2004 年，我国核电站建设的国策基本处于"适度发展"阶段，全国新开建的核电站数量很少，核电站总装机容量较低，核电发电量占比较小。特别是 2000 年以后的两三年里，国内核电站基本没有新上项目，使得国内普遍对核电市场不抱乐观态度，线缆行业也几乎没有人看好这块市场。在很多人看来，核电市场就像"水中月"，看上去明亮而美好，但捞不上来。而"难捞"包含两层含义：一是指核电市场不佳；二是指生产技术难度太大。一些人劝丁山华：搞核电缆，份额不大，风险无穷大，搞它干什么？上上内部的技术人员，对是否继续核电缆研发，也存在分歧。一些技术人员对核电缆研究产生了畏难和悲观情绪，希望研发工作就此停止，但公司技术副总王松明"希望再往前走一点"的观点得到了丁山华的支持。回过头来，丁山华当时的决策是非常有远见的。在当时的环境下，又能有多少人能看到核电的春天？

在零经验、零国家资金支持的情况下，上上技术研发人员摸着石头过河。"起步阶段，技术是最大的一个困难。没有前人指导，只能根据技术规范自行研制，最多加上国外的样品，但很多还跟国内不一样，只能简单地借鉴。"副总工程师梁福才回忆道。于是，上上技术人员翻阅一本又一本国际文献，记录一项又一项技术参数，在理论和实践中一次又一次反复摸索。靠着"蚂蚁啃骨头"的精神，上上核电缆的研发终于有了突破。1998 年，K3 类电缆（用在核电站安全壳外的电缆，也称壳外电缆）研制成功，达到国内领先水平。

2002 年，二代核电 K1 类电缆（用在核电站安全壳内的电缆，称壳内

电缆）的研制工作正式启动。在 K1 类电缆的研发道路上，项目组遇到了许多难关。

第一个难关是标准关，由王松明带领团队攻克。当时核电站使用的电缆技术规范，主要采用两大标准体系，分别来自美国和法国。无论是美标还是法标，都没有中文版本，好在法标有英文版本。为了确保对原文的正确理解，项目部并没有求助于外部，而是由内部人员自行研究和翻译。英文基础并不好的王松明，在那个时候带头学起了英文，他在电脑中下载了英文学习资料，下班后一个人在办公室专心致志地学英文。出差途中，在车上，他也不忘打开电脑争分夺秒地学英文、背单词。功夫不负有心人，王松明团队很快吃透了标准。由于我国当时还处于核电发展的前期，各项政策尚不明晰，关于核电产品到底按照哪个标准开发尚无定论。经反复讨论和研究，他们终于找到了一个两全之策，将两个标准综合取值，标准里面一样的就保留，标准里面有差异的就选择要求高的。

第二个难关是材料关。K1 类电缆对材料有特殊要求，需要采用低烟无卤材料。但国内外均无法采购到该材料（国内没有，国外不卖），只能自行研发。研发过程中，由于检验设备过于简陋，检测手段过于落后，材料研发人员没有任何捷径可走，在这种"调整配方—验证性能—调整配方—验证性能"的枯燥模式下，历经一万多次材料配方试验，前后三年奋战，终于取得了突破性进展，项目正式进入 K1 类样件试制和试验进程。回忆起那段经历，材料研发工程师朱冬杰谦虚一笑说："那个阶段，工作很烦琐、复杂，也很累，但看到研发成果后，也就不觉得辛苦了！"

第三个难关是试验关。由于国内之前没有 K1 类电缆，所以一些试验项目没有现成经验可供参考，比如耐辐射试验项目开展得十分艰难。这个试验需要特定的辐射源来完成，在千辛万苦找到有辐射源的单位之后，对方要么不愿意接活，要么开价过高。于是，王松明多次去辐照单位软磨硬泡，后来北京有家单位终于被感动了，同意以较优惠的价格帮上上开展辐照试验。等了十多天，项目组人员终于来到试验现场确认试验条件，却发现辐照单位不具备加热条件，而辐照单位又不愿投入大笔资金进行改造。王松明随后将这一情况向董事长丁山华汇报："他们既缺改造的人力，也缺改造资金，特别是资金……"丁山华听后毫不犹豫地回答道："那就由我们负责帮他们改造！"获得董事长指示后，项目工程师罗旭芳即刻前往勘查现场，将图样绘制好后交给机修组，机修组自制了一套可加热通风的装置，送到辐照单位，才使试验正常进行。

除此之外，还有一个模拟核电站发生事故的试验项目（称为 LOCA 试验），开展起来也是十分艰难。由于开展试验的这家试验室尚未做过电缆 LOCA 试验，相对缺乏经验，尤其是电缆从压力容器中穿出时的密封工艺还不成熟，以至于在第一次试验时，密封端头竟然从压力容器中飞出，密封端头是金属的，足有 1 千克重，飞出来的端头把对面的压力容器外壳砸了一个很深的凹坑，好在当时没有人从旁边经过。为了监测试验过程中的数据，在连续一个月的时间里，项目工程师凌国桢吃住都在试验室，回忆起那次试验时的情景，他说得最多的就是："每次从 LOCA 炉（就是那个装蒸汽的压力容器）旁边经过去测电阻，都提心吊胆的，就怕密封端头又飞出来。"

重重困难和风险之下，上上研发团队坚定向前，在走过了无数个迷茫的黑夜之后，终于迎来了胜利的曙光。2006 年 9 月 17 日，在国防科学技术工业委员会的主持下，上上研制的二代核电 K1 类电缆产品鉴定会在溧阳召开，15 位核电业内专家通过现场审查，认为上上研制的二代核电 K1 类电缆已经达到设计规范要求，能够满足壳内环境的使用要求，一致同意通过鉴定。该鉴定会的成功召开，也标志着国内第一家能够生产 K1 类电缆的企业诞生。

产品完成鉴定的同年年底，上上获得了二代核电 K1 类电缆的首批订单。该批订单于 2007 年 2 月顺利通过核电秦山联营有限公司和核工业第二研究设计院相关领导、专家的验收，运往秦山核电站投入使用。第一批 K1 类电缆的成功供货，终于填补了国内不能生产 K1 类电缆的空白，打破了同类产品完全依赖进口的局面，为我国电缆行业的长远发展掀开了新的历史篇章，更为上上在核电领域的发展掀开了新的一页，见图 10-1。

图 10-1　中国首批国产 K1 类核电缆发货仪式

2007 年年底，K1 类电缆又迎来了第二批大订单，出口巴基斯坦 C2 项目，客户要求春节后交付。由于 K1 类电缆材料的特殊性，研发小组成员只能边生产边摸索工艺规律，进展很不顺利。为了保证节后能够正常交付，项目组人员放弃了春节休息时间，大年初二就和分厂员工一起投入 K1 类电缆生产中。至今，技术中心主任李斌（现为集团总工程师）回忆起 2008 年临近春节前的一个加班夜，仍然感慨万千。那天，李斌带着大家在南厂区进行工艺改进验证，当问题得到解决，大家拖着疲倦的身体走出车间时已是凌晨 3 点多了，糟糕的是外面下了厚厚一层雪（后来知道 2008 年的那场雪是南方多年不遇的一次大雪）。那晚，大家都是走着回家的。

K1 类电缆的供货，迅速带动了 K3 类电缆的供货。2008 年，在 K3 类电缆完成升级开发后的第三个年头，上上在深圳中广核大亚湾基地签订了金额超过 5 亿元的红沿河 / 宁德 / 阳江项目 LOT73 电缆供货合同，成为当时中国核电建设发展史上最大的电缆合同，也是公司 40 年发展史上取得的最大订单。2009 年，上上又与中核集团一举签下了方家山 / 福清 / 昌江 / 田湾项目 10 个机组的 K3 类电缆供货合同。到 2017 年，上上已为国内 34 个机组大批量供应过核电缆，国内每个已建和在建的核电站项目都有使用。至此，上上成为名副其实的国内核电缆第一供货商。

二、光芒闪烁的三代核电缆

2006 年，为了解决核电建设中存在多头引进，技术路线、标准不统一，自主化、国产化进展迟缓等问题，国家决定专门成立国家核电技术公司，引进吸收美国西屋公司的 AP1000 技术，形成中国第三代核电技术自主化的实施主体。

2009 年 12 月，AP1000 技术的两个依托项目——浙江三门核电站两台机组和山东海阳核电站两台机组相继开工，AP1000 技术方案开始进入施工阶段。

2010 年，国家核电工程有限公司（以下简称"国核公司"）就世界首批四个堆三代核电 AP1000 壳内和壳外两大块电缆的研发、制造向全世界公开招标，上上同时参加了壳内和壳外电缆的竞标。

当时，参加壳外电缆竞标的国内外企业共八九家，其中国内企业六家。参加壳内电缆竞标的国内外企业有四五家，其中国内企业二家。竞争局面可谓是强敌如云，世界一流电缆制造商也参与了竞标。尽管如此，上上仍然包揽了除仪表控制电缆之外的所有壳外电缆项目。

2010 年 12 月 30 日，上上与国核公司就三代核 AP1000 自主化依托项目 4 台机组动力及控制壳外电缆合同正式签约，合同金额超过 2 亿元。

正当上上在壳外电缆合同签订以后一门心思地进行研制和做准备工作的时候，没想到 3 个月后，出于对壳内电缆技术难度和风险的考虑，已经中标的美国公司突然弃标，而且连投标保证金也不要了。

AP1000 壳内电缆正"等米下锅"，美国公司却突然撤出了，国核公司非常焦急，立即召开供应商紧急会议。虽然 AP1000 是美国西屋公司设计的三代堆型，但该三代堆型的核电机组在中国浙江三门 1 号机首次投入商用，与之配套的 AP1000 壳内电缆是一个全新的课题。在这一点上，国内外企业都处在同一起跑线上，即严格按照 AP1000 要求进行设计制造。在美国公司弃标的情况下，一些国外公司也顾虑技术难度和风险不愿意参与，而国内公司也感觉心有余而力不足。一时间，国核公司竟找不到一家愿意接手的供货商。

上上是二代堆型 K1 类核电缆国内唯一的供货商，最后国核公司将希望寄托在上上身上，希望由上上承担起自主研发 AP1000 壳内电缆、打破进口限制、国产替代进口的重任。当时参加会议的王松明深感此事关系重大，回去后即刻向董事长丁山华汇报。

关于是否接手壳内电缆订单，上上的中高层管理者连续进行了两周讨论。主张接手的一方认为，除了政治意义重大，该类电缆技术含量高，一旦做出来会极大提升上上在世界同行中的地位；反对方认为，该类电缆要求高，一旦失败，不仅上上多年树立的品牌将受重创，而且可能影响我国重大工程三代核电站的建设进度，接单风险巨大，后果严重。

早已成为电缆行家的丁山华对于 AP1000 壳内电缆技术上的风险是很了解的，但从个人以及对国家感情的角度来说，他打心底里支持接单。国家对他来说，不仅是一种依靠，更是他们那一代人感情的依赖和寄托。当国家召唤他们时，他们立刻就感到自己所负有的不可推卸、义不容辞的责任。因此，丁山华由衷地珍惜这次机会，发自内心地愿意奋不顾身地去报效国家。

2011 年 4 月 14 日，受丁山华委派，王松明代表上上与国核公司签下三代核电 AP1000 自主化依托项目壳内电缆供货合同。至此，三代核电缆的研发便成为上上的 1 号工程，人力、物力、财力，全力保障，见图 10-2。

图 10-2　合同签约仪式现场

三、三代核电缆技术之难

世界上第一座三代安全型核电站用壳内电缆，因其技术之高、制造之难、标准之严苛被誉为电缆行业"皇冠上的明珠"。

AP1000 壳内电缆属于三代核电站安全堆型，相比二代、二代半堆型，对壳内电缆的要求更为严苛。一般的电缆寿命要求为 30 年，二代半堆型的要求为 40 年，而 AP1000 壳内电缆的要求则是 60 年，如此"长寿"的电缆对制造材料的选用和创新是一个巨大挑战。除此之外，耐极端酸碱要求、耐高辐射要求（比二代堆型增加了 2.88 倍）以及耐事故冲击能力都对电缆的承受能力提出了挑战。以上每一项试验都是指标的极限值，每一项要求都非常苛刻。然而，AP1000 壳内电缆最难的不是这些单个试验项，而是这些试验单项的叠加。难度可想而知。

除了性能要求高外，试验单位的寻找也是一件困难的事。有些试验项目在国内无法找到符合要求的试验单位，只能送到国外进行试验。例如高温射流冲击试验项目，由于送国外进行试验，耗费惊人，4 天 4 次冲击试验，一次冲击 20 秒，每次冲击试验耗资 50 万美元，共支付试验费用 200 万美元。除了多次繁杂的试验，核电缆的成功试制还经历了一段漫长的技术沟通之路。

AP1000 壳内电缆与其他核电站不一样的地方在于，原设计方在美国，因而任何技术工作的沟通和协调，只有获得美国设计方的认可，才能被认可。溧阳没有越洋视频设备，所以每次都必须前往上海国家核电工程有限公司，借用他们的国际视频会议室。中美存在 12 个小时时差，因此每次只能选择清晨或傍晚与美方沟通，还要克服语言障碍。对于中方团队来说，每一次越洋会议都是一个劳心劳力的过程。有一次，王松明晚上和美方开完视频会议后，约好第二天清晨继续。由于涉及指标变动，王松明连夜从上海赶回溧阳，又在第二天开会之前赶回上海会场。王卫东是当时接送的司机，当王松明告诉他，晚上 12 点回溧阳，第二天早上 5 点就得出发时，王卫东直呼：这简直不要命了！那段时间，差不多每周都要开一两次这样的沟通会，而且持续了大

约半年时间。

2014年3月15日，这是一个值得载入上上史册的日子。这一天，上上历经千辛万苦研发的AP1000壳内电缆项目要进行技术成果鉴定。来自中核、国核、中广核等单位的15位专家，在认真听取该项目的技术总结报告、鉴定试验报告，审查鉴定文件，考察企业科研、生产现场并经充分讨论后，一致同意上上的AP1000壳内电缆通过技术成果鉴定，并在鉴定意见中明确该产品"填补了国际空白，达到国际领先水平"。当鉴定委员会主任叶奇蓁宣布完上述鉴定意见时，会场响起了经久不息的掌声，参加AP1000壳内电缆项目研发的同志更是激动得热泪盈眶，见图10-3。

图10-3　世界首堆AP1000壳内电缆交付仪式

上上历年来开发的新产品有很多，其中也不乏填补国内空白的产品，但填补国际空白的，之前尚未有过，这是第一次。

然而就在这一天，有一个人却再也不能到场了。他就是核电缆研制带头人王松明。2012年9月17日上午，王松明因攻克AP1000壳内电缆研发难题，在胃切除三分之二的情况下，仍夜以继日，导致旧病复发，最终倒在了工作岗位上。他牺牲时，已解开了三代AP1000壳内电缆的核心技术难题。这一天，距世界首堆 AP1000 壳内电缆正式交付，仅差 7 个多月。那时，他年仅 50 岁。王松明带着对企业和核电事业无限的爱离开了。对此，丁山华无比悲痛和感叹："我交给松明的任务，他都完成了，就是身体健康的任务他没有完成，这是我的痛，也是上上人的痛。"王松明将他的名字永远留在了中国核电事业的史册上，用生命不息、奋斗不止的实干精神，为奋斗在工业领域的广大科研人员和职工树立了光辉榜样。

四、上上人追求卓越永无止境

国家核电技术公司党组书记、董事长王炳华动情地说："作为一个民营企业，仅仅依靠自身力量攻克这样一个世界级技术难题，绝对是中国核电发展史上的一个奇迹，国家应该感谢你们！"

当国内三代核电站正在热火朝天地建设时，更为先进的第四代核电技术正在悄悄走来。2014 年 9 月，第四代核电高温气冷堆向全球发出了所需电缆的招标公告，这也预示着四代核电正式对电缆提出了要求。

第四代核电对电缆的要求，除核环境条件与二代、三代类似之外，还有一项特殊要求：部分电缆需在 80℃ ~100℃ 高温环境下保持正常工作。针对这样的特殊需求，上上给招标方出具了一份如何满足高温环境下使用要求的核电缆评估分析报告，并附以详细的解决方案。招标方对上上提供的评估分析报告给予了高度赞扬，不仅没选择国内其他单位承接该项目，而且也没有选择国外很有竞争力的两家企业（都是全球规模排名中数一数二的企业），唯独把该标（包括 K1 类和 K3 类电缆）全部授予了上上。这也是对上上设计优势及日益凸显的技术实力的认可。

2015 年 1 月 5 日，上上与招标方中核能源正式签订 K1 类和 K3 类电缆合同，这标志着上上在四代核电项目建设中又率先迈出了重要的一步！

核电缆的开发仅仅是上上漫漫 56 年发展史上的一段缩影，更是上上人不畏艰难、不言放弃、敢于挑战、攻坚克难的创新精神的真实写照。通过不断的创新攀登，上上已由当初的无名小厂逐步蜕变成中国电缆行业的领军者，

线缆企业规模排名世界第七、中国第一，荣获第三届中国质量奖提名奖，第五届中国工业大奖。坚守电缆主业的同时开发更多高技术含量的特种电缆满足高质量时代发展需要已成为上上下一步的目标。总经理丁志鸿作为企业第二代接班人，把企业坚守主业、坚持高质量发展的理念同样接续传承了下去。正是矢志不渝的坚守和明确的规划，上上第四个厂区已竣工投产，第五个厂区——特种电缆生产基地正在动工建设。掌握更多"拳头产品""核心技术"，为"中国创造"贡献更多"上上力量"，让"中国创造"闪耀世界，这不仅是上上执着不变的追求，更成为所有上上人为之奋斗的使命。

作者评说：上上从生产普通电缆到生产核电缆，从生产核电站壳外电缆到生产壳内电缆，从研制成功二代核电站电缆到三代核电站电缆，这一步一步的成长壮大、快速前行、实现超越，如今成为世界核电站内外壳电缆研发制造的国际知名企业，为中国工业增光，为中华民族争气。上上取得的辉煌成就，再次证明了敢想、敢干、敢拼才能赢。一个成功的企业不是从天上掉下来的，而是经历了艰难险阻、艰苦奋斗，走过了不平凡的成长之路。上上的起家并没有得天独厚的优势资源和雄厚基础，而是凭借自己的力量发展壮大。上上成功的关键是有位名副其实的优秀企业家丁山华董事长，他带领上上人筚路蓝缕、披荆斩棘、勇往直前，最终取得了成功。其经验告诉我们，作为一名优秀企业家，就是要忠于党、热爱祖国、尊重科学、艰苦奋斗、执着拼搏、无畏风险、敢为人先、视野广阔、敢拼才能赢。

第十一章
华龙腾飞

2018 年，作者来到了位于福建省福清市的福清核电站 5 号机组施工现场，目睹了全球首堆 5 号"华龙一号"机组的安装。走进核电站中央控制室，在操作控制台前手握核反应堆的控制器时，忽然感到世界上最先进、安全等级最高的核电技术和核裂变的巨大能量可以掌握在中国人自己手上并为人民带来福祉，内心无比激动和自豪，当时的场面迄今难忘，见下图。

"华龙一号"核电站模拟控制室

福清核电站的 5 号机组建设项目是由荣获中国工业大奖企业的中国核电工程有限公司（以下简称"中核工程"）负责设计实施。该企业隶属中核集团，是一家大型央企，集研发、设计、工程总包于一体的科技型高新技术企业，

是我国最早核工程技术综合性研究设计单位、核工业唯一具备工程设计综合甲级资质单位。

（一）

中核工程是我国国防核科技事业主力军，是我国唯一具备核燃料后处理、核材料及核燃料元件生产线研发设计单位，是国家核安全及核环保产业的重要力量，是国家国防安全的重要基石。中核工程在核电、核燃料后处理及核材料、核燃料元件生产线等领域代表国家最高技术水平。

作为我国核电产业发展的中坚力量，中核工程参与设计了我国第一台30万千瓦核电站秦山一期，自主设计了60万千瓦核电站秦山二期（获国家科技进步奖一等奖），自主设计我国首个百万千瓦级商用核电站岭澳二期（百万千瓦级二代加核电），均实现批量建设和安全稳定运行。中核工程自主研发设计并通过工程总包方式建设了我国具有完全自主知识产权且唯一具备出口的世界先进三代核电"华龙一号"（HPR1000），代表国际先进三代核电技术使我国跻身世界先进核电第一阵营（目前拥有世界最先进三代核电技术的国家及品牌仅有：法国EPR、美国AP1000、俄罗斯VVER、中国HPR1000）。"华龙一号"全球首堆福清5号机组68.7个月的建设工期打破国际首堆必拖魔咒，2020年11月，福清5号机组首次发电并网成功。

核电站建设首要的是安全问题。当人们听到"核电站"这三个字时，会联想起1986年发生的切尔诺贝利核事故，以及2011年发生在日本福岛的核事故。福岛核事故震惊世界，导致快速发展的核电工业受到影响。有的西方国家因此宣布不再发展核能。我国反应非常迅速，国务院召开会议决定立即对我国核电站进行全面的安全检查，同时全面审查在建核电厂，暂停审批新上核电项目。国家核安全局在下达的《福岛核事故后核电厂改进行动通用技术要求》中，对核电工业提出了更高的安全标准。

"当时，挫折感确实很大。为了CP1000核电项目，我们中核集团奋斗了十多年，已经通过了国家核安全局的严格审定，眼看具有三代水平特征的CP1000项目要正式开工，福清核电厂都已经准备给机组浇筑第一方混凝土了，突然项目被叫停。但即使在这样的非常时刻，我始终认为中国需要核电，国家发展核电的大方向不会改变，改变的只是政府对核安全的要求更高了。"该项目总设计师邢继说，"我当时想的是如何尽快地把团队从迷茫失落的氛围中拉出来，按照国家提出的'建造国际上安全标准最高的核电站'的要求，和同事们一起拿出安全标准更高的设计方案，这就是后来的'华龙一号'。"邢继回忆道。❶

为什么说"华龙一号"是世界安全标准最高的核电站呢？让我们走进"华龙一号"，看看它的设计有什么独到之处。当作者走进福清 5 号机组内部，清楚见到一个巨大的装置，经过介绍才知道，这就是"华龙一号"的创新点——非动能装置，这也是核电站安全最后的保障。"华龙一号"之所以被称为安全标准最高的核电站，关键在于"能动 + 非能动"的设计理念。

"华龙一号"最大的特点是能动和非能动相结合的安全系统。正是这一系统使它成为国际上安全标准最高的核电站，能动系统就是利用电力或燃油系统产生的动力；非能动系统不依赖电源，而是利用重力、温差、密度差的自然驱动力来实现流体的流动，从而进行热能的传导。假如"华龙一号"机组遭遇停电，非能动系统将会启动，给核反应堆降温，导出热量，数千吨冷却水将作为安全壳内释热的最后冷却手段。当反应堆冷却剂系统压力降到一定数值时，水箱将自动向反应堆冷却剂系统注入含硼水以保证堆芯的冷却。

"'华龙一号'在最主要的三道安全屏障上，都设置了'能动 + 非能动'的安全系统。"邢继说，"这三道安全屏障，从内到外，最里层的是核燃料芯块的包壳，铀 235 芯块被金属壳包裹，只要金属管不破损，放射性物质就不会泄漏。第二道屏障是一回路承压边界，它必须能承受高温高压。一回路的主要构件有反应堆、蒸汽发生器、主管道、主泵、稳压器等，通过蒸汽发生器把二回路的水加热成蒸汽，从而驱动汽轮机发电。整个反应堆的一回路构成一个封闭系统，其承压的边界就是包容放射性物质的第二道屏障。第三道

---

❶ 郑蔚，《邢继："华龙一号"是安全标准最高的核电站》，《文汇报》，2020 年 11 月 29 日第 6 版。

屏障就是反应堆厂房的安全壳，它是一个预应力混凝土结构，可以承受前两道屏障失控引发的高温高压，包容从前两道安全屏障里泄漏的放射性物质。在安全壳的设计上，还考虑了应对各种自然灾害和极端事件，所以设计成大容量的双层安全壳，内壳是主安全壳，应对反应堆、一回路出现的问题；外壳是次安全壳，用来抵御外部突发事件的破坏力。比如，能抗住大飞机撞击，甚至航油的燃烧，以及龙卷风、台风的侵袭。内壳和外壳之间，还形成负压，以保证即使内壳受损，放射性物质也不会从内壳中泄漏到环境中去。"❶

"华龙一号"的非能动装置，也被形象比喻为核电站的"速效救心凡"。如果核电站发生了事故，依赖电力驱动的能动系统完全丧失后，非能动系统可以自然进行冷却水循环，为反应堆芯降温，可以保证事故发后的72个小时内不需要外部干预，杜绝了日本福岛核事故重演。"华龙一号"因三道安全屏障，被世界公认为安全标准最高的核电站。

（二）

中核集团积极推进我国三代核电标准体系建设，加快推进我国核电工业走出去。由中核集团组织、中国核动力研究设计院主导编制、核工业标准化研究所参与编制的国际标准《压水堆核电厂一回路冷却剂系统设备和管道保温层设计规范》（标准编号为 ISO 23466：2020）于 2020 年 10 月 26 日正式发布。该标准是我国首项核电国际标准，也是我国核领域首项 ISO 标准。该标准的发布标志着我国自主核电技术进一步获得国际认可，是中核集团在世界核电领域增强竞争力的重要布局，对支撑"华龙一号"走出去和提升我国核电国际影响力具有重要意义。保温层作为压水堆核电厂核岛的重要设备，承担着减少反应堆及一回路热损失、缓解严重事故工况、降低辐射水平、改善操作环境等一系列重要功能，与核电站安全息息相关。在三代核电反应堆压力容器及一回路系统设备管道保温层的研发过程中，中国核动力研究设计院

---

❶ 郑蔚，《邢继："华龙一号"是安全标准最高的核电站》，《文汇报》，2020 年 11 月 29 日第 6 版。

开展了大量科研攻关，实现了多项创新设计，取得多项专利技术，相关技术达到世界前沿水平。该标准成果已成功应用于"华龙一号"的工程设计。

出口方面，"华龙一号"出口巴基斯坦（2台）海外首堆建设顺利，阿根廷、沙特阿拉伯等国家已签订框架协议，"一带一路"沿线国家正在有序推进。我国三代核电出口带动我国装备工业产业转型升级，推动核电走出去，打造了中国高科技亮丽新名片，为世界提供了中国核电智慧和力量。

中核集团通过自主创新，研发设计了具有完全自主知识产权的国际先进三代核电技术等，彻底打破国际核垄断，提升我国国际核电话语权，推动国家"一带一路"建设。他们将在传承弘扬"两弹一星"精神和"四个一切"核工业精神基础上，继续发扬新时代核工业精神——"强核报国　创新奉献"，坚固国家核安全基石，为实现我国核技术引领和由核大国向核强国转变目标而不懈奋斗。

（三）

党的十八大以来，中核集团深入贯彻落实习近平总书记重要指示精神，推动核工业安全发展、创新发展，产业经济快速增长，产业链进一步完善，发展实力进一步增强，国际竞争优势进一步提升。面向新时代，推动核工业数字化、智能化转型升级，是实现核工业高质量发展，实现中核集团"建设先进核科技工业体系，打造具有全球竞争力的世界一流集团，推动我国建成核工业强国"的新时代"三位一体"奋斗目标的必然要求。

企业数字化转型要通过整合企业内外部资源，利用新一代信息化技术，安全数据、业务流程、组织机构的互动创新，持续提升企业的核心竞争力，构建可持续竞争优势。中核集团深入贯彻落实党中央、国务院决策部署，主动适应数字经济的发展要求，持续推动核工业数字化建设，提升了核工业的核心竞争力，为我国核事业高质量发展贡献力量。

一是以数字技术应用推动产业链升级。系统规划人工智能与核科技产业融合应用的顶层架构、技术路线和实施路径，发布《中核集团人工智能与核科技产业融合发展规划指南》，成立核工业机器人与智能装备协同创新联盟，

有效推动中核集团产业链创新体系建设。在数字核电领域，不断迭代升级数字核电总体方案，明确提出促成实现核电数字化设计、数字化工程、数字化交付、数字化运行，逐步提升数字核电产业链智能化水平，促进产业协同发展。在核燃料智能生产领域，着力应用工控安全技术、装备智能化技术、数字孪生与仿真验证技术，加速核燃料产业智能化升级。在数字铀矿山领域，建立我国首个铀矿山数字化基础数据库，构建中铀矿冶云平台，自主研发国内领先的数字铀矿勘查系统并全面推广应用，实现铀矿勘查全流程数字化。

二是以数据治理加快数字化转型进程。数据是数字经济时代的关键生产要素。中核集团拥有完整的核科技工业体系，汇聚了我国完整的核工业数据资源，为数字化转型提供了良好的数据基础。中核集团正在着力开展数据治理工作，全面梳理数据标准，提升数据质量，以信息流带动技术流、资金流、人才流、物资流，进而不断提升集团资源的配置效率。

三是以"新基建"夯实数字化转型基石。"新基建"是国内大循环加快发展的重要着力点，也是推动核工业全产业链转型升级的重要基础。中核集团正有序推进核工业数据中心项目建设，一期建成后将首先面向集团内部提供持续稳定可靠的 IT 基础设施共享服务；围绕核电工程建设和生产运营，积极策划并推动 5G 网络部署和应用工作，进一步提升安全生产能力。

中核集团作为我国核科技工业主体、核能发展与核电建设的中坚力量、核技术应用的骨干，肩负着推动国防建设和经济社会发展的双重历史使命。要把握数字化发展新机遇，借"新基建"的东风，切实增强责任感和紧迫感，主动践行新发展理念，推动核工业向数字化、智能化方向加快迈进。他们将进一步抓好以下五个方面。

一是加强数字化发展统筹规划。要深刻认识数字化转型的艰巨性、长期性和系统性，注重顶层设计，一张蓝图绘到底，不见成效不收兵，切实推动数字化转型升级。数字化转型规划要从中核集团发展的实际出发，聚焦优势，按照"点、线、面、体"的路径逐步推进；以科技创新为核心，重点在数字化运营、数字化生产和数字化生态方面着力；在"产业＋科技"上积极布局，创新核工业发展新业态、新模式，抢占核工业价值链中高端市场，加快实现新旧动能转换和高质量发展。

二是加强开放协同，注重共建共享。数字化转型不是"单打独斗"，要加强集团公司与高校、外部合作伙伴的协同创新，深化全集团的分工协作，基层单位基于集团赋能，开展数字化落地实施，挖掘核工业各领域的数字化机会。要打通资源要素流通壁垒，不断加强经验、技术、成果等各类资源的交换与共享，推动产业链、供应链、创新链上下游企业的数据贯通和业务协同，打造核工业高质量发展的创新生态圈。

三是加快数字技术与核科技的创新融合。关键核心技术要不来、买不来、讨不来。在新的形势下，必须把自主创新摆在更加突出的战略位置，加快解决关键核心技术受制于人的"卡脖子"问题。中核集团的23家科研院所要加大数字化智能化领域的研发投入，补齐核工业数字化的短板和弱项，进一步加强信息技术、制造技术、材料技术等的渗透与融合，加快形成一批重大突破性成果，尽快实现核心技术、关键技术自主可控，为核工业的未来发展提供不竭动力。

四是坚决守住安全底线。网络安全对国家、社会和企业发展的重要性和紧迫性愈加突出。我国核工业始终保持着安全发展的良好局面。当前，随着数字化红利不断释放，数据安全、业务连续性、网络攻击等风险隐患日益凸显。我们要切实增强底线思维，强化风险意识，利用安全可靠的技术，加强平台、系统、数据等安全管理，提升核工业数据信息的本质安全水平。

五是加强人才队伍和企业文化建设。人才资源是第一资源。要以数字化需求为重点，以丰富的数字化实践培养人才，最大限度地调动数字化人才的奋斗激情和创造活力，引进培养支撑核工业数字化转型的中坚力量。不断培育与数字化、智能化发展要求相适应的企业文化，激发员工创新创造的活力，逐步适应数字化转型发展，为数字化转型提供源源不断的动力源泉。

数字化大潮滚滚向前，推动核工业数字化、智能化发展的趋势不可阻挡。中核集团将主动对接和落实国家数字化发展战略，充分利用最前沿的数字技术重塑管理和产业形态，实现核工业产业转型升级，推动实现核工业高质量

发展，为数字中国贡献中核智慧和中核力量。❶

　　作者评说：中国核工业起步于 1955 年，面对科技水平低、经济基础弱的局面，研制高科技的原子弹真是难如登天。在此背景下，核工业人排除万难，仅用了 9 年时间就实现了原子弹爆炸成功。然而成功之路并不平坦，核工业克服了许许多多的困难，经过了无数次的研制与试验，最终取得了成功。这使我国成为世界上第 5 个拥有核武器的国家。三年后，我国又研制成功氢弹，成为世界上第 4 个能够制造氢弹的国家。随着 1970 年中国自行设计研制的第一艘核潜艇下水，"两弹一艇"研制成功，它们为捍卫国家领土安全起到非常重要的作用。在建设强大国防力量的同时，核工业人把和平利用核能作为为人民带来福祉和国家经济发展的新引擎，开始了核能发电的研究与实践。从 20 世纪 90 年代初，由中国自行设计、建造和运营管理的第一台秦山 30 万千瓦核电站，到 2021 年投入商业运行的由中国自主设计、实施和运营管理的 100 万千瓦级二代核电"华龙一号"——中核集团福清核电站 5 号机组，在核电站设计、建设技术水平和安全方面均达到了国际领先水平，已经成功并网发电并进入商业运营；2022 年福清核电站 6 号机组也投入商业运营。同时，"华龙一号"沿着"一带一路"走向世界，造福人类。中国核工业取得的成果向世界展示了中国速度，中国人用不到 70 年的时间，走完了发达国家需要 100 多年才能走完的路。这力量从何而来呢？来源于"强核报国，创新奉献"新时代核工业精神的力量。如今，中核集团在核工业数字化、智能化方面也走在了前列，是 2021 年中央企业数字化转型 53 家企业之一。

---

❶　中核集团官网，2021 年 2 月 5 日。

第十二章
菊酯：大国粮仓的绿色守护者

    2018 年 8 月，作者作为中国工业大奖考察团负责人，带领几人来到了江苏扬农化工股份有限公司（以下简称"扬农"）。扬农地处黄海之滨，给人感觉不像是一家农药制造企业，而像是一个大花园。进入厂区，下意识地深吸了一口气，想仔细感觉这里的气味有何不同，然而并无异样。考察团先参观了厂区，然后聆听了吴孝举副总经理对公司综合情况的介绍，他仔细向考察团讲述了关于扬农的一些真实故事。

    我国是一个人口大国，现代农业是大国的根基，直接关系到我国约 14 亿人口的吃饭问题。联合国粮农组织调查表明，现代农业如果离开了杀虫剂，农作物减产将达到 30% 以上，但高毒、高残留农药的使用，又会严重影响到农村的生态环境和人民的食品安全。为解决这一重大难题，荣获中国工业大奖的扬农认真贯彻落实习近平总书记的指示："中国人要把饭碗端在自己手里，而且要装自己的粮食。"[1] 扬农秉持保障粮食丰收、保证食品安全、保护绿水青山的初心，以振兴民族菊酯工业为己任，数十年如一日，坚守初心使命，践行绿色发展，勇当中国菊酯工业发展的先行者和领路人，引领国产菊酯从无到有、从小到大、从弱到强，从小产品做成大产业，实现了从品种单一到结构优化，从技术低端落后到水平大幅提升，从低水平发展向高质量迈进的巨大飞跃，铸就了国产菊酯振兴腾飞的产业报国梦，为推动农业经济可持续

发展作出了杰出的贡献。

一、背水一战，带领国产菊酯艰难突围

世界有机杀虫剂的发展可划分为三个阶段：以有机氯化合物为代表的第一代杀虫剂；以有机磷化合物、氨基甲酸酯为代表的第二代杀虫剂；以拟除虫菊酯（以下简称"菊酯"）、杂环类化合物为代表的第三代杀虫剂。随着早年"DDT""六六六"的相继问世，化学农药从低效的无机化合物阶段，跨入了高效的有机化合物时代，尤其是"DDT"，当时更被称为"昆虫世界的原子弹"。随着第二代杀虫剂的问世，有机磷又逐渐成为杀虫剂的主力品种，在农业上发挥了重要作用，但由于其高毒性、长时间残留的问题，西方发达国家从20世纪70年代起，便开始限用或禁用，转而发展第三代杀虫剂品种。而此时，我国农药工业发展尚处于初级阶段，和其他工业一样，从20世纪50年代开始起步，又历经了"十年浩劫"，更显得一穷二白，摇摇欲坠。然而就是在这样的背景下，民族菊酯工业艰难跨出了在今天看来几乎是超越时代、不敢想象的一步。

菊酯类杀虫剂是在模拟天然除虫菊花有效成分的基础上，进行人工合成的新一代杀虫剂，具备三大显著优势：一是高效，通常可在几秒内使昆虫麻痹致死，而且用量仅为有机磷杀虫剂的几十分之一，开创了农药每亩以克为使用单位的超高效时代；二是低毒，对人畜等高级动物危害极低，不仅可用于农业大田杀虫，还可用于防治蚊蝇等家庭卫生害虫；三是环境相容性好，在环境中容易降解，无残留。菊酯类杀虫剂与传统杀虫剂相比，优势十分明显，但因其产品化学结构复杂，技术门槛高，生产难度大，当时全球仅有少数跨国公司能够生产，属于农药合成的前沿领域。

20世纪70年代，一位上山下乡的知识青年来到扬农，他便是我国著名的农药先驱、原江苏农药研究所所长程暄生。在程所长的帮助下，扬州农药厂菊酯分厂（扬农前身）进入了菊酯研发领域，成为国内第一家研究菊酯的企业，并成为全国第一个取得胺菊酯产品的中试成功的企业。初战告捷，燃起了大家大干快上、赶超国外的信心，从此，扬农开始走上振兴国产菊酯之路。

20 世纪 80 年代中期，为发展民族菊酯工业，当时的化工部专项拨款 1000 万元用于扶持扬农菊酯，研发项目被赋予了一种特殊意义——填补国内空白，振兴中国菊酯工业。然而，科技进步的道路从不平坦，赶超与对手 30 多年的差距更是谈何容易。巨额投资后，项目却未能成功，更改工艺、项目换人，能用的方法都用了，但扬农菊酯始终脱不去品种单一、质量低下的"帽子"。当时国产菊酯含量最高才达到 60%~70%，不用说与国外公司产品竞争，就连全国爱国卫生运动委员会要求的"含量大于 90%"也达不到。扬农菊酯在客户心目中，俨然成为"劣质产品"代名词。为扶持扬农菊酯项目，国家又出台了"行政搭配销售"的保护政策，先是"进口一吨国外菊酯，必须搭配三吨扬农产品"，后来变为"进口三吨国外菊酯，需要搭配一吨扬农产品"。然而政策上的扶持并未能改变国产菊酯落后的现状，扬农菊酯在进退两难的困境中勉强生存。到 20 世纪 80 年代末期，努力依然没能改变无情的现实：国内需求依然靠进口，国外公司依旧垄断，国家为此每年要花费大量外汇。

国产菊酯历经约 20 年的艰难求索，依然笼罩着高深莫测的面纱，一次次的失败吞噬着人们心中的激情，有人这样说，立项搞菊酯像中国农药的"大跃进"。中国菊酯工业的希望和扬农人的信心，一时间沉入谷底。面对企业的困境，扬农当时只有两种选择：在等待中死亡，或者在绝境中崛起。扬农坚定地选择了后者。1990 年，扬农抽调精干力量组建领导小组，对菊酯项目做好最后冲刺。时任领导小组组长戚明珠，面对产品调试失败、项目不能见效、人心管理涣散的困难境地，他决定破釜沉舟、置之死地而后生。1992 年，在杭州召开的行业会议上，戚明珠语出惊人，提出主动放弃行政搭配销售的"皇粮"保护政策，将国产菊酯与进口菊酯脱钩，扬农要么在市场大潮中游起来，要么沉下去。这种冒险的举动，对于当时职工仅有 100 人，产值只有 700 万元的菊酯小厂而言，一石激起千层浪，虽然很多人当时不理解，但却极大地激发了扬农人打消退路、求生发展的欲望。

在戚明珠的带领下，扬农以管理和技术作为切入点，一方面，率先推行分厂改制，大刀阔斧进行管理改革，菊酯分厂也成为当时全厂第一个实现独立核算、自负盈亏的分厂，体制机制上的变革，极大激发调动了全员生产积

极性；另一方面，在国外同行严密技术封锁、国内连完整的文献资料都很难找到的背景下，扬农把实验室建到了车间里，花费巨资采购先进的分析和实验装备，不等不靠，自主创新。没有人才，扬农就自行培养，没有技术，扬农就请教专家，自行摸索，坚持以自己研发人员为主，集中有限资源进行产品技术攻关。功夫不负有心人，仅用一年时间，1993 年，在老一代菊酯专家顾可权的指导下，扬农顺利完成了富右旋反式丙烯菊酯的开发，并在当年进行投产，拿出了我国第一个工业化的富右旋反式丙烯菊酯产品，产品效能完全达到了国外同类产品的水平。当年仅这一个产品就实现销售 900 万元，不仅远超往年产值，而且产品单价较日本进口产品下降近 1/4，一下子使扬农菊酯摆脱了发展的困境。更为重要的是，由于掌握了关键核心技术，坚定了扬农人振兴国产菊酯的信心，扬农也由此走上发展的快车道。

二、长袖善舞，推动国产菊酯全面崛起

在完成基础的技术积累，摆脱生存危机后，扬农人又开始思考如何将国产菊酯做强做大，时任扬农董事长戚明珠又敏锐地提出：要以市场为导向、以品牌为引领、以产品和服务为抓手，不仅要向客户提供优质的服务，更要向客户提供稳定、一流的产品，走共同成长、互利共赢的道路。在这一理念的指引下，扬农一手抓产品，一手抓客户，逐步塑造了扬农菊酯高质量、可信赖的市场形象。

为了向客户提供多样化、高水平、稳定性的产品，扬农坚持打好创新驱动攻坚战。从第一个产品自主研发成功的那天起，扬农便以国际先进同行、产品首创公司作为对标赶超目标，以"创新目标国际化、创新课题市场化、创新成果商品化"为研发理念，大力实施"开发一代、生产一代、储备一代"的技术战略，在广大科技人员夜以继日的刻苦攻关下，扬农迅速攻克了一批菊酯关键核心技术。由于取得了核心技术的突破，进入 20 世纪 90 年代后期，扬农菊酯产品开发速度不断加快，由几年一种变成一年几种，菊酯产品的数量从过去的 2 种增加到现在的 50 多种，10 种产品被认定为国家重点新产品，不仅产品数量居全球第一位，满足了客户对菊酯产品的差异化需求，而且质

量实现了与国际先进水平的全面接轨。更为重要的是，菊酯生产原料已全部实现国产化，彻底摆脱了农药关键技术长期受制于国外技术垄断的被动局面，扬农也成为行业中唯一能够实现中间体完全自行配套的企业。2017年，扬农菊酯被工信部认定为"全国制造业单项冠军产品"；2018年，再获国内工业领域最高奖——中国工业大奖。

为了扶持国内下游客户共同发展，推动国产菊酯的全面振兴，扬农全面实施"市场突围"大会战。与国外产品相比，虽然扬农产品在成本上优势明显，但扬农并没有因此大打价格战，而是实施"与下游客户共同成长"的战略，主动为下游客户提供技术辅导，帮助客户调试产品配方，开展技术人员培训，既拉近了与客户的距离，又扶持壮大了"李字""立白""枪手"等一批优秀的下游品牌，使国产菊酯逐渐成为国内客户的首选。面对扬农菊酯的迅猛发展，1997年，垄断中国市场20多年的日本公司被迫退出了中国市场。2006年，日本公司又推出专利品种四氟甲醚菊酯，药效是丙烯菊酯的10倍以上，计划借此重返中国市场。面对国外对手的市场冲击，扬农又及时拿出储备的自主创制品种——氯氟醚菊酯，成功阻击了对方计划，巩固了国内市场地位。艰难困苦，玉汝于成，扬农在创新中迅速发展，卫生菊酯国内市场占有率从开始的不足5%快速提升到70%左右。同时通过借船出海，不断拓展海外市场，2003年，扬农历经多年的努力，成功将产品返销到了日本市场，这是市场开拓中具有里程碑意义的重要事件。扬农稳定的供货能力、齐全的产品类型、出色的成本控制能力和诚信负责的经营作风，也得到了跨国公司的广泛认可，成为多家跨国公司的核心供应商。目前，扬农产品已远销到亚洲、美洲、欧洲等30多个国家和地区，成为中国农化行业首批"中国名牌"，入选商务部"最具市场竞争力品牌"。纯农药出口连续多年保持中国农药企业前列，近年来连续跻身世界农化企业20强。

三、绿色为先，促进菊酯产业高质量发展

党的十九大报告指出，我国社会主要矛盾已经转化为人民日益增长的美

好生活需要和不平衡不充分的发展之间的矛盾。中国特色社会主义进入新时代，必须坚定不移贯彻"创新、协调、绿色、开放、共享"的新发展理念。习近平总书记多次强调，我们既要金山银山，也要绿水青山，绿水青山就是金山银山。扬农作为一家农化企业，行业的特点决定了企业必须要在绿色发展上先行一步。早在十年前，扬农就充分意识到了环保的重要性，并提出了"企业不消灭污染、污染就会消灭企业"的理念。在绿色发展理念的指引下，扬农始终把清洁生产、绿色制造摆在突出的位置，通过对标先进同行，从工艺、装备、技术、管理等多个方面入手，坚持走生态文明、绿色发展之路。

扬农十分注重绿色工艺的研究。新品开发引入经济性、安全性、清洁性的"三维评价体系"，不安全、不环保坚持一票否决。根据企业退城进园、转型升级的发展战略，扬农在产品搬迁前，通过优化工艺路线，创新利用高毒、恶臭物质替代等方式，高起点、高标准提早开展了清洁生产提升工作。为切实提高转型升级的质量和水平，公司经营层经过慎重研究，2008—2012年，扬农暂停了所有的新品开发工作，集中全部研发力量，举全厂之力进行清洁化技术的集中攻关，形成了一大批技术成果，仅清洁生产专利授权就达到11项。同时，有3项技术被工信部列入17个重点行业清洁生产技术推行方案，在全国加以推广实施。2013年，公司新的生产基地——江苏优嘉植物保护有限公司（以下简称"优嘉"）在南通如东成立，这些清洁化成果全部在优嘉项目建设中得到集中应用，为优嘉绿色发展奠定了坚实的基础。扬农虽然在清洁化技术上取得了很大的成就，但公司并没有就此止步，近年来，清洁化技术的改进仍持续不断，以主要产品麦草畏为例，自2014年年底成功投产至今，公司对麦草畏的生产工艺完成各类改进22项，四年间，麦草畏吨产品残渣量下降83%，吨产品废水量下降57%，清洁生产技术跃居同行领先水平。

扬农十分注重构建循环经济链。先后开展了氯化钠、氯化钾、醋酸钠、氯化镁等多种副产物的回收利用，变废为宝，增强了成本竞争力。以贲亭酸甲酯为例，扬农采用多种减排措施，实现了工艺废水零排放和醋酸钠循环使用，工艺产生的残渣利用专有技术进行反应再利用，可转化为反应中间体，实现了残渣减排80%，具有较高的推广价值。

扬农十分注重装备的提档升级。大力利用信息化技术改造传统控制方式，广泛应用集散控制系统（DCS），通过远程操作与监管、在线检测报警、顺序控制、关键部位自动联锁等工程化手段，最大限度降低了生产过程的控制风险。同时，努力做好装备大型化、自动化、智能化工作，在减少人工操作、消除安全隐患、提升清洁生产水平上取得明显效果，达到行业领先水平。尤其在"机械化换人、自动化减人"上成效显著。子公司优嘉的一期项目与老厂区相比，在同等产能情况下，生产一线员工每班人数平均减少50%；二期2600吨/年拟除虫菊酯项目与老厂区相比，产能扩大1.5倍，每班操作人员数却减少15%；二期麦草畏项目达到一期产能的4倍，每班操作人员数仅从7人增至11人，德国跨国公司参观者讲：你们的劳动生产率已达到美国装置的同等水平。

扬农十分注重加大HSE（健康、安全、环境）管理投入。子公司优嘉一期、二期项目仅环保总投资就达到5.37亿元，占总投资额的20%以上。在三废装置及处理技术上，扬农采用自主研发的废水处理系统，首次在国内实现对高浓废水的直接处理，而且实现了全封闭微负压运行，此项技术被列入国家"863"计划课题，经科技部专家评审，达到国内同行领先水平。扬农引进技术领先的RTO焚烧炉，废气处理效率达到99.8%，较好地解决了农化企业废气治理难的问题。2018年，扬农在考察国内外多家固废焚烧企业的基础上，投资1.57亿元，建成具有国际先进水平的危废焚烧装置。该装置采用美国TEC焚烧技术，排放指标达到欧盟《废弃物焚烧指令》（2000/76/EC）标准。通过对废水、废气、废渣的全流程处置，扬农在国内同行中率先实现了对化学品全生命周期管理。

扬农十分注重强化HSE管理。专门出台环保零容忍红线制度，严格三废产生指标考核，通过保持环保高压态势，层层压实属地责任，加强全时段、全过程、全方位监管，使人人身上有担子，个个肩上扛责任，切实做到"我的区域我负责"。在优嘉建设过程中，扬农对标德国巴斯夫等先进工厂，建立了闻气而动的管理机制，倒逼内部管理升级，生产现场实现了从"看不到滴漏"到"闻不到气味"，再向花园式工厂的提升，改变了化工企业在公众中的

传统形象。公司还专门成立微泄漏检测与修复（LDAR）团队，仅 2018 年就检测修复点位 4.1 万个，最大限度消除挥发性有机化合物（VOC）的无组织排放。

企业 HSE 管理水平的快速提升，使扬农在国家、省市多轮安全、环保监管风暴中经受住了考验，生产没有受到任何影响，成为供给侧结构性改革中的受益者。2017 年，优嘉被工信部认定为国内农化行业唯一一家绿色工厂，成为国内农化行业绿色发展的示范和标杆，赢得了行业的认可和赞誉。

四、企业发展对行业产生的深远影响

目前，扬农菊酯已代表了国产菊酯的最高水平。回顾扬农的成长历程，从零起步，快速崛起，使国产菊酯从活下来、站起来走向大起来、强起来，取得了令人瞩目的非凡成就，为行业高质量发展作出了卓越的贡献，也对中国农药工业的进步产生了积极而深远的影响。

一是彻底打破跨国公司的市场垄断，提升了我国农药工业核心竞争力。扬农依托自主创新，用 10 年左右时间走完了国外竞争对手 30 多年的发展道路，创造了国内菊酯领域多项第一：首次将生物酶拆分技术应用于菊酯类农药合成，国内第一个掌握新型高效拆分技术攻克手性化合物顺反完全分离，国内唯一一家可从基础原料做起、关键中间体全部自我配套的企业。产品填补国内空白 16 项、国际空白 4 项。申报发明专利 182 项。自主创新品种氯氟醚菊酯成为我国首个销售额超亿元的农药创新品种。扬农在核心技术上的突破，彻底改写了我国菊酯长期依赖进口、关键技术受制于人的历史，一举打破跨国公司在中国市场的多年垄断，不仅迫使对手退出中国市场，而且成功返销到竞争对手本土市场，赢得了国际市场的话语权。同时，使我国农药企业自主研发能力得到快速提升，大批绿色清洁菊酯新品的产业化，带动了中国农药工业向高效、安全、环保型绿色农药方向发展，对农药产业转型升级产生了深远的影响。

二是全面替代进口，促进了我国家庭卫生行业的快速发展。扬农菊酯的发展，一方面，结束了 DDT 等高残留农药在家庭卫生消杀中使用的历史，使液体蚊香、电热蚊香片等绿色消杀产品开始走进千家万户，成为老百姓用得起的绿色产品，惠及千家万户，开创了我国家庭卫生行业的新局面。另一方面，扬农菊酯完全替代了国外同类产品，为国家节约了大量外汇。以丙烯菊酯为例，扬农实现国产前后，每吨售价从130万元降至30万元，仅此一项每年就为国家节约外汇1.5亿美元。

三是加速高毒农药淘汰进程，促进了我国农化行业转型升级。扬农菊酯项目是国家发展改革委首批高毒农药替代国债项目。用拟除虫菊酯替代高毒农药，药效好、用量少、更加安全环保。以高效氯氟氰菊酯为例，每亩用量仅为甲胺磷的1/50。菊酯现已成为替代高毒农药的主流品种，使农药零增长成为可能，对保障粮食增产和食品安全、保护农村环境和促进我国农化产业转型升级影响深远。

五、企业发展良好实践经验

回顾扬农40多年的发展史，就是一部浓缩的中国菊酯工业成长史。40多年沧海桑田，风雨变迁，凝聚了几代人的智慧和汗水，也给每位见证者和后来者带来感慨与思考。扬农的发展实践，给我们带来了以下五点经验。

一是体制机制是组织赋能的重要途径。市场化改革是企业走出困境、得以发展壮大的关键。从扬农的发展来看，中国菊酯工业可以分两个阶段：20世纪70—80年代，是行业迷茫、发展缓慢的时期；90年代是找到方向、发展加速的时期。1992年，扬农通过分厂制改革，简政放权，确立了以市场为导向的经营理念，有效激发了员工的活力。1999年，扬农菊酯分厂改制上市，建立了现代企业制度，为公司健康发展提供了长效机制。2007—2009年，扬农又利用上市平台实施再融资，通过向资本市场借力，进一步助推企业的加速成长。这样的发展和变化，均离不开我国的社会主义市场经济体制，正是由于体制机制的变化，才为国产菊酯工业的发展点亮了航灯、指明了方向。

二是"又好又快"是企业发展的首要任务。扬农从困境中一路走来，销售收入由1990年的800万元到2018年的52.9亿元，利润从负数到10.89亿

元，得益于扬农始终把发展作为企业的第一要务，无论市场潮起潮落，扬农从不动摇。在这一过程中，扬农坚持科学发展观，改革不停步，决策不失误，追求速度、质量和效益相统一，安全重于速度；坚持低调做事，不讲故事，不图虚名，只把企业利润和现金流视为实实在在的东西；坚持围绕主业、深耕主业、基于主业培养核心竞争力，只做自己熟悉的事；坚持把清洁生产、绿色制造水平作为企业参与竞争的核心竞争力，始终追求经济效益、社会效益和自然环境效益的协调发展。

三是自主创新是企业做强的永续动力。多年来，扬农一直把自主创新作为企业生存和发展的基本战略，致力于攻克关键技术，提升企业核心竞争力，积极实施自主创新的技术跨越。2004年年底，竞争多年的国外对手日本某公司来到扬农，希望共商国际菊酯市场的共赢合作问题。而在10年前，扬农与该公司同样进行过一场谈判，讨论的内容却是收购扬农。巨大的落差和变化，深深地启示我们广大中国企业，只有自主创新，才能拥有自己的品牌，赢得对手的尊重，最终才能真正主宰自己的命运。

四是国际化经营是企业壮大的必由之路。扬农菊酯能够活下来，得益于20世纪90年代中期，扬农有能力在国内市场和国外市场抢饭吃；扬农菊酯工业大起来，得益于90年代后期，扬农有能力在国外市场找饭吃。扬农是最早实现国产菊酯出口的企业，2018年公司外销达到34.1亿元，超出了扬农销售额的"半壁江山"，既为扬农的成长注入了新动力，也使扬农更加紧密地融入国际农药营销网络中。在经济全球化加速发展的背景下，中国企业要行稳致远，必须注重加强与跨国公司的良性互动和战略合作，坚持走好国际化经营的道路，这也是中国企业壮大的必由之路。

五是健康文化是企业经营的核心元魂。企业似航船，能不能在市场经济的大潮中驶向远方，做强做大，关键在于企业是否有正确的价值取向和健康向上的企业文化。扬农自成立起，坚持把"对顾客、对员工、对股东、对社会"四个负责的思想作为企业的经营理念，把"立志成为受人尊重的企业"作为公司的核心价值观，牢记做人要诚实守信、知恩图报，做事要利与天下、惠及职工。只有在有利于人民、有利于国家、有利于社会的前提下获得的利润才能成为安全利润，才能成为一个有情怀、有担当、有责任，真正受人尊重的企业。

作者评说：扬农从一家农药厂成为大国粮仓绿色守护者，取得了非常了不起的成就。经过 40 多年的艰苦奋斗，扬农与中国农药工业一起风雨兼程，走过了不平凡的岁月。随着科技进步，世界农药工业经历了一代、二代、三代土地用农药的变迁，发达国家先后淘汰了"六六六""DDT"杀虫剂，但是，当时我国还在使用这些落后的毒性强、半衰期长、对土地污染严重的农药。扬农坚持自主研发、攻坚克难，以"要么在市场大潮中游起来，要么沉下去"的破釜沉舟精神，集中全力，终于攻关成功，实现了重大突破，一举填补了国内菊酯类农药品种的空白，逼退了垄断中国市场多年的跨国公司，甚至将扬农菊酯产品返销到他国，打了翻身仗。菊酯产品的研制成功，替代了进口产品，为国家节省了大量外汇，更重要的是解决了"卡脖子"的问题。这件生动事例再次告诉我们，核心技术是买不来的，没有高技术就造不出高质量产品，依赖进口产品就会受制于人。扬农是国内菊酯领域名副其实的拓荒者和领路人，不忘初心，履行企业社会责任，做强工业反哺农业，为农业增产丰收、人民食品安全、发展绿色农业，乃至全球农作物保护事业作出了重要的贡献，是值得尊重的中国农药企业领军者。

第十三章
"四个面向"带给玻璃行业的神奇

2016年4月26日，习近平总书记在合肥主持召开知识分子、劳动模范、青年代表座谈会时，当听到中建材蚌埠玻璃工业设计研究院有限公司（今中建材玻璃新材料研究院集团有限公司，以下简称"中研院"）用浮法工艺生产出当时世界最薄的0.2毫米玻璃时，露出了笑容，称赞"这非常重要""玻璃的应用领域很广"，并亲切握住时任中研院党委书记、院长彭寿的手。

2020年8月19日，习近平总书记在安徽创新馆参观时，当看到安徽自主研发的超薄玻璃成功应用到国产手机上时，再次肯定中研院的科技创新成果并强调，"关键核心技术是要不来、买不来、讨不来的"。安徽这几年在量子通信、动态存储芯片、陶铝新材料、超薄玻璃等领域实现了并跑、领跑的成绩。

2018年12月9日，北京人民大会堂灯火通明，第五届中国工业大奖发布会即将召开，"复兴号"中国标准动车组、"风云"系列气象卫星、新一代核潜艇等重量级成果，与超薄玻璃一道成为候选项目。随着会议主持人的宣布，超薄玻璃项目成功入选，成为我国玻璃领域第一个获奖项目。这块超薄玻璃就是来自中研院。

中研院是1953年在北京成立的第一批国家级综合性甲级科研设计单位，2000年加入中国建材集团有限公司（以下简称"中国建材集团"）并改制成立中国建材国际工程集团有限公司（以下简称"中国建材工程"），2014年，以中建材玻璃新材料研究总院为核心企业在北京成立凯盛科技集团有限公司（以下简称"凯盛科技"）。近年来，在中国建材集团的战略引领下，这家具有70

年历史的科研院所始终坚持做玻璃，自主研发出世界最薄的 0.12 毫米超薄触控玻璃、世界领先的 30 微米柔性可折叠玻璃、中国首片具有自主知识产权的 8.5 代 TFT-LCD 玻璃基板、世界最高转化率的铜铟镓硒发电玻璃、世界首片大面积碲化镉发电玻璃、中国首支疫苗用中性硼硅玻璃管……一路聚焦"四个面向"，一路把中国玻璃自立自强的责任扛在肩上，完成了从传统科研院所到高科技产业集团的飞跃。

一、面向科技前沿，把玻璃制成世界最"薄"且能折叠的是中研院人

玻璃，在日常生活中无处不在。尤其是正走向轻薄化、智能化的手机、平板电脑等电子产品，其触控面板和显示面板唯有应用超薄显示玻璃，才能给人带来更好的使用体验。

党的二十大召开前夕，2022 年 9 月 17 日，由中研院自主研发的 30 微米柔性可折叠玻璃作为行业唯一成果，与北斗系统、5G 芯片、白鹤滩水电站等一同入选中国十年来重大工程和标志性成果，并成功亮相"奋进新时代"主题成就展。这块与众不同的玻璃，离不开中国玻璃企业持续多年对浮法技术的研发攻关。

中国建材集团党委书记、董事长周育先多次提出，打造"国之大材"，一定要坚持战略理性和经济理性相统一。

2000 年前后，我国改革开放已经给人民带来物质生活水平的普遍提高，而市场上销售的大尺寸液晶电视，价格普遍在万元左右，玻璃的成本竟占到了约 30%，国内消费者往往难以承受。中国工程院院士、中国建材集团总工程师、中研院院长彭寿的心情久久不能平复，他暗下决心，中国一定要有自己的新玻璃技术，一定要做高端玻璃产品。

中研院自成立以来，始终围绕玻璃进行布局，近几年，在改进传统浮法玻璃生产工艺的过程中，将目光瞄准了那些有着更高科技含量，在改善人们生活方面更有作为的"新玻璃"。

"玻璃是信息显示领域的一个关键基础材料，玻璃及其设备能够占到整个成本的 70%，很多还需要进口。"彭寿认为，中国企业不仅要掌握半导体芯片的"中国芯"，玻璃基的"芯"也必须要掌握在自己手里。

要拥有玻璃基的"中国芯"，创新驱动是唯一道路。大形势下，中研院坚定了向国际巨头"亮剑"的决心，全力让中国玻璃在全球市场中与巨人共舞。虽然决心已下，但现实情况很艰难。面对拥有世界浮法玻璃生产工艺的英国和美国两家公司长期垄断市场和对我国技术封锁的现状，要实现突破、走出自己的新路谈何容易。作为中研院的掌舵人，彭寿心里比谁都清楚，但是不解决我国信息显示关键基础玻璃材料难题，他就寝食难安，心中有愧。彭寿院士以科学的态度查阅了业内许多资料，考察了一些国外生产企业，经过综合分析、深入研究，他凭借睿智的感知力、扎实的技术功底、坚定不移的勇气，立下军令状，不登"珠峰"不收兵。于是，他带领科研团队开始了日夜奋战，先后对原料提纯、玻璃成分及配方、新型熔化、超薄成形等工艺流程中的关键点一一进行攻关。经过无数次试验，1000 多项技术瓶颈难题逐个被攻克，终于在 2013 年 10 月，引板取得成功，这是一项历史性的重大突破。随后在短短 2 个月内便完成了 1.3 毫米、1.1 毫米、0.7 毫米、0.55 毫米玻璃的成功生产。2014 年 8 月，国内最薄的 0.3 毫米显示玻璃稳定量产；2015 年 3 月，0.2 毫米超薄玻璃稳定量产，完美赶超世界先进水平，主要质量性能指标与国外进口产品相当。然而，彭寿和他的科研团队没有停止前进的脚步，2016 年 5 月，成功拉引 0.15 毫米超薄玻璃，实现了从"超薄"到"极薄"的跨越。2018 年 4 月，完全具有中国自主核心技术的世界最薄的 0.12 毫米超薄电子触控玻璃横空出世，薄如 A4 纸且可实现大面积连续生产。

至此，彭寿带领的中研院，彻底改变了超薄玻璃技术的"世界版图"，迫使国外企业多次降价，仅进口产品售价降低一项，中国电子信息显示产业每年就受益 3000 多万元，并利用该技术先后建成了 20 余条超薄信息玻璃生产线，产品被国内 20 多家主流面板企业批量应用，为下游产业降低成本约 860 亿元，保障了国家电子信息显示产业的生产安全。

"0.12 毫米，这是一张 A4 纸的厚度！"彭寿双手捧起一块超薄玻璃，轻轻地卷曲成弧形。既然超薄玻璃能卷曲，那么能否像 A4 纸一样折叠呢？

2019 年年初，国外手机厂商发布了第一款折叠手机，全球手机厂商纷纷效仿。该款手机采用柔性透明聚酰亚胺（CPI）作为表面保护材料，CPI 基材虽然柔韧性好，但因其表面硬度低和抗疲劳强度差等，使用时会出现折叠痕等问题，严重影响用户体验，而柔性可折叠玻璃具备超薄、耐磨、强度高、可弯折、回弹性好等特性，是理想的柔性折叠盖板材料。

多年来，国外玻璃公司一直在进行超薄柔性玻璃的应用研究，并在 2019年开始销售 0.1 毫米超薄玻璃，价格极高，达到 1000 元 / 平方米，0.1 毫米以下的玻璃更是比黄金还贵，且不对外出售。

面对国外巨头的垄断和技术封锁，彭寿院士亲自挂帅，带领团队向研发柔性可折叠玻璃进军。为了在较短时间内快速打通整个柔性可折叠玻璃研发生产加工的全产业链，中研院牵头，迅速整合浮法玻璃新技术国家重点实验室、中建材（蚌埠）光电材料有限公司、凯盛科技股份有限公司等单位的技术优势，组建了柔性玻璃联合实验室进行协同攻关。

虽然超薄玻璃相比透明聚酰亚胺有着明显优势，但作为电子产品的盖板材料，玻璃固有的脆性和不可弯折性如何解决将是最大难题。在研发过程中，科研团队主要克服了料方研究、原片生产加工、玻璃性能提升、工艺及装备开发、质量控制等 100 多项技术难题，充分发扬"5+2""白 + 黑"的精神，吃住在实验室，时时刻刻讨论问题解决方案，一有想法，立即着手实施，失败了重来，再失败、再重来。功夫不负有心人，科研团队终于在 2020 年率先开发出 30 微米柔性可折叠玻璃。中研院在玻璃新材料领域再创一项中国第一，取得世界领先的成果，也助力凯盛科技形成了国内唯一覆盖"高强玻璃—极薄薄化—高精度后加工"的全国产业化柔性可折叠玻璃产业链。

"30 微米，这是目前世界上最薄的可折叠玻璃！经过日夜不停的弯折测试，这种玻璃折叠百万次都没有裂纹，因此成为国内某主流品牌全球唯一的供应商，解决了关键原材料领域的'卡脖子'技术难题，保障了信息显示供应链和产业链安全。"彭寿说。随着可折叠手机越来越受大众青睐，柔性可折叠玻璃将迎来广阔的市场空间。"下一步，要把超薄玻璃向大尺寸化、连续生

产方向发展，以进一步降低生产成本。我们期望研发出 10 微米的超薄玻璃，用作半导体的衬底材料，使其应用前景更加广阔。"彭寿坚定地说。

二、面向经济主战场，发展光伏绿色能源，让玻璃创"新"

党的二十大提出，推动战略性新兴产业融合集群发展，构建新一代信息技术、人工智能、生物技术、新能源、新材料、高端装备、绿色环保等一批新的增长引擎。传统玻璃行业属于资源、能源消耗型行业，如何使玻璃从耗能变成产能，从而成为新能源材料，这是玻璃创"新"的关键。

玻璃材料具有良好的热、力、光、化学性能，比如稳定、坚硬、透明及耐化学侵蚀等，可以通过自身或复合改性，实现功能化、多应用，尤其适合作为太阳能电池的载体。那么，进入光伏产业就是玻璃的"新路"，甚至可以说光伏的事业就是玻璃的事业。

中研院抢抓国家战略机遇、顺应行业转型趋势，把人阳能的利用提升到了一个新的高度，成为全球唯一能够全流程生产铜铟镓硒发电玻璃和碲化镉发电玻璃的企业，用科技创新践行国家"双碳"战略。

2022 年 10 月，为以实际行动贯彻党的二十大精神，彭寿率队出访"一带一路"沿线国家，6 天时间先后到访埃及、土耳其、波兰、德国 4 个国家，实地考察了 8 家企业，签约了 10 个项目。在德国期间，彭寿先后来到凯盛科技出资的三家境外新能源玻璃企业（Singulus 公司、AVANCIS 公司、CTF 公司）调研。近年来，中研院依托自身技术优势，扩大国际科技交流合作。在与中研院的协同合作中，Singulus 公司在全球经济下行压力增大背景下逆势而上，在异质结电池、半导体、生命医学等装备领域取得了重大突破，尤其在欧洲、南美洲成功开拓异质结电池装备市场，经营业绩实现大幅增长；AVANCIS 公司与 CTF 公司先后实现了铜铟镓硒发电玻璃转化效率 20% 和碲化镉发电玻璃转化效率 20.65% 的世界领先技术。自此，中研院自主研发的铜铟镓硒发电玻璃已经连续第四次刷新世界纪录；碲化镉发电玻璃的光电转化率已赶超美国一流新能源企业。

在凯盛科技的生产线上，一块块黑色的玻璃格外显眼，这是由中研院攻关成功的，被称为"挂在墙上的油田"的铜铟镓硒发电玻璃。这种发电玻璃是在玻璃表面涂上铜铟镓硒四种物质，在这四种物质的综合作用下，吸收光能并将其转化成电能，可代替传统晶硅发电。

我国传统晶硅电池能耗高、成本高、污染大，尽管目前存在一定市场空间，但并不是未来发展的主流。凭借前瞻性的眼光，中研院收购了当时发展潜力巨大的德国 AVANCIS 公司，为铜铟镓硒发电玻璃的国产化夯实了基础。但收购的过程并非一帆风顺，在决定收购的前后两年间，彭寿等中研院领导班子一直在国内外来回奔波，一年往返达到十次以上，就为了既留住原公司的先进设备又留住所有的德国科学家。

2017 年 10 月，国内首片铜铟镓硒发电玻璃模组成功下线，这标志着凯盛科技已经全线打通中国太阳能光伏产业链。现如今，凯盛科技生产的铜铟镓硒发电玻璃的光电转化率已达 19.8%，位居世界第一，并成功建成了世界单体规模最大薄膜光伏建筑一体化应用示范项目。不远的将来，该产品将走入普通百姓的日常生活，电瓶车、电动汽车充电桩、室外车棚等都可以看到它的身影。

2017 年 9 月 18 日，经过近 8 年的攻关并突破几百项关键技术，中研院生产出世界第一块大面积碲化镉发电玻璃；2018 年 4 月 17 日，世界第一条大面积碲化镉发电玻璃生产线在成都正式投产，这也是我国第一条 100 兆瓦碲化镉发电玻璃生产线，它标志着我国掌握了全球领先的大面积碲化镉发电玻璃自主核心技术。

碲化镉发电玻璃是一种"一材多能"、绿色、节能、创能的能源型建筑材料，发电能力强（比单晶硅发电量高 3%~8%）、转化效率高（理论转化率 33%）、温度系数低（受温度影响最小）、弱光发电性能好（阴天下雨都能发电）、安装角度影响小（安装角度自由）、稳定性高（适应环境能力强）、热斑效应小（被树叶、灰尘遮挡发热少，A 级防火），非常适合应用于分布式、构件化、集成化的绿色建筑，已成功应用在奥运走廊——张家口赤城县大型山地修复电站项目、绿色冬奥示范工程——张家口帝达世博广场改造项目、冬

奥赛区亮化工程——主题绿色路标示范项目等标志性工程项目。

智能化、绿色化、高端化，也是中研院把玻璃做"新"的方向。2022 年 9 月 19 日，由中研院提供关键技术的世界首套玻璃熔窑二氧化碳捕集与提纯示范项目在合肥正式投产，这是凯盛科技继全球最大全氧燃烧光伏玻璃生产线后，首次将自主研发的玻璃熔窑二氧化碳捕集与提纯技术应用在玻璃生产线，填补了行业空白，再次创造了光伏玻璃行业的"国内第一、世界首创"。

该项目生产能力为年产 5 万吨液态二氧化碳，首次采用变压吸附耦合吸附精馏的创新工艺，以玻璃熔窑烟气中 35% 浓度的二氧化碳为原料，经烟气处理、二氧化碳捕集、压缩、精馏和液化，制成纯度为 99.99% 的液态二氧化碳，产品质量达到国家食品级标准。项目的正式投产将助力中国建材集团构建全生命周期的"建材 +"一体化绿色产业链，打造全球玻璃行业减碳、固碳、管碳的典范企业，为国家实现"碳中和"战略目标贡献建材。

三、面向国家重大需求，攻坚克难，把显示器件玻璃做"大"

面对显示器件"大尺寸化"的发展趋势，液晶显示面板核心部件 TFT-LCD 玻璃基板面积越来越大，同时作为电子信息显示产业的关键战略材料，其生产控制精度与半导体行业相当，代表着目前全球现代玻璃规模化制造领域的最高水平。

8.5 代 TFT-LCD 玻璃基板，长 2.5 米、宽 2.2 米，这大物件是电子玻璃行业"皇冠上的明珠"。长期以来，面对国外的技术封锁，该项国家战略性玻璃新材料一直被国外垄断。尤其是大尺寸液晶显示所需的 8.5 代 TFT-LCD 玻璃基板核心技术完全被美国、日本等国家的几家企业控制，玻璃基板成为严重制约我国电子信息显示产业发展的"卡脖子"难题。

为推动我国电子信息显示产业的高质量发展，2016 年，在科技部"十三五"国家重点专项的支持下，中研院坚持自主创新，开辟高世代"中国制造"的新纪元，旨在提升我国电子玻璃行业在国际市场的主动权与话语权。作为项目负责人，彭寿带领团队经过 3 年多的持续攻关，取得了阶段性重大成果。从 2018 年 12 月 15 日对窑炉进行安装，到 2019 年 6 月 18 日点火投产、2019 年 8 月 26 日成功引板，从点火到引板仅用了不到 70 天，创造了自主生产高世代液晶玻璃基板的"中国速度"。

"十年磨一剑，关键技术的突破并非易事"，彭寿在产品下线时，如是说。

在 8.5 代 TFT-LCD 玻璃基板生产线上，每片玻璃都要经过配料、熔化、澄清、均化、成型、退火、切割、研磨、清洗、检验等数十个环节。以料方开发为例，美国康宁、日本旭硝子等外国企业在全球范围内申请了大量 TFT-LCD 玻璃基板配方专利，进行严密布局，大力挤压开发空间。我国 TFT-LCD 玻璃基板配方研发工作不够系统，缺乏针对浮法工艺的玻璃配方开发。彭寿带领项目团队经过上千次配方试验，才终于研制出了具有自主产权的配方。

8.5 代 TFT-LCD 玻璃基板生产线锡槽工段负责人说："8 月 26 日引板那天，整个引板过程持续近 2 个小时，当第一块玻璃出现在辊轴上时，全场掌声雷动，'出来啦！出来啦！'在场所有人都像迎接新生命的到来一样欢呼雀跃，兴奋不已。"

有人这样调侃彭寿："您是大领导，现在可以放心了，今后不需要老跑现场、冲在一线了。"

可心里装着项目的彭寿比以往去得更勤了，因为他知道，从引板到成功下线是一个艰辛漫长且需要不断攻坚克难的过程，一刻都不能怠慢。

为了保证 TFT-LCD 玻璃基板在 9 月 18 日这天成功下线，彭寿带领生产一线的同志们夜以继日地投入技术攻关破解难题，加班加点地不断调试，连近在咫尺的宿舍都没有时间回，夜里实在困得不行了就在临时休息室眯一会儿，醒了继续干。调试顺利的话大家都想再多调试一次，结果就调到了第二天早上；泡面成箱成箱地拆，一切只为争分夺秒，赶在下线前达到预期产品标准。有的同事甚至在生产线上连续工作了二十几天没有回宿舍休息，全身心地扑在工作上。

通常 TFT-LCD 玻璃基板的熔化温度在 1600℃～1700℃，锡槽段的玻璃成型也需要 1200℃左右。即便设备外面有保温棉隔热，但是其周围温度也超过了 40℃，在这样的环境下作业难度可想而知。

彭寿时常带着一帮年轻人进行锡槽段的设备调试，在高温下持续作业，一会儿的工夫他的衣服就完全湿透。因为所有人都是第一次拉引如此大尺寸的玻璃基板，为了获得更优的设备工艺参数，他就只能这样反反复复尝试。他从来没有在意这有多难、多热、多累、多脏，依然努力拼搏，干劲十足。

彭寿将自己的梦想和凯盛科技的梦想、电子玻璃强国的梦想紧紧地连到了一起。在梦想成真的那一刻，他认为，这一切的付出都是值得的！

如今，踏入荣获国务院国资委"2019年十大创新工程"的8.5代TFT-LCD玻璃基板项目现场，整洁明亮的车间、先进的生产线还有花园式的工厂环境，不仅让每一位为之奋斗和拼搏过的员工倍感自豪与喜悦，而且让每一位参观者都由衷地敬佩与称赞。

四、面向人民生命健康，把安全药用玻璃包装材料做"精"

材料创造美好世界，玻璃服务美好生活。当玻璃需到保障生命健康的时候，面对复杂的人体结构，必须要把玻璃做"精"。

2020年9月15日，站在中国国际工业博览会大奖领奖台上的彭寿，背景显示的是一张玻璃管的图片，这就是与北斗三号导航卫星、人体肺部气体磁共振成像系统等其他9项重大技术和产品一同获奖的中性硼硅药用玻璃管。这是一根不一般的玻璃管，中研院经过了5年技术攻关、实施了200余项技术改造、进行了1000多次技术试验，最终打破了国外垄断，实现了批量化生产。

中性硼硅玻璃是国际公认的安全药用包装材料，而低硼硅玻璃和钠钙玻璃稳定性较差，易出现脱片、白点、可见异物等问题，引起药品变质和药效降低，注射到人体内易造成毛细血管堵塞、肉芽肿等，危害用药人健康甚至危及生命。行业统计数据显示，目前我国每年消耗药用玻璃约35万吨，其中30万吨药品包装采用低硼硅和钠钙玻璃，中性硼硅玻璃的占比不到15%，且全部依赖进口。

作为中国玻璃行业的资深院所，中研院早在10年前便开始关注中性硼硅药用玻璃的技术开发和产业化。当时，掌握关键技术的国外公司在法国、印度、马来西亚等地新建或扩建生产线，却唯独不在中国建厂，既保持了技术垄断，又实现了供应控制，长期、稳定地赚取超额利润。面对技术封锁，彭寿深刻认识到：高端药用玻璃的"技术垄断、价格歧视、供应控制"三大现状对我国国民用药安全、药品稳定供应和药用玻璃产业升级形成直接制约和威胁，一定要迅速突破这项"卡脖子"技术。

2016 年 5 月，彭寿带领原始核心团队怀揣"中硼硅"梦想和"为民健康"的初心，开始了 5.0 中性硼硅药用玻璃项目的攻关；2017 年 6 月 18 日，项目落地短短一年时间，关键的一号炉成功点火；2017 年 9 月，中性硼硅药用玻璃管通过国家级权威检验机构北京市药品包装材料检验所的检测，产品主要技术指标达到国际先进水平，填补了国内空白；2017 年 11 月，一号炉正式投产，年产中性硼硅药用玻璃管 5000 吨，彭寿带领的攻关团队突破了核心技术"卡脖子"瓶颈，在中国实现了高品质中性硼硅药用玻璃管的"从无到有"和批量化生产。

新冠疫情期间，彭寿带领团队再次成功研发出国内首支疫苗玻璃瓶，产品获得国内权威疫苗研发专家和机构的充分认可，同时为中国人民解放军军事医学科学院等疫苗研发生产机构免费提供 1000 万支疫苗玻璃瓶，为疫情防控斗争作出了贡献，为人民生命安全和身体健康提供了保障。

2017 年年底，经过中研院多方联络和努力，凯盛科技成立了凯盛君恒有限公司（以下简称"凯盛君恒"），专注高端中性硼硅药用玻璃技术成果的产业化。2017 年，生产线建成后，中性硼硅药用玻璃产品迅速得到市场的肯定和认可，促进了地方相关产业业态升级；2019 年，中性硼硅药用玻璃生产项目从 2658 个央企项目中脱颖而出，获得国资委中央企业熠星创新创意大赛一等奖。

在 2019 年，凯盛君恒已经成为中国唯一采用国际先进的"全氧燃烧"熔化技术和丹纳法成型工艺实现中性硼硅药用玻璃管量化生产的企业，中研院通过三年的技术调试，技术先发优势已然明显，但科技创新永无止境，彭寿提出：应高标准、高质量、高要求做好一期技改工作，进一步提升稳定量产的核心技术。

于是，在进行了 20 余次的探讨沟通后，核心团队就窑炉设计和拉管工艺联合制订了技改方案，实施了 120 项技改项目，成功解决了气线、析晶、结石等 10 余项产品质量问题，产品平均合格率超 60%，2019 年单月产量突破 200 吨，在追赶国际一流的进程中取得了里程碑式的进展，为下一步继续做大做强奠定了基础。

2020 年 9 月 19 日，凯盛君恒二号窑炉点火，完成高标准扩产增量，实现中性硼硅药用玻璃管产能 1 万吨，同时完成下游产业链延伸，二期投产后预计年产 5 亿支疫苗用玻璃包装瓶。2022 年 9 月 14 日，凯盛君恒举行中性硼硅药用玻璃管 3 号窑炉点火仪式暨棕色中性硼硅玻璃管新产品发布会，标志着中研院实现了高品质药用玻璃工艺技术的全面提升、核心装备的国产化，保障了国家高端药用玻璃供应链、产业链的稳定；标志着凯盛科技成为国内首家采用国际技术路线实现棕色中性硼硅药用玻璃管稳定量产的企业，再次填补了国内中性硼硅药用玻璃细分领域的空白。

未来，中研院将持续与国药中生生物技术研究院有限公司（北京生物制品研究所有限责任公司）（以下简称"国药中生"）等一流医药企业协同攻关，国药中生副总经理张晋说，中研院一直与国药中生保持着良好的合作关系，目前双方已在基因重组疫苗领域展开合作，从实验数据看，中性硼硅药用玻璃的效果稳定良好。

五、心怀"国之大者"，践行央企的使命担当，把玻璃行业做"好"

2021 年，是世界三大浮法技术之一——洛阳浮法玻璃工艺诞生 50 周年；2022 年，是亚洲第一家采用机器连续生产平板玻璃的企业——中国耀华玻璃集团有限公司（以下简称"耀华"）成立 100 周年。

然而，回首中国玻璃工业发展的百年，并非一帆风顺。进入 21 世纪以来，作为中国玻璃工业摇篮和象征的这两家企业——中国洛阳浮法玻璃集团有限责任公司（以下简称"洛玻"）和耀华，由于产业环境变化、自身机制落后、历史负担沉重等原因，转型升级进度落后于行业发展速度，企业运营陷入困境，甚至到了停产的边缘，仅靠自身难以为继。

在国务院国资委的决策部署下，在地方各级党委和政府的大力支持下，是中国建材集团，是凯盛科技和中研院，承担起了这个历史重任，带领洛玻和耀华实现了凤凰涅槃，使企业经营状况实现根本性扭转，推动洛玻和耀华从传统浮法玻璃生产企业转型升级为新能源材料与优质高端浮法玻璃产业平台，被誉为"央企救活地方国企的典范""国有企业处僵治困的典范"，赓续了中国玻璃工业的精神血脉。

面对濒临破产的洛玻和耀华，是否出手相救？当时有不少反对声音。不可否认，出手相救，难度很大，时间、成本、效益都很难估算。但是，如果不救，任其倒下，对企业来说确实没有风险，但中国玻璃工业的摇篮和象征将不复存在，中国玻璃工业的精神血脉将会中断，创新发展将会成为无源之水、无本之木，在未来的发展和全球竞争中就会异常被动。

经过一次次考察、一轮轮研讨、一场场辩论，作为央企和行业领军企业，中国建材集团怎能眼看昔日玻璃工业的"明星"即将陨落？具有战略魄力的企业要引领思考的价值，企业不发展是最大的风险，因此，2006 年和 2015 年，中国建材集团顶着巨大压力，先后出手相救洛玻和耀华。事实证明，别人看来都是风险的时候有人却能从危机中看到机遇，这才是战略魄力。一个企业要想快速发展，得到社会的广泛支持，应该把对经济价值的追求和对社会价值的追求有机结合起来，既能赚钱，又能守"道"，这样的企业才是好企业，这样的战略才是有魄力的战略。一个成功的企业，一定要将积极承担社会责任作为最崇高的使命；一个具有战略魄力的企业，也必然会得到社会的赞赏和支持。

作为中国建材集团玻璃新材料原创技术策源地和行业共性前瞻性技术研发中心，中研院多次主持或参与洛玻和耀华的技术创新和升级改造；作为中国建材集团玻璃板块的管理平台、融资平台、投资平台和整合平台，坚持和落实这个战略责无旁贷地落在了凯盛科技和中研院的肩上。通过一次次思想观念转变，一批批干部交流轮岗，一代代技术提升改造，一批批资本产业支持，一级级管理文化提升，一段段历史遗留问题解决，一个个难关咬牙挺

过……凯盛科技和中研院的管理优势、技术优势、协同优势、文化优势犹如一剂"强心剂"，使得昔日的老企业重新焕发生机。2021年，洛玻营业收入比2006年增长2倍，利润增长近9亿元，经营业绩创历史最高水平；耀华利润总额比2015年增长148%，职工平均月收入比2015年提高123%。

赓续精神血脉不是一般的连续，而是一种内在基因的延续、一种新生和希冀。70年来，中研院始终扎根玻璃领域，特别是在关键核心技术领域，以"为有牺牲多壮志，敢教日月换新天"的大无畏气概，增强自主创新的紧迫感和危机感，奋起直追，攻坚克难，积极抢占科技竞争和未来发展制高点，赋予中国玻璃工业新的生机和活力。通过一次次研发试验积累，一个个高端研发平台建立，一批批技术骨干攻坚，一项项产业工厂建设……在提升传统浮法工艺的同时，开发出了科技含量更高的"新"玻璃。对中研院这样的科技企业来说，科研能力是核心竞争力，长期从事一项事业的科研是战略毅力，既有能力又有毅力，才是企业"长跑"的关键。

如今的中研院，已经带领中国玻璃技术和产业走向世界，国内高端玻璃工程和出口玻璃工程市场占有率双超90%，在欧洲、北美洲、非洲、东南亚、中亚等地区，累计出口64条优质玻璃生产线，总包建设10余条全球最大1200t/d生产线，新签合同金额超247亿元，特别是新冠疫情暴发以来，创新服务模式，逆势签订国际高端玻璃工程21项，玻璃装备远销海外50多个国家和地区，成为全球最大的玻璃工程综合服务商。国际玻璃巨头在全球建厂纷纷采用中国玻璃技术和装备，在全球首创一窑八线光伏玻璃生产线，技术方面实现多项世界第一；建成的欧洲单体规模最大光伏电站，得到了国际市场的一致认可，中国玻璃技术和产业实现了从跟跑、并跑向领跑的跨越。

彭寿在谈到科技的未来时说道：中研院的未来就是要心怀"国之大者"，打造"国之大材"，继续用材料创造美好世界，继续扛好中国玻璃自立自强的大旗，在行业中做领头人，在行业发展中做奋斗者，在行业前进中做创新者，勇于担当、持之以恒、勇闯未来，全力创造企业高质量发展的优异业绩，引领中国玻璃技术和产业全面领跑世界！

作者评说：中研院是一家国有企业，始终心怀"国之大者"，忠诚党、践行国有企业的使命担当。作为团队领头人彭寿，他不仅是中研院的领导，还是玻璃行业的专家、中国工程院院士，既有为中国玻璃行业抢占世界高峰的雄心和勇气，又有扎实的玻璃行业技术功底，以科学的态度带领攻关团队一步一步向世界玻璃行业"珠峰"勇敢地攀登。中研院成功经验告诉我们：一是行业不分大小、产业不分传统与现代，只要有一颗忠于党、热爱祖国、勇攀行业科技高峰的赤子之心，就能创造出世界奇迹。2018 年 4 月，中研院研制的具有自主核心技术的世界最薄 0.12 毫米超薄电子触控玻璃横空出世，改写了超薄玻璃的"世界版图"。2020 年率先开发出目前世界最薄的 30 微米柔性可折叠玻璃，中研院在玻璃新材料领域再创一项中国第一，取得了世界领先的成果。二是企业站位高，发展方向与国家产业政策导向和市场需求同步。在国家大力发展绿色能源、提高太阳能光伏发电能力时，中研院抓住了机遇，利用自身生产玻璃的优势大力发展光伏发电设备。在国家医用玻璃包装需要国产化时，中研院一马当先，加快研发攻关，解决了我国长期依赖进口的"卡脖子"问题。三是听从指挥并自觉履行企业社会责任。在玻璃这个传统产业中，有的企业因转型慢而遇到困难甚至出现亏损或濒临破产时，中研院挺身而出，不算企业经济小账，而是算国家和行业的大账，宁可牺牲自身利益，也要稳住中国玻璃行业。这种胸怀和格局，赢得了同行的尊重，中研院真正为我国发展实体经济贡献出了巨大力量。

第十四章
现代中药的领航者

中医药作为中华文明的瑰宝，不仅为中华民族繁衍昌盛作出了卓越贡献，也对世界文明进步产生了积极影响。传承创新发展中医药，要求守正创新，在遵循中医药自身发展规律的同时，充分利用现代科学成果和技术方法，巩固和发扬中医药特色优势，推进中医药标准化、现代化和国际化。从制药大国走向制药强国，是中国医药企业必须承担的责任。根本的出路在于企业以科学的态度坚持创新、勇于实践：一是实现产品、技术和标准的创新，填补空白点、占领制高点；二是做强产业，确立优势；三是争取话语权，掌握主动权。本章将讲述荣获中国工业大奖的企业——天士力控股集团有限公司（以下简称"天士力"）如何从做专做精到做强做大，在现代中药产业中取得令人瞩目的成就并走向成功之路的。

（一）

天士力于 1994 年从现代中药的创新研发和产业化实践起步，开启了现代中药研究并不断做强做大。这要从一位脱下军装，不向部队和地方提条件的军人讲起，他就是天士力的创始人——闫希军。

"男人当兵是一件值得自豪的事，军旅生涯对于我来说非常宝贵，它培养了我的意志力、果断力和执行力。正是因为有了在部队长期的历练，我在创业初期经历种种酸甜苦辣时，都能够勇于面对并坦然承受。""我从军30年，对部队始终怀有一颗真诚、热爱、崇敬之心。"在谈及军旅生涯对人生的影响

314

时，闫希军动情地说。

1997年9月，中央军委决定在20世纪80年代裁减军队人数100万的基础上，再裁军50万人。按照中共中央和中央军委通知精神，军队、武警部队和政法机关不准许从事经商活动，所以裁减人员首先以生产经营部队为主。从小身怀将军梦的闫希军此时还不知道，自己将面临一场刻骨铭心的艰难抉择。当闫希军新任原北京军区医药集团（师级编制）总经理不久，踌躇满志，准备甩开膀子大干一场的时候，军区传达了中共中央有关军队企业移交地方的决定。消息一传出，大家议论纷纷，都考虑着进退走留，眼睛齐刷刷地盯在了他们的"带头人"——闫希军身上。

军令如山，闫希军面对人生第一次"两难"必须做出抉择。"要么脱下心爱的军装，与30年的军旅生涯告别，从此做一名商人，但部队就是我的家，感情上实在割舍不下；要么留在部队，与自己苦心经营并花费5年心血才建立起的'天士力'诀别，但300多人的就业、吃饭问题又怎么解决？"此时闫希军的心情十分复杂、思绪万千，部队和天士力都是他的"命"啊！

战友们劝他："你的军龄都超过30年了，既荣立过二等功，又获得过军队和国家的科学技术奖；既是正高职称，享受军级待遇的专家，又是享受国务院特殊津贴的专家，留在部队稳稳当当一辈子多好。"他知道，战友们都是为他好。

医院领导也劝闫希军："老闫，你是领导干部，主动权在你手里。"

军区领导对闫希军说："部队减员，但不减人才，你是部队的优秀人才，完全可以留下来。"言外之意，充满挽留之情。

两边都是自己挚爱的事业，是走还是留，闫希军面对选择感到痛苦。整整一个晚上，他没有合眼，他辗转反侧，军营生涯的一幕幕在他脑海中不断回放……

第二天早上，闫希军作出了一个果敢的决定：不跟部队要任何条件，不跟地方要官职、讲安排条件，不拿部队一分复员费，脱下军装，勇赴商海！

闫希军带领着47名和他一起开创天士力的干部和战士，没有向组织提任何要求，集体脱下军装"下海"了。这样尽管有风险，但更具挑战性，这就

是军人的品质。与此同时，为了报答部队和党的培养教育，为国家分忧，闫希军还提议把公司价值5000万元的房产和设备全部无偿移交给部队，并得到公司领导层的认同。

当作者问到闫董事长："您带着47名勇士创业、打拼，不考虑有风险吗？""当时我就想，这次军队的生产企业与军队脱钩，不是一般的精简整编，是中央的战略部署和军委的命令，我作为一名军人，部队指到哪儿，我就要义无反顾地打到哪儿，按照军委的命令，不仅要把这支队伍带到应该去的地方，还要把这支队伍带出个样子，为部队争光，为军人争光。服从命令，坚决执行，这是军人的天职。"闫希军淡淡地说。

（二）

由于中药产业的产业链很长，包括中药材种植、加工、提取、制剂、仓储物流等多个环节，而中药材资源又是制约现代中药产业走向现代化、走向国际化的最大制约"瓶颈"，为破解这一难题，天士力从产业链源头，也就是从中药材种植开始，实施全产业链标准化管理，建立质量数字化追溯体系。重点抓好两方面生产基础保障工作：

一是建立标准化管理的现代中药产业链。天士力早在1998年率先建立起符合国际药材原料种植规范（GAP）的药源种植基地，开展标准化育种、培育、种植、采收、加工，实行药材质量全过程控制。基于先行实践，天士力参与了国家第一批中药药材种植GAP的制定。2001年，天士力率先倡导并设立了中药提取生产质量管理规范（GEP），成为世界首个创造出一套完整GEP的企业。通过持续的努力，天士力早已构筑起从研发（GLP）、药材原料种植（GAP）、有效组分萃取（cGEP）、制剂生产（cGMP）、临床研究（GCP）到市场营销（GSP）等覆盖各环节的现代中药全产业链标准体系。用标准化管理，把"丸散膏丹、神仙难辨"演绎成为"创新中药、数字解析"，打开了中药神秘的"黑匣子"。

二是建设安国数字中药都，实现中药材商贸"三网合一"。天士力与河北省安国市政府于2013年5月签订合约，利用"千年药都"的交易市场，采用

"省部共建、企业实施、依靠科技创新、市场化运作"的新模式，建设安国数字中药都。安国数字中药都，借助京津冀协同发展国家战略的推动，成为省部共建重点工程、京津冀协同发展样板工程。将中药材电子交易、中药材第三方检测和产品溯源三大核心功能进行融会贯通，成为"三网合一"的中药材公共服务平台。打通中药产业链"最后一公里"，真正为中药产业做大做强打下坚实基础，构筑联结"三农"、农工商一体、利益共享的商业新模式；与科研机构合作，建设第三方检测中心，严格对标，保证药材质量；在全面推行标准化管理的基础上，建立中药资源全生命周期质量溯源体系。天士力还开发了涵盖种植、采收、加工、仓储等药材生产全流程的信息化管理系统，打造了集团化的药材质量共享云平台，从而实现药材"从田间到工厂"全生命周期的质量溯源目标，确保产品的来源可查，去向可追。

尽管当今药物研究已进入分子时代，但长期以来我国传统中药的研发还处于根据"用药研究药"的阶段，就是根据临床用药经验，用几味中药的组方配伍，制作一种新药。这种研究方法存在的问题是药效成分复杂、起效物质不清晰、成分难量化、机理不明确。为此，天士力在更新科研理念的基础上，找到了领先行业的创新中药研发路径。

一是明确思路，更新理念。在"现代化"与"现代话"的融合过程中，实现中药创新的突破，是天士力探索总结出的一条清晰理念。中药的"现代化"到"现代话"，就是应用现代科技手段和方法，经过科学实验的深入研究和临床验证，实现中药的循证性、追溯性、可靠性，最后转化成能用"现代话"（科技语言、数字语言）表达现代中药的过程。

二是建立"反向"研发新路径。创新性的研发首先在于找到了适合中药特点、在行业中处于领先的研发路径，即对中药进行以临床经验为基础的"反向"研发：从Ⅱ期临床研究开始，在基本明确药效物质和作用机理的基础上，直接研究最佳使用剂量、使用方案和适用人群，验证各组分功效，同时补充一些基础性研究。

三是建立以组分中药为主导的研发与产业化新模式。组分中药就是以中药有效成分或有效部位等组分为基础，运用现代药物设计思想，经过组分配

伍优化设计，在细胞或分子水平上揭示中药的药效物质基础及作用机理，阐明中药的活性组分，并研究其关联的技术和方法。组分中药研究技术有利于科学地解释中药的作用机理，制定科学的中药生产质量标准。这种研发模式也特别适用于对已经投入临床应用的传统中药品种进行二次研究和开发。

四是建立组分中药的科研机构。2008年，天士力与天津中医药大学、浙江大学合作，率先组建了国内首家以中药数字化分析及中药组分配伍研究为特色的中药组分库，获取了1万余个中药组分、近300个化合物，成功研究开发了100余种体外活性筛选模型及组分中药设计、优化软件。经天津市科学技术委员会（今天津市科学技术局）批准，联合组建了"天津市组分中药企业重点实验室"，2015年又获得科技部批准的"创新中药关键技术国家重点实验室"，担纲突破中药国际化相关技术、药政、标准等瓶颈，解决了中药质量一致性难题，为国家推进中药国际化搭建良好平台。

<h2 style="text-align:center">（三）</h2>

国家从20世纪90年代末期，就倡导和推动中药国际化战略行动。天士力以敢为人先的勇气，积极响应国家的战略部署，从1996年开始，以现代中药复方丹参滴丸为研发项目，开启了申报美国食品药品监督管理局（FDA）国际化临床研究的艰难历程，取得了中药国际化的重大突破，也带动现代中药取得了一系列创新成果和发展成就。

天士力的中药国际化之路采取了"三步走"的战略。第一步是"走出去"，就是要走出国门，体现中药产品和中药企业的创新精神；第二步是"走进去"，就是要实现中医药科技和标准的国际化对接，实现技术升级，使中药真正成为"国际药品"；第三步是"走上去"，即走上高端市场，成为国外医生、患者和医保机构都能够接受并使用的临床一线用药。通过这三个步骤，中药才能通过国际药政注册，与国际技术标准接轨，突破语言文化障碍，使产品有亲和力，让消费者有信赖感。

让中药"走出去"，直面国外消费者。天士力以应用传统药物比较广泛的东亚、东南亚地区，以及经济欠发达、医药资源紧张的非洲地区为主，建立国际营销体系，在局部区域市场，搭建中药企业和中药产品走向世界的通路。这些国家或地区有应用传统药物的历史，对天然药物有较高的认同感，人均医疗保障水平低，对"简便验廉"的天然药物有较强的接受性。在不同地区，中药作为处方药、非处方药（OTC）、传统药、食物补充剂销售，积累针对不同地域、不同种族人群的市场认可度和临床应用效果。

让中药"走进去"，进入发达国家主流医药市场的注册和研究体系，是中药国际化的攻坚阶段。"走进去"，是技术、标准、监管的融入和接轨的过程。中药新药主攻技术高端、标准高端、市场高端的处方药，挑战药品标准的极限，能够真正提高中药创新的"含金量"。同时，利用欧美植物药政策开放和调整的有利时机，以传统天然药物或草药申报，进入医疗体系，可以抢占市场先机。1997年年底，现代中药复方丹参滴丸获得FDA临床研究许可（IND）。从第一步迈出国门，看到了差距和差异，也找到了努力的方向。在此后的长时间里，天士力重在苦练"内功"，着重提升产品质量标准，完善现代中药产业链的系统化建设，以及开展药品国内上市后的临床研究。直到2004年，复方丹参滴丸在具备条件的基础上，重新启动国际化Ⅱ期临床试验，2006年6月第二次取得FDA的临床试验批件。2009年12月，顺利完成Ⅱ期临床试验，试验结果证明中药具有科学性，复方丹参滴丸安全有效，质量可控；中药能够挑战科学试验的"金标准"。到2016年年底，天士力的现代中药复方丹参滴丸顺利完成了在全球9个国家和地区的127个临床研究中心开展的随机双盲、大样本Ⅲ期临床试验，试验再次证明了复方丹参滴丸的安全性、质量可控性和临床有效性，为国家中药国际化研究探索了一条新路，是我国中药现代化、国际化的标志性成果，具有里程碑意义。

在复方丹参滴丸国际化研究的带动下，天士力继续推动更多国际化项目。天士力的国际化研发项目达到13项，其中重点项目8项，主要分为面向申报FDA的国际化研发项目，以及面向欧盟申报的研发项目。复方丹参滴丸、柴胡滴丸、芪参益气滴丸、藿香正气滴丸、穿心莲内酯滴丸、水飞蓟宾胶囊已经注册批准成为加拿大天然健康品。2016年1月，天士力的丹参胶囊顺利获得欧盟植物药品注册批件，成功以药品身份进入欧洲市场，揭开了中药进入

欧洲市场的新篇章。

天士力的国际化研发实践也为其他中药企业提供了示范。在国家中医药管理局指导下，依托国家重大新药创制专项的支持，以天士力为主，由12家企业、6家科研院所联合组成中医药世界联盟，以市场化模式，搭建中药国际化科研平台。目前已有11家企业的药品、保健品项目正在推进国际化研究。

（四）

天士力在中药国际化之路上的重大突破，得益于背后的一条由核心技术铸就的现代中药"智造"产业链的支撑，从而在我国中药制造业中居于领先地位。药品制造的核心目标是安全有效、质量可控。天士力研究的成果表明，现代中药可以按照国际标准进行临床疗效评价，因此，质量成为现代中药的生命线。达到质量数字化控制，是全球中药/传统草药领域的重大挑战，智能制造成为技术瓶颈的突破口。

从发展历程来看，天士力的智能制造经历了一些标志性的时间点。2015年3月，以现代中药制造领域数字化创新生产能力，通过首批两化融合管理体系现场认定；并获得工信部审核专家组的推荐，成为全国20家示范企业之一。2015年8月，获工信部"2015年全国工业企业质量标杆"称号。2016年，获工信部"2016年智能制造试点示范"称号，还荣获了中国工业大奖，这是国务院批准设立的中国工业领域最高奖项。2017年，获批工信部智能制造综合标准化与新模式应用项目。2018年、2019年，连续获得天津市智能制造专项资金支持，天士力的智能制造得到了持续的发展。2021年，现代中药智能制造入选世界智能大会"WIC智能科技创新应用优秀案例"。2023年，天士力"以质量数字化为核心的中药智能制造技术体系创建与应用"项目，荣膺天津市科学技术进步奖特等奖。

天士力推进现代中药智能制造的具体做法，可以概括为以下四个方面。

一是制定战略方针，统一认识，明确目标。天士力根据中药产业发展的形势，提出了"两转一升"的战略方针，"两转"就是向创新型企业转型、向智慧服务型企业转型；"一升"就是将中药制造向智能制造升级。提出了技术工程建设的"五个最"原则，即工艺最精、流程最短、污染最小、能耗最低、投资最少。智能制造的建设目标是"三个一"，即一套先进制药技术与智能装备相结合的连续化智能化生产设备，一栋集成智能物流、智慧能源、智能监控系统的分布式、无人化厂房，一套结合 MES（制造执行系统）、ERP（企业资源计划）及工业大数据智能分析系统的综合控制系统。智能制造有助于实现企业发展的五种效益，即向空间要效益、向低能耗要效益、向时间要效益、向管理要效益、向供应链要效益。这些原则要求，在天士力形成共识，成为指导方针，落实到各个方面、各个环节。经过持续不懈的工艺摸索和装备研发，在信息化、集成化的基础上，逐步向智能化制造迈进。

二是确立质量数字化的方法内涵。质量数字化，就是要把与中药产品质量相关的原料、工艺、装备等全产业链要素都用数字参数来表示，用数据模型来控制和评价产品质量，这样才能打通中药产品制造执行层与车间管理层之间的关联逻辑，实现基于大数据的现代中药智能制造。其技术途径就是在"三化"（工业化、信息化、数字化）融合的基础上，实现质量的标准化升级；把中药标准转换为数字化语言，把中药数字化语言集成为逻辑性系统，把中药数字系统导入智能制造装备，生产出载有智能数字信息的"会说话的中药"。

三是实现生产制造过程数字化。在全产业链实现系列标准化、质量可追溯的基础上，借助数字化技术，从"设计、控制、评价"三个维度对药品生产过程进行解析，包括产品质量的数字化设计、过程质量的数字化控制和批次一致的数字化评价，加快智能制造升级步伐，建设自动化、分布式、无人化制造工厂，在中药滴丸剂、中药粉针剂、中药提取领域，构筑智能制造新模式。其一是产品质量的数字化设计：基于安全有效属性的质量源于设计（QbD）理念，按照人用药品注册技术要求国际协调会（ICH）和 FDA 的指南，将药品的生产质量控制体系在研发阶段就予以设计并进行确认。其二是建立过程质量数字化控制的方法体系：按照"质量源于顶层设计、标准在于精准执行"的要求，遵循 QbD 理念优化工艺设计，以 PAT（过程分析技术）为核心，整合集成中药过程质量数字化控制的方法体系。其三是开发生产数据实时采集平台：过程数字化控制首先做到生产数据实时采集，开发基于实时数

据库技术的生产大数据采集平台，打通复杂工业接口，解决信息孤岛问题。滴丸生产线每年将产生 2.1 亿条的海量数据，项目总采集点位 2100 个左右；自动采集率及可视化率高达 95%，关键工艺参数 300 个左右，在线分析率达 90%。其四是开发生产大数据监控模型：采用数据统计与挖掘工具，研究工艺、质量与设备数据的相关关系，建立数学模型，实现生产过程的实时分析、实时监控与智能化管理。以复方丹参滴丸某个批次的提取工序为例，通过历史数据设定了生产过程轨迹的上下控制限；当超出控制限时，通过数学模型自动分析，就能够找出对生产波动影响最大的生产参数，从而进行快速诊断与控制，有效指导生产过程异常排查和工艺改进。其五是开发生产数字化管理系统：将信息化、数字化关键技术进行融合集成，形成生产数字化管控方案，凭借智能装备和检测系统，依托工业网络实现 MES 与 ERP、数据分析及挖掘系统（PAT）、数据采集与监控系统（SCADA）等系统的集成应用，实现全生产流程的信息交互和协同管理，各模块共同构成安全可控、标准规范的数字化生产车间。

四是实现装备研发与智能化集成。对于中药产业来说，装备是生产制造的关键执行要素，工艺装备的自动化、智能化是实现生产过程数字化的保障。天士力的核心滴丸剂型中药和生产装备都是自主研发，创新了液体冷却高速滴丸的生产装备，以及气体深冷高速微滴丸的制造工艺，同时对冻干粉针的制造装备进行了集成再创新。以复方丹参滴丸的智能制造为例，按每班次1200 件计算，从手工作业到自动化，减少了 60% 的人工，从自动化到智能化，又减少了 95% 的人工，用时缩短近 2 个小时，智能制造使现代中药滴丸制剂生产实现产能提高、质量升级、成本下降，也创造了具有知识产权的技术装备体系。

从当前智能制造的阶段性来看，天士力的智能制造已经形成了以质量数字化为核心的科技体系，正在向集团全产业链推进，未来要向全行业乃至跨行业推广，在推动天士力医药产业高质量发展的同时，引领中医药行业智能化升级。

进入新时代，实现高质量发展，特别是近几年来，国家相继出台包括

《关于促进中医药传承创新发展的意见》《关于加快中医药特色发展的若干政策措施》《"十四五"中医药发展规划》《中医药振兴发展重大工程实施方案》等一系列利好中医药行业发展的意见和政策，进一步为中医药发展开辟了广阔空间。

天士力将继续深化推进转型升级，以国际化为引领，精心构建大产品研发体系和技术体系，夯实智能制造的驱动源，坚定推进高质量发展。

天士力战略转型的三大方向，就是精准研发、智能制造和智慧健康。其中，智能制造作为产业升级转型的主攻方向，一方面，要与前端的精准研发（疾病大数据、人工智能、基因网络技术）相协同，加速研发新品的高效高质投放；另一方面，要与后端的智慧健康相链接（整合医学服务、智能化设备、互联网＋产品＋服务），打造数字赋能的"会说话"的产品。

智能制造已经成为中药迈向现代产业的必由之路。借助于工业互联网、人工智能的优势，在现代中药智能制造的平台上，能够极大地发挥中华民族宝贵中医药资源的原创价值，打造出民族医药产业的特点、现代中药产业的高点、中国制造的亮点，为加快迈向制药强国，探索中国特色新型工业化道路，作出更新更大的贡献，见下图。

天士力智能制造生产线

作者评说：天士力的成功，是因为有位意志坚定、思想境界高尚的领航

人，而且选择了正确的发展路径。他们坚持科学发展，创新发展，以中国传统中药理论与实践为基础，重点从技术与标准入手，强化产业链闭环，率先实行智能制造，将传统中药产业与现代制造技术相结合，实现转型升级，为企业做强做大提供了基础保障。

在抓研发创新方面：一是天士力把产品研发目标定位在高科技含量、高市场容量和长生命周期上，投入巨资建成天士力研究院，每年研发投入及研发经费都在逐步提高。天士力技术中心被批准为国家级企业技术中心，人事部在天士力设立了企业博士后科研工作站。二是天士力大胆地"走出去""请进来"，建设"没有围墙的研究院"，聚集世界一流人才，聘请中国科学院和中国工程院的院士担任顾问，先后与天津中医药大学、北京大学医学部、浙江大学、中国人民解放军海军军医大学等组建了产学研联合实验室，建立了自主研究与合作研究、基础研究与应用研究相结合的科技创新体系。三是员工可以自由组成团队，向公司提出创新项目申请，通过评审后由公司给予资金支持。项目无论成功与否，员工均可再次提出申请。这种自由、宽松的创新氛围极大地激发了员工的创新热情，也是天士力创新成果不断涌现的重要保障。

在抓标准方面：一是天士力按照国际公认的标准，历经 10 年的探索与创新，建立了由 GLP、GAP、cGEP、cGMP、GCP、GSP 等标准构成的现代中药全产业链标准体系。二是在世界上还没有相应标准可借鉴的情况下，天士力首创 cGEP 标准，解决了中药材有效成分的萃取和毒性成分、重金属含量及农药残留量的纯化处理等行业难题。三是天士力创立了具有独立知识产权的指纹图谱技术及相应分析评价标准，科学地揭示了复方中药多种有效活性成分的奥秘，完整地表明了中药物质组成特征，再配用近红外光谱技术，实现了从药材、中间体到制剂的全过程质量控制。

在抓智能制造方面：制定了智能制造发展战略规划，明确了"三个一"目标，即一套先进制药技术与智能装备相结合的连续化智能化生产设备，一栋集成智能物流、智慧能源、智能监控系统的分布式、无人化厂房，一套结合 MES、ERP 及工业大数据智能分析系统的综合控制系统。用现代工业 4.0

制造理念和技术与传统中药生产相结合，打造"灯塔工厂"，为加快走中国特色新型工业化道路，实现高质量发展，加速迈向制药强国，起到了示范作用。

天士力在传承中国中医药文化中作出了巨大的贡献，创新推动了现代中药的科技进步，让中药走向世界，成为中药行业的领航者。

第十五章
绳的传奇

在北京人民大会堂举办的第四届中国工业大奖发布会上，法尔胜泓昇集团有限公司（以下简称"法尔胜"）董事长周江走上主席台，满怀欣喜地领取了沉甸甸的中国工业大奖奖杯和证书。本章将揭开一家从生产麻绳的"作坊"，不断发展壮大为生产钢丝绳和缆索位居世界第一的企业的传奇经历。

（一）

1964 年，经江苏省江阴县人民政府批准，原江海公社"渔业社"所属绳网厂从江海公社划出，单独成立澄江制绳生产合作社，隶属江阴县手工业联社。

当时，这个工业联社共有职工 54 人，建筑面积 500 平方米，主要设备仅一台套，固定资产 1400 元，年产值 16 万元，利润仅 5700 元。虽然生产规模不大，但在我国苏南地区还是个专业的麻绳制绳生产合作社，也是实施"苏南模式"发展经济的改革者之一，实行独立核算，自负盈亏。这昔日的麻绳生产合作社，就是如今法尔胜的前身。近六十年来，法尔胜一直在专业从事绳产品的生产，先是从民用麻绳生产开始，到后来的工业钢绳，再到通信光纤光缆。从麻绳、钢绳到光缆，虽然看上去都是"绳"，但它们在生产制造工艺技术上有着本质区别，而且产品的用途也大不相同。法尔胜每一次产业转型升级都凝聚着法尔胜人的努力和奋斗，每一次的发展与进步都是跨界融合的创新与突破，都是科技发展的飞跃，更是自我的挑战，见图 15-1。

图 15-1　1980 年的江阴钢绳厂全景

（二）

随着国民经济的发展，麻绳逐渐难以满足我国工业建设的需要。在新的形势下，法尔胜进行第一次转型发展，开始钢绳的试制和生产。1967 年，法尔胜领导者周建松感到"做麻绳累死也就赚那么点钱"，必须要转型升级。于是，他与 5 名同事一起到无锡钢丝绳厂学习钢丝绳制造技术。初学之时，其他人学操作，他却与众不同，钻研着"为什么"的原理。为了得到一本稀缺的苏联出版的《钢丝和钢丝绳》，他不惜付出半吨钢材的代价。第一次走出国门，前往素有"钢丝绳王国"之称的意大利考察，20 天中他跑了 17 家工厂，收集了 20 多千克的技术资料。回国后，他认真学习钻研，从废铁堆里买回一台旧设备，因陋就简，配套成了生产设备。1966 年 12 月，合作社首次试制成功了第一条手摇钢丝绳，周建松的心里别提多高兴了。当他平复了心情后发现，由于此法生产效率低，无法满足市场对钢丝绳产品的需求。1969 年，周建松做出决定：合作社自行购置设备配套成一条土法钢丝绳生产线。当年就实现了生产钢丝绳 3.37 吨，从此企业开始由生产麻绳转型为生产钢丝绳。1971 年，由于企业进入了钢丝绳专业化生产，澄江制绳生产合作社更名为江阴钢丝绳厂，见图 15-2。

党的十一届三中全会吹响了改革开放的号角，为江阴钢丝绳厂带来新的发展机遇，产品创新、跨越式发展成为法尔胜在 20 世纪八九十年代的主旋律。根据市场的需要，企业的生产规模需要扩大，产品需要升级，技术需要研发，

图 15-2　周建松（右三）工作现场

设备需要更新，这对于底子薄、基础弱的法尔胜来说谈何容易。胶带绳是胶带钢丝绳的简称，1980 年以前中国全部依赖进口。这种在码头、矿山输送胶带内使用的镀锌钢丝绳，在那时应当说具有很高的技术含量。国家冶金部门曾组织几家"国家队"工厂进行攻关。1978 年 3 月，周建松顶住各方压力，赶赴北京参加冶金工业部召开的会议，与来自天津的一家国企同台竞争，立下军令状：当年完成高强度胶带钢丝绳顶替进口产品的研发；两年内建成新厂房，保质保量供应国内市场。但是，研发需要资金和人力的投入，几百万元的投资从何而来？当时的几百万元对法尔胜来说就是一个天文数字，正在发愁此事时，江阴钢丝绳厂传来一条爆炸性的新闻：以厂房为抵押、贷款 260 万元，由厂长周建松领衔，研发生产高强度钢丝绳。周建松勇敢地挑起试制新产品的重任，在一条宽不过 4 米的夹弄中搭起一个塑料棚，在这里，他带着攻关小组顶着炎热高温不分昼夜搞试验，凭靠一套简陋的设备相继攻克了 10 多个技术难关。整整 5 个月，眼熬红了，人消瘦了，周建松和他的攻关小组终于试制成功了 10 吨高强度运输带钢丝绳，填补了国内空白。

1980 年，公司批量生产胶带钢丝绳，国产产品替代进口产品。1990 年，法尔胜出口了第一批胶带钢丝绳。虽然胶带钢丝绳这个产品在国内有了一定的市场，但出口产品绝大部分是贴牌，利润大部分被其他公司盘剥，所以法尔胜决定创建自己的品牌。但说说容易，做起来难，要打自己的品牌意味着一切都要从头开始，企业面临着生死考验。1998 年，法尔胜新一代接班人周江来到美国开拓市场，当时的很多美国企业连大门都不让进，因为产品没有知名度，就算免费给他们试用，对方也毫不动心。因为若改换产品，就要改变橡胶配方，他们没有必要冒这个风险。一次次地上门，一次次地碰壁。终于有一天机会来了，欧洲一家公司发生意外，无法向美国固特异公司准时交货，无奈之下勉强答应使用法尔胜的产品试一次。终于法尔胜以交货时间快、质量可靠、性价比高等优势打开了美国市场的第一扇大门。目前，法尔胜已经和全球很多公司，特别是与德国凤凰，日本板东、横滨、普利司通，英国邓洛普，韩国大陆等国际巨头建立长期战略合作关系，共同制定产品标准。

应当说，胶带钢丝绳这个产品的发展过程，就是法尔胜大胆技术创新、坚持创建品牌的一个典型缩影。三十多年来，胶带钢丝绳一直是法尔胜的拳头产品，目前，它仍是公司出口创汇的主打产品，在国内市场占有率高达95%以上。

企业发展战略的制定与实施，决定因素在于企业领导者。法尔胜之所以取得成功，在于领导者怀有建设中国工业强国的志向和爱国情怀，勇于创新、敢为人先的拼搏精神，以及"以人为本、科技创新"的管理理念。

（三）

1994 年，法尔胜参与建设了中国第一座悬索大桥——虎门大桥，当时我国建造悬索桥所用缆索仍处于国外垄断的局面。周建松勇敢地提出，虎门大桥建造能否使用法尔胜的钢缆索？此时，大家都明白，这既是机遇，也是一场严峻的挑战。当时法尔胜已经成长为国内行业的领军企业，但面对要用国产产品替代进口钢索产品用于建造大桥的挑战还是第一次，确实让法尔胜人捏把汗。成功了，实现突破，皆大欢喜；失败了，对法尔胜地位和名誉必然产生巨大的负面影响。到底是干还是不干？工作会上，企业领导层也进行了激烈的讨论。当时，周建松不仅是公司领导，也是一位中国共产党党员。"作为共产党的一分子，要为国家做更多奉献，考虑得更多，为了人民和国家

的利益，就是再大的困难也要攻克。这个项目我们干！"会上他斩钉截铁地说。这掷地有声的誓言，镇住了会场，也洗涤了在座每一位的心灵。在他的坚强带领下，法尔胜人不畏艰险，披荆斩棘，开始了大胆的创新和实践之旅。1998年，法尔胜技术团队研制出第一根斜拉索，继而又开发出悬索桥缆索，结束了国内大桥钢丝依赖进口的历史，同时在中国桥梁建设史上，实现了用民族品牌替代进口钢缆的历史性突破。

坚持改革开放是法尔胜取得高质量发展、攀登世界高峰的重要途径。1995年，法尔胜与比利时贝卡尔特公司合资，成立了中国贝卡尔特钢帘线有限公司，在江阴经济开发区正式投产。相继又成立了5家合资企业，将中国的金属制品产业技术"前移"了10多年，也为江阴地方经济发展作出了重要贡献。

在此之后，法尔胜又经历了三次令人难忘的挑战。

一是上海的卢浦大桥762m水平系杆索的技术研发和生产，见图15-3。

图 15-3 上海卢浦大桥

2001年，卢浦大桥水平系杆索采用421-7规格，长度约762m，为当时国内乃至国际上规格最大、长度最长的拉索，至今也是平行钢丝聚乙烯拉索中长度最长的。由于受制造条件限制，对这么长的拉索制造尚无经验借鉴，当时国内一线的缆索厂家提出采用分段式制造，即将762m拉索分段成2段，中间采用拉杆连接，除此方法外，国内将没有一个厂家能想出更好的解决方案。

为了确保系杆索结构的完整性，卢浦大桥项目负责人找到了法尔胜。公司临危受命，但由于对超大规格拉索的工艺参数、长度精度控制和锚固性能等都亟须研发和验证，加上生产线的生产能力不足，需要进一步加长生产线等，一系列难题摆在面前。然而，法尔胜人并没有畏惧，而是迎难而上，一举成功攻克了一个又一个难题，最终顺利通过了项目验收，实现了按期交付，并得到了业主、设计院和施工单位的认可和赞许。通过这个项目，法尔胜确立了在超长大拉索项目行业中的领军地位。

二是江苏的润扬长江大桥主缆索股的技术研发和生产，见图15-4。

图 15-4　润扬长江大桥

2002 年，润扬长江大桥主跨 1490m，当时世界排名第三，中国排名第一。主缆索股采用 127-5.3 规格，长度约 2582m，单根重量约 58 吨。由于该项目主缆索股采用 PPWS 法（预制平行钢丝索股法），架设过程中主缆索股"呼啦圈"问题、主缆索股架设后股内钢丝误差问题和主缆索股长度精度问题成为当时最主要的难题。且大桥业主方考虑到主缆索股制作的工期，将全部主缆索股分配给法尔胜和上海浦江缆索股份有限公司共同承担。法尔胜之前只做过一座悬索桥：万州二桥（主跨 580m）。在超千米级悬索桥主缆索股制造过程中对长度精度控制、股内误差控制、索股的成型和索股盘卷技术等尚未有

实桥验证，对解决这些技术难题也无百分之百的把握，加上还要和老牌同行同台竞争，当时公司面临的技术难度不亚于上海卢浦大桥。在一系列技术创新和设备改造后，法尔胜邀请业主、专家和相关方共同观摩了2800m同规格索股的放索试验，证明法尔胜缆索的索股质量。后经实桥架设验证，主缆索股的各项性能均达到并超过了以往所有悬索桥主缆索股的水平。法尔胜在和同行同场竞技中获得成功，除展示了法尔胜缆索技术实力外，还为公司迅速打开悬索桥市场产生了良好的宣传效果。

三是广东的虎门二桥坭洲水道桥高强度钢丝（1960MPa）全国产化主缆索股的技术研发和生产，见图15-5。

图15-5　虎门二桥

2015年，虎门二桥坭洲水道桥采用658m+1688m双跨吊悬索桥，比当年主跨888m、被誉为"世界第一跨"的虎门大桥向前跨越一大步，距世界第一的日本明石海峡大桥（1991m）只差303m。为了开拓创新，坭洲水道桥全部主缆索股要求从盘条到1960MPa钢丝全部实现国产化，而当时国内外应用的最高强度等级钢丝只有1860MPa，且均采用进口盘条。如何实现从盘条到缆索全部国产化的任务，面临的主要困难有国内桥梁缆索用高性能线材盘条研究少，相对进口盘条底子薄；国产盘条制作的1860MPa钢丝尚未批量生产，直接研究开发1960MPa钢丝难度非常高。法尔胜又一次迎来新的挑战，但这一次挑战的不是同行，而是自己，没有借鉴，没有退路，唯有开拓创新。在和国内相关钢厂对接后，法尔胜与其联合开展了"桥梁缆索用1960MPa超高强度热镀钢丝"课题的开发研究。通过两年多的研究和试验，解决了许多技术难题，成功完成此项任务。通过虎门二桥工程项目，法尔胜再一次证明了自己的研发实力。

据了解，截至目前，法尔胜已经参与了国内外1200多座桥梁工程项目。法尔胜缆索参与建造的桥梁打破了多项世界纪录：2020年通车的沪苏通长江公铁大桥，主跨跨径1092m，是世界第二大、中国第一大跨径的斜拉桥；2019年通车的武汉杨泗港长江大桥，主跨1700m，是世界第二大、中国第一大跨度的悬索桥。可以骄傲地说：世界十大斜拉桥中就有6座使用的是法尔胜产品，十大悬索桥中就有7座使用的是法尔胜产品。特别是2018年参加建成的港珠澳大桥，为中国和世界桥梁建设史立下了又一座里程碑，见图15-6。

图15-6　港珠澳大桥

法尔胜走过的路，彰显了坚持改革创新、不畏艰险、敢为人先的拼搏精神。从超长拉索的突破、主缆索股"呼啦圈"难题的解决，到建设世界第二桥梁缆索所需的高性能线材盘条的研制，攻克了一个又一个难关，成为世界斜拉桥、悬索桥缆索制造的著名企业，引领行业向高质量发展。法尔胜的经验告诉我们：路就在脚下，坚持研发创新，只有敢拼才能赢。

（四）

20世纪90年代末，信息化浪潮兴起并带动信息产业高速发展。看到配套产品光缆钢丝市场需求激增，以及光通信产业核心技术被国外垄断的残酷现实，法尔胜认识到这是我国工业领域的一块短板，一定要补上。同时也敏锐地意识到光通信市场巨大的发展潜力，于是下定决心步入这个行业。当时中国的光纤预制棒全部依赖进口，法尔胜承担起振兴民族光通信产业的重任，全力进军光通信产业，着手开发具有自主知识产权的光纤预制棒及光纤光缆生产技术。1999年，法尔胜在A股成功上市，募集的大部分资金全部投入了光通信产业。同年10月，法尔胜与澳大利亚光子研究中心（CRC）合资兴建的光纤预制棒项目，先后共投入4980万美元，开始了研发工作。经历了长达十几年的消化吸收，实现了基础研究、核心技术、生产工艺、整体装备、配套设施等方面的全方位集成创新，取得了许多原创性成果，并实现产业化。在光通信领域，法尔胜发明了具有自主知识产权的光纤预制棒制造技术，完成了光纤预制棒技术的持续创新，并开发了大尺寸光纤预制棒制造技术，打破了国外技术的垄断，达到国际先进水平；同时不断通过技术创新提高了生产效率、降低了生产成本，并完成了大规模产业化，实现了光纤预制棒制造技术从无到有、从弱到强的创新发展；开发了光纤预制棒专用成套装备，改变了我国光纤预制棒生产设备主要依赖进口的被动局面，同时将技术创新、工艺优化与设备研制有机结合，为我国光纤预制棒产业化发展提供了可靠的装备保障；建成光纤预制棒专业化生产基地，形成了年产180吨通信光纤用预制棒及5000芯公里特种光纤用预制棒的生产能力。通过规范管理制度、量身开发ERP系统、完善标准体系建设等，全面保障产品质量，为提高我国光纤预制棒产业的国际竞争力作出了重大贡献。

研发成功后，法尔胜开始了一、二期G.652单模光纤预制棒和光纤的生产，成为我国最早拥有自主知识产权、包括光纤预制棒和光纤光缆生产的完整光通信产业链的企业。补齐了这块短板，我国在国际光通信领域竞争中的实力和话语权大幅提升，迫使欧美发达国家大幅度降价（光纤预制棒价格已下降 82.4%)，按照 2012 年我国光纤预制棒的消耗量，仅价格的下降就降低我国光通信产业投资达百亿元。光纤预制棒、光纤等价格的长期国际垄断坚冰被一举击破。

（五）

"法尔胜"牌胶带钢丝绳产品获得了国家质量监督检验检疫总局（今国家市场监督管理总局）颁发的"出口免验"证书，保持在国际市场占有较大的份额。由于法尔胜强大的市场竞争力，国际大牌企业贝卡尔特不得不全面退出市场。

2000 年 9 月，正当法尔胜钢丝绳行销全球之时，突然法尔胜产品被美国商务部初步裁定倾销幅度为 24%。面对指控，法尔胜采取坚决态度，积极应诉，决不退缩。为了打赢这场官司，法尔胜在有关部门的支持下，积极研究对策，沉着应诉，据理力争，同时聘请有丰富处理反倾销案例经验的国际事务所帮助做好全权法律处理事宜。在长达一年的中国钢丝绳反倾销案中，美国商务部除了用抽样调查问卷的方式外，还派员到法尔胜现场进行核算、原始数据重组及全面调查核实。在最关键的反倾销现场核查中法尔胜认真积极地应诉，最终使美国商务部在倾销问题上修改了计算税率方法。美国商务部做出终裁，裁定法尔胜钢丝绳的倾销幅度为 0.02%，反倾销幅度几乎为零。法尔胜税率降到忽略不计的范围，从而使反倾销案水落石出，法尔胜以无可争辩的事实顺利通过了美方挑剔的核查，并取得胜诉。由于法尔胜在对美钢丝绳贸易摩擦中取得了胜利，其他出口美国的钢丝绳企业税率较以前也有了明显降低。

这个案件给中国企业的启示是：面对贸易摩擦的指控，应采取的态度是积极应诉，不要轻易退缩和放弃。同时，也说明中国工业制造业参与国际竞争一定要有实力，包括产品的质量、价格和信誉。唯有如此，在面对无情的市场波澜时才能游刃有余。同时，WTO 制定的规则是公平的，国际贸易规则不是由一个国家或一个人来决定的，关税制定要有科学的依据。

（六）

有人说：一流企业做标准，二流企业做品牌，三流企业做产品。法尔胜

高度重视标准化工作，充分认识到了标准是企业在市场竞争中的关键支撑力，也是争得同业话语权的重要阵地。公司标准化工作在执行国家标准的基础上，先后经历了采用国际标准及发达国家先进标准、掌握国内标准化工作主导权和掌握国际标准化工作主导权三个阶段。

一是通过采用国外先进标准，提升公司产品质量。早在 20 世纪 80 年代，很少人能出国，出国人中多数都想着回国凭票证可以到出国人员服务部购买"三大件"。但以法尔胜董事局主席周建松为首的"老一代"领导利用出国机会收集的是国外的企业标准、国际标准。正是由于法尔胜对标准的重视，法尔胜产品的质量、性能得以与国际接轨，成为第一批走出国门，并且得到发达国家认可的产品。

二是积极参与国内标准制修订，掌握国内标准化工作主导权。法尔胜从1981 年起开始介入国家标准和行业标准的制定和修订工作，先后主持和参与制修订国家和行业标准 80 余项。

2007 年公司在制定 GB/T 21073—2007《环氧涂层七丝预应力钢绞线》国家标准时，首次将专利与国家标准进行结合，取得了良好的效果，该标准在2009 年获得了中国标准创新贡献奖二等奖。这种创新成果专利化，专利标准化的做法不仅有效保护了公司的创新成果，而且最大限度地获得了经济与社会效益。

2008 年 6 月公司作为全国钢标准化技术委员会钢丝绳分技术委员会（SAC/TC183/SC12）秘书处，负责国内钢丝绳行业的标准化管理工作。公司与国内科研院所、企业合作，规范标准化管理体系，制订分技术委员会发展规划，促进行业进步，至今已带领国内同行完成了 36 项国家和行业标准的制修订。与此同时，法尔胜利用这一平台制定了《胶带钢丝绳》《环氧涂层七丝预应力钢绞线》《光缆增强用碳素钢丝》《光缆增强用碳素钢绞线》等一系列国家和行业标准。

公司于 2021 年 3 月获批建成江苏省首家国家技术标准创新基地（金属线材制品国际标准化），以促进金属线材制品创新成果和优势产品的国际标准化为目标，持续加强创新能力建设，积极推进系列金属线材制品领域国际标准的制修订工作，有效促进创新成果转化成国际标准。

三是积极参与国际标准化活动，掌握国际标准化工作话语权。2011 年，经国际标准化组织技术管理局的批准，法尔胜独立承担了国际标准化组织钢丝绳技术委员会（ISO/TC105）秘书处，负责全球钢丝绳领域标准化管理工作，取得了在国际同行业中自己的话语权，改变了过去"陪太子读书"的状态，成为行业内产品标准的制定者。自法尔胜获准承担该秘书处以来，先后在中国、英国、美国、德国、比利时组织召开 ISO/TC 105 全会 9 次；出版国际标准 8 项（中国企业制定 1 项、修订 4 项）；发起标准复审 54 次；正在研制国际标准项目 3 项（中国企业制定 1 项、修订 2 项）。经过 5 年左右的努力，法尔胜在桥梁缆索领域主持制定的两项国际标准，即 ISO 19203：2018《大桥缆索用热镀锌及锌铝合金镀层高强度钢丝规范》和 ISO 19427：2019《钢丝绳悬索桥主缆预制平行钢丝索股规范》成功出版。

（七）

公司董事局主席周建松十分重视企业文化建设，亲自书写了万米画卷，并在当地的体育场进行了展示，极大地提高了公司职工文化素养。在他的主导下，法尔胜成立了企业文化协会，以书法、摄影、网站、展览等多种方式，推行"以人为本，科技创新"的管理理念，并将其与"敢为人先、永不服输"的创新精神，"做事先做人"的处世原则，"严、细、深、实"的工作作风等企业核心价值观结合起来，致力于形成"创新、极致、诚信、和谐"的企业创新文化，逐步营造了由"要我创新"到"我要创新"的浓厚创新氛围；通过政策引导、机制激励和后勤保障，形成"激励成功、宽容失败"的创新文化，更加激发了员工的创造性、自主性和积极性，逐步建立了宽松的创新环境和浓厚的创新氛围；通过实行"能者上、庸者下"的机制，为员工提供了平等的施展才能的舞台，允许失败、奖励成功，形成创新创业的发展氛围；通过广泛开展学术交流，定期邀请专家讲学，积极开展岗位培训，鼓励员工参加学术会议、行业展览、对外考察和学术深造，形成良好的学习氛围；通过加大对论文、专利和成果获奖等的奖励力度，鼓励员工开展学术研究和发

明创造，形成良好的激励氛围；通过引导和鼓励，培养员工的团队精神、协作精神，以及良好的责任心和上进心，形成良好的人际氛围；通过优化工作环境，完善工作设施，增加员工福利，形成良好的工作氛围。

（八）

2008 年，周江上任法尔胜董事长之后，立即着手深化改革。在法尔胜导入了国际通用的集团型企业"事业部管理制"，实现了管理的扁平化和机构的高效化。在事业部管理制度逐步成熟的历史性阶段，周江敏锐地意识到：事业部制管理制度不能一成不变，必须以此为基础，加快推进与集团当前及未来发展相适应的事业部管理制度的升级版，即全新的"子集团"管理架构，它不仅能够充分实现集团资源的高效共享和调配，更能满足不同产业的个性化发展需求，实现"集团多元化，产业专业化"的新战略。法尔胜把中西合璧的经营理念融入企业管理，在制度化管理的同时，将科技创新、员工素质、企业文化、管理水平和社会责任五项内容视为五行中的"金木水火土"；把搭建凝聚人心的文化，鼓励创新、宽容失败、鼓励成功的创新文化，打造"点石成金"的管理文化，坚持"为商如土"的诚信文化，定为企业文化建设的四大目标。如今的法尔胜在公司制度与文化双轮驱动的管理环境下，运行得有条不紊，不断发展壮大，继续演绎着"绳的传奇"。

法尔胜是苏南地区首批首家国家级创新型企业，长期位列中国企业 500 强、中国民营企业 500 强。公司目前拥有全球领先的胶带钢丝绳、桥梁缆索、预应力钢绞线生产能力，国内领先的精细钢丝绳、轮胎用钢帘线（合资）、切割钢丝和不锈钢制品生产基地。在光通信产业领域，法尔胜是中国最早有能力生产光纤预制棒的企业之一，公司生产的保偏光纤成功应用于神州系列载人飞船及天宫一号航天任务上，是国内主要的特种光纤供应商。

历年来，法尔胜先后承担国家级、省部级科研项目 90 余项，其中承担国家"863 计划"项目 4 项，国家"十五"重点科技攻关项目 2 项，国家"十一五"科技支撑计划课题 6 项，国家"十四五"重点研发计划项目及课题 2 项，国家火炬计划 4 项；参与国家"十三五"重点研发计划课题 3 项、国家"十四五"重点研发计划课题 7 项。先后荣获国家级、省部级奖励 30 余项，其中包括第四届中国工业大奖、国家科学技术进步奖一等奖 1 项，国家科学技术进步奖二等奖 2 项，首批制造业单项冠军示范企业，全国工商联科技进步一等奖 2 项，冶金科学技术奖一等奖 2 项，江苏省科学技术进步奖一等奖 2 项，江苏省省长质量奖等。图 15-7 为周江董事长在中国工业大奖颁奖会议上发言。

图 15-7　周江董事长在中国工业大奖颁奖会议上发言

法尔胜秉承"创新、极致、诚信、和谐"的企业文化精神，正朝着打造具有国际视野的高科技产业集团的目标全力奋进。

作者评说：企业创始人、董事会主席周建松向作者讲述了法尔胜的艰难创业、产业升级、创新发展的成长历程。法尔胜早先是从生产民用麻绳开始，到后来生产工业钢绳，再到制造通信光纤光缆（绳）。每一次产业转型升级都凝聚着法尔胜人的努力和奋斗；每一次的发展进步都是跨界融合的创新与突破，也是科技水平上的进步，更是自我的挑战。法尔胜能够发展成为如今的钢绳制造强企，是因为心中有一个坚持把企业做强做优做大的梦，正是这个

梦想驱动着企业克服了种种困难和风险挑战，使企业一步一步地由小到大、由弱到强。同时，法尔胜深耕主业不偏移，几十年来心无旁骛抓主业发展，才谱写了从"麻绳"到"钢绳"的重大转换，再到研发高质量光纤通信产品"光绳"的传奇故事。如今，法尔胜已成为世界钢缆索桥建设的领军企业。

我国工业领域的企业要学习法尔胜敢于打国际贸易官司的精神，在美国贸易保护主义下，出现双边贸易摩擦时，要敢于打反倾销贸易战，能够利用WTO规则保护自己的合法权益。法尔胜打赢反倾销案件给中国企业的启示是：国际贸易规则不是由一个国家或一个人来决定的，关税制定有科学的依据。面对中外贸易摩擦的指控，应采取坚决态度，要积极应诉，不要轻易退缩和放弃，只有敢打国际官司才能赢。

第十六章
漂亮可缩的"新衣"

在豫北大地，有这样一家企业：它创始于 1994 年，历经近 30 年的不懈打拼一步步发展壮大，已拥有多家子公司，成为国内唯一拥有从功能性聚酯原料生产、薄膜制造到中高端彩印的全产业链高新技术集团，实现了从彩印到制膜再到聚合三个行业的跨越。特别是 2010 年涉足功能性聚酯（PETG）研发及薄膜制造以来，取得了迅猛发展，PETG 热收缩膜国内市场占有率连续多年保持首位，是全球三大供应商之一。目前，它拥有国际一流的制膜与彩印生产线及技术工艺，生产的绿色、高品质特色功能性聚酯薄膜，为国内外众多品牌的包装穿上了中国制造的漂亮"新衣"。这就是河南银金达控股集团有限公司（以下简称"银金达"），见图 16-1。

图 16-1　银金达彩印公司

银金达地处河南省新乡市，北依太行，南临黄河，交通极为便利，有较好的工业基础。银金达以"精包细装，产业报国"为企业使命，秉承"您的梦想，我的使命，创新引领，共赢共生"的发展理念，注重绿色和创新发展，在功能性聚酯材料研发、薄膜制造及再生利用等领域实现了多个从0到1的突破。

银金达多年来的不懈努力不仅赢得了自主产业的蓬勃发展，也荣获了众多国家和省市级荣誉及奖励，主要有：中国工业大奖表彰奖、国家专精特新重点"小巨人"企业、国家制造业单项冠军示范企业、国家级绿色工厂、中国专利奖、全国质量标杆、两化融合管理体系贯标及河南省智能制造标杆、河南省制造业与互联网融合试点示范企业、河南省智能工厂等100余项。图16-2是银金达获得的中国工业大奖表彰奖奖杯。

图 16-2　银金达获得的中国工业大奖表彰奖

（一）

银金达近年来发展迅速的关键就是抓住机遇、立足创新、走专精特新之路。研发功能性聚酯原料及薄膜，造出漂亮中国"新衣"源于以下三个方面。

一是源于国家战略企业化。涉足功能性聚酯前，银金达已在彩印行业深耕了近二十年，与国内外著名品牌如可口可乐、达能、统一、今麦郎、斯美特、白象等保持了长期战略合作关系，深刻感受到国内包装行业蓬勃发展的步伐及美好前景。受益于国家改革开放及大力支持民营经济发展的政策，银金达逐步树立了企业发展必须与国家战略紧密相连的理念，要抓住国家的发展机遇，并做有情怀、为社会作贡献的企业。

二是源于董事长闫银凤敏锐的眼光。2009 年，在国家的《产业结构调整指导目录》中，将"直接接触饮料和食品的聚氯乙烯（PVC）包装制品"列入淘汰类，引发包装行业很大震动。闫银凤带领研发人员开始用近一年的时间进行市场调研，找国家相关部门咨询，找教授、专家请教，首次了解到功能性聚酯（PETG）薄膜具有无毒、无味、机械性能好、印刷及包装效果好、易于回收、符合国家环保要求等特点，是取代非环保 PVC 包装，应对包装领域可持续发展非常理想的新型材料。闫银凤敏锐捕捉到这项产品契合国家战略，在我国有着巨大发展机遇。

三是源于"卡脖子"技术和高昂的价格。在调研时发现，当时功能性聚酯的合成工艺和重要单体（CHDM）被美国伊士曼公司和韩国 SK 公司垄断，功能性聚酯薄膜只有德国 KP 公司和韩国 SK 公司生产，价格高达每吨数万元且供货不稳定，成为国内包装行业绿色发展的"卡脖子"问题之一。鉴于此，银金达于 2010 年年初成立了团队，开始聚酯原料和功能性聚酯薄膜国产化的探索。

银金达的功能性聚酯研发历经了四个阶段：

第一阶段，初创与成功（2010—2016 年）。功能性聚酯技术壁垒高，开发难度大，对于刚刚涉足该领域的银金达，人才和技术是两大难题。公司在国内进行了深入调研，经过不懈努力终于找到了苏州吴江的功能性聚酯专家团队。银金达派人多次上门拜访，和该团队积极探讨功能性聚酯薄膜产品的应用及前景，邀请他们来企业考察，用诚心和执着与对方达成了合作开发协议，开始第一代产品的小试、中试。经过两年的配方修改、工艺参数调整及反复试验，合作团队于 2012 年取得突破性进展，在吴江一家聚酯工厂的半连续聚酯装备上成功通过工业化生产，创新制备出独辟蹊径、具有完全自主知识产权的 NPG 改性功能性聚酯原料，并取得 3 项发明专利。

为制造功能性聚酯薄膜，于 2010 年年底筹建了河南银金达新材料股份有限公司，之后通过设备调研与德国布鲁克纳公司结成了战略合作伙伴关系，投巨资委托该公司根据中试出的功能性聚酯原料特性、参数、要求，定制了 2

条世界一流的拉膜生产线，见图 16-3，包括国内首台具有双向拉伸制备热收缩膜的设备。2013 年，银金达生产出了首批高品质功能性聚酯薄膜，其主要指标性能不低于德国 KP 公司和韩国 SK 公司的产品，填补了多项国内空白，解决了功能性聚酯薄膜被国外"卡脖子"的难题，为中国企业提供了绿色、高品质的包装材料，产品开始批量进入高端市场。

图 16-3　银金达拉膜生产线及产品

2014 年，银金达的功能性聚酯薄膜被国家发展改革委认定为核心竞争力产品，并拨付 1.02 亿元专项资金，支持其产业化，之后又得到了省、市各级政府和金融机构的大力支持，同年还获得了中国环境标志产品认证。银金达经过坚持不懈地产能提升、工艺提升和市场开拓，最终实现了功能性聚酯薄膜的规模化生产。

2014 年，统一品牌精心研发的"小茗同学"筹划上市，独特的全外包、高收缩标签引来国内外大牌厂家竞标。但经过几个月测试，包括德国 KP 公司和韩国 SK 公司在内没有一家达标。银金达在 2014 年年底取得了统一给予的测试机会，仅用一个月时间就通过认可并获得了独家供货权。2015 年 3 月"小茗同学"正式上市，当年就取得了巨大成功，外包装还获得了英国伦敦 2015 年度 Pentawards 全球包装设计大赛（被称为"包装设计界的奥斯卡"）的金奖。银金达通过"小茗同学"取得了自主研发功能性聚酯原料及制膜成功、精彩的开局，连续 3 年成为"小茗同学"标签膜的独家供应商，见图 16-4。

图 16-4　使用银金达 PETG 热收缩膜的"小茗同学"

第二阶段，延链与扩能（2017—2020 年）。银金达的功能性聚酯初创取得了成功，但聚酯原料一直由江苏的工厂代加工，已满足不了银金达的快速发展需求。2015 年，国家提出了大力推动新材料（功能性高分子材料）领域突破发展的指导意见，银金达下决心开始筹建自己的聚酯原料产业链。在克服土地、环保、技术、工艺、资金、人才等重重困难后，自主建设的年产 7500 吨半连续功能性聚酯生产线于 2017 年建成投产，实现了第一代聚酯原料的自足，银金达终于建成了国产化功能性聚酯原料、制膜及彩印的完整产业链，掌握了核心技术的主动权。2020 年，扩建的年产 6 万吨连续功能性聚酯原料生产线建成投产，大大提高了产量、品质和稳定性，进一步降低了成本，满足了银金达制膜产能不断扩大的需求。

在此期间，银金达的功能性聚酯薄膜产品在产能上迅速提升，由初期的 2 条生产线、年产数千吨发展到 2020 年的 5 条生产线，年产 6 万吨，做到了国内第一、世界前三。

在此期间，银金达膜制造技术的创新取得了巨大进展：自主掌握了从单向拉伸到双向拉伸和可控收缩的技术，收缩率达到了 80% 的国际领先水平；深入掌握进口设备的运行参数，不断优化改造，制备效能提升一倍以上，PETG 制备效率达到同型设备的行业领先水平；在行业内首家将进口设备的拉伸幅宽进行自主系统化拓展改造，有效提升了制备产能；在行业内首台（套）

自主改造实现"无造粒化设计"，原材料一次性利用率达99.5%以上，彻底解决生产过程需要造粒带来的二次降解问题，提升了产品质量；自主设计的"剪切点可变"PETG分切方案为全行业最优方案；在行业内首创"摆—纠"技术，解决分切边料等宽和放卷摆动不能同时进行的行业痛点，提高了分切效率。

在此期间，还牵头成立了河南省功能高分子膜材料创新中心，成为解决行业共性技术、产学研紧密结合的新型研发载体，目前已在特种功能膜材料及水性高分子材料产业化方面取得了创新突破。同时，主导制定了4项功能性聚酯薄膜的行业标准，取得了数十项发明专利。

第三阶段，功能化创新（2020—2021年）。银金达注重科技创新，从未停下研发的步伐。在掌握第一代功能性聚酯生产制造的基础上，研发团队根据市场需求，经过对聚酯结构设计与调控、复合催化体系、聚酯合成装置的改进，成功研制出第二代功能性聚酯，又先后开发出高印刷性能膜用功能性聚酯、低熔点膜用功能性聚酯、片材级和注（吹）塑级功能性聚酯等系列产品，创新研发出国际首创的超强记忆合金膜及替代进口的高性能复合膜等多项专利产品，大大拓宽了国产化功能性聚酯的应用领域，更广泛深入地与可口可乐、联合利华、达能、统一、CCL、康师傅、娃哈哈、元气森林、蒙牛、今麦郎、海天等国内外知名品牌建立了合作关系，产品出口到60多个国家和地区，获得了AEO（经认证的经营者）高级认证企业证书，并在个性化、差异化、定制化服务方面更好地满足了客户需求。其中，创新研发的抗紫外线白色PETG薄膜，有良好的隔离紫外线功能，能很好地保护饮料、奶制品、豆制品等，延长产品保质期并增强美感，投放市场后供不应求，前景广阔。为世界最大的标签企业加拿大CCL集团定制研发了一款复合膜产品，签订了独家长期供货协议，已申请全球专利保护。银金达的功能性聚酯合成技术、聚酯热收缩膜生产工艺技术、超强记忆合金膜及可控柔性复合膜4项技术成果分别被鉴定为国际先进水平。

第四阶段，绿色可回收（2020年至今）。随着行业的发展及市场需求的不断变化，为紧跟国家绿色发展的时代步伐，2020年以来，银金达与中国科学院、四川大学、郑州大学及河南省科学院化学研究所有限公司等达成多项技术合作协议，聘请行业内多名一流专家组成了技术团队，专注新一代再生及可结晶功能性聚酯、低密度聚酯、可降解收缩膜、新型环保水性油墨、高性能分离膜、填补国内 1，4- 环己烷二甲醇（CHDM）单体及应用等研发空白，目前已取得阶段性进展，申请了一批发明专利，部分成果已开始产业化。

2020 年，银金达紧跟国家循环经济发展战略，开始研发回收材料再生利用技术。技术人员从配方设计、设备改造、工艺调整等多方面着手，进行反复试验、反复修改，经过近一年攻关，于 2021 年 7 月在行业内首家成功制备出 30% 再生瓶片 rPETG 原料，且顺利生产出了 rPETG 薄膜、印制出了合格标签，经中粮可口可乐北京工厂测试取得圆满成功。之后，取得了中粮可口可乐 SGP 认证、全球回收标准 GRS 认证以及碳足迹 ISO 14067 体系认证。可口可乐公司作为 2022 年冬奥会饮料产品独家赞助商，使用了银金达的 rPETG 再生标签，目前已批量采购并投放全国市场。

2022 年，银金达已突破了 100% 再生瓶片 rPETG 聚合试验，回收 PET 高值化同级应用研发依然走在国内同行的前列，万吨级生产线正在加紧建设中，将于 2023 年建成投产。

（二）

每一个成功的企业都有一位灵魂的人物，银金达的创始与发展就是董事长闫银凤几十年奋斗历程的结晶。

闫银凤，1962 年出生于豫北，毕业后进入乡医疗事业单位做了医生。一次偶然的机会，她进入了县商业局工作，从售货员到经理一干就是 10 年。她勤奋好学、大公无私，为集体为国家乐于奉献，培养了真诚待人、凝聚团队、发现商机、开拓市场、精打细算的素质，为后续创业打下了坚实基础。

20 世纪 80 年代末，她成为商业局第一个搞承包的人，之后又成为第一个下"海"经商的人，从经销电热毯到贴牌生产电热毯，充分利用自己的商业渠道，从中赚到了第一桶金。后来从电热毯的包装中发现了新商机，于 1994 年投入全部家业开办了一个小彩印厂。但她的这个转型在初期是非常煎熬的，创办实业和商业买卖是两个完全不同的概念。同时期诞生的彩印厂非常多，

竞争残酷、产品质量不稳定，还有客户赖账现象，让她第一年亏了很多钱。她开始一度怀疑自己，这条路是否能继续走下去。但丈夫劝她说："没事，我相信你的才干，你一定能干出个好样，走出这个困境。"于是，她咬牙向亲戚朋友借钱，继续向企业注入资金，用于培养工人的素质，提升产品质量，终于一步步走出了经营困境，图16-5为银金达创业初期员工影。

图16-5　银金达创业初期员工留影，前排中为闫银凤

在初期开拓市场过程中，天方方便面成为第一批有市场影响力的客户，同时还有信誉好的小型方便面企业、小型冷饮企业等30多家客户。每年她都要对这些客户进行走访，在这个过程中她学到了不同企业的管理与文化，注重与有诚信、有思路、有发展前景的企业打交道，哪怕他们的要求再严格。在这个阶段又萌生出与品牌企业打交道、创造自己品牌的想法，倾己所能为客户的产品提供精美包装，进而借助客户的价值来促进自己企业的发展。

创办实业两年后，她提出了"精包细装，产业报国"的企业宗旨。之后又提出五项原则：简单的厂房、先进的设备、严明的管理、坚强的凝聚力、优秀的企业文化；提出企业发展的"三个一"：像军队一样有严明纪律的企业，像学校一样能够学习提升的企业，像家庭一样充满温暖关爱的企业。建实业初期，对她影响最大的一本书是《企业弊病与诊断防治手册》，她晚上自己学，早上带着团队学，还买了小录音播放设备供员工学习，对团队的影响非常大。

后来，公司的客户变得越来越少，但规模变得越来越大。抓大放小，抓优放劣，依托品牌客户的前瞻性公司发展越来越壮大，逐步培育了天方、白象、今麦郎、统一、康师傅、华丰等品牌企业客户，印刷生产线一直扩展到15条，销售收入及效益连续多年大幅增长。2003年，银金达已经成为华北地区最大的彩印软包装生产厂家，那时在方便面包装行业，全国每3包方便面就有1包用的是银金达的包装，银金达彩印的优异品质和诚信品牌形象到现在都是一张响当当的名片。

当银金达彩印发展到4亿元规模的时候，开始出现大企业臃肿涣散的问题了，她开始产生深深的担忧：企业未来怎么发展？战略怎么制定？管理怎么来搞？自己有了力不从心的感觉，于是决定走出去学习。2003—2006年，她先在清华大学学了一年多，又到北京大学学了一年多，接着到经管学院又进修了近两年。通过学习，她清醒了认识，给公司重新定位，于2006年开始实行职业经理人制，在当地率先去除家族企业的影子。她的这次改革不亚于初次创业的艰难，精减了冗员，在管理上开始淡化部门、强化系统，针对品质、交期、成本、服务四个方面进行梳理，成立了订单管理服务中心，从客户接单、原料计划、生产订单安排，到出入库、交付整个环节，统一归这一个部门系统调度。尽管遇到了巨大阻力，连她自己开始也很不适应，但经过改革公司在现代化管理方面迈入了新阶段。

那时她经常跟大家讲一句话："智慧的人在探索中前行。"她说，人在痛苦地探索发展过程中，历经了思路的蜕变、心智的蜕变，而真理往往都藏在背后，我们要看到它背后流动的一面，一定要有穿透堡垒看透事物背面的本领。每一次成功都来自不断地探索，机会总是留给看得远的人，只有愚蠢的人才认为自己拥有全部答案。

她写过这样一段话："一轮一轮看到企业活到今天，实际上已经历了好几回生生死死。在每一个交替点上，都是一场场战役，都是九死一生。"

学习深造后，她把全部精力转向了寻找银金达未来发展之路上来，树立了跟随国家绿色、创新发展的思维，提出了国家战略企业化、企业战略部门化的理念。2009年，她敏锐地发现国家拟淘汰食品接触类PVC包装的信息，并发现了国外开始生产性能优异的PETG热收缩包装膜，于是萌生了开创银金达全新产业的设想。

但生产PETG门槛极高，技术、工艺和上游单体当时在国内都是空白。经过测算，要做PETG投资巨大，当时在银金达内部引发了激烈反对，有的说："算了吧，银金达一路走来不容易，投资失败将前功尽弃。"有的说："一旦失败，银金达无疑会破产倒闭。"有的好心劝说她："项目虽好，但那是看不清、也摸不到实惠的东西，眼前彩印公司这么红火，还是稳稳当当地做好彩印，或者改造彩印、扩大彩印规模不是更好吗？"

思考再三，她果断地做出决定："看准了，风险再大也要上。我们不能只考虑自己，还要为国家着想、为人民健康着想。绿色发展、环境保护、生态文明已是国家的发展战略，顺应国家发展趋势的事情，我们必须义不容辞、坚定信心去做。"

终于，她靠坚定的信念和人格魅力，寻找到愿与银金达合作的原料研制和制膜方面的专业人才，先后投入上亿元研发经费，经过数年的磨砺，制备出可与美国伊士曼公司、德国KP公司媲美的原料和PETG薄膜，双双填补了国内空白，从此开创了银金达全产业链发展的新天地。

多年来，她积极履行企业社会责任，热心资助社会公益事业，为当地的教育、扶贫、助残、救灾、救济、文化、体育等累计捐款达5000万余元。其中，她坚持捐资希望工程17年，捐款150余万元，共资助家庭贫困大学生500余人。国家进入脱贫攻坚阶段以来，她带领银金达积极响应国家战略，参加就业扶贫、金融扶贫、消费扶贫、百企帮百村等活动，安排贫困户劳动力就业，共计为脱贫攻坚捐款900万余元。

回首银金达的创业史，她说："要永远紧跟国家的战略前行创新。""创新一是要瞄准国内空白、被国外'卡脖子'的难题，从中找出切入点；二是要找到创新资源，人才是最核心的支撑；三是要敢于投入资本，敢于'烧钱'

做研发；四是要紧盯市场客户，让产品创造价值。"

她在用人上是爱才心切、真心真情、宽容大度、用人所长，集团的管理团队和技术专家基本是来自五湖四海的精英。如今，闫银凤步入了花甲之年，但依然思维敏捷、精力满溢、热爱学习、热心公益，她独特的个人魅力在影响感染着客户、合作者及每一位银金达人，她还在继续为银金达的未来、为引入和造就更优秀的人才、为社会公益事业，殚精竭虑、忘我拼搏。

（三）

回望银金达功能性聚酯发展之路，闫银凤董事长这样总结："国家指方向、企业积极行动、挖掘国内研发人才、企业大胆投资、渡过死亡谷、形成批量产业化"这样一条坚持创新、艰苦创业之路；是"五年打基础、五年拓市场、十年磨一剑"的艰辛奋斗之路。这条路投入重、设备资产重，曾出现过生存危机，面临被国外巨头收购的窘境。经过执着坚守，同时得益于党和国家改革开放、保护环境、大力促进民营经济发展的路线、方针、政策及资金支持，在功能性聚酯研发应用这个领域，银金达依靠创新扎住了根，做成了中国的 PETG 热收缩膜的单项冠军，与德国 KP 公司、韩国 SK 公司形成了"世界三强"，但价格比国外公司低 30% 以上，供货速度远远快于国外进口，顺利融入了全球工业化产业链，形成了国内国际双循环。

近年来，银金达跟随国家"一带一路"倡议，奋力开拓国际市场。2013年，银金达在中国（上海）自由贸易试验区设立进出口贸易公司，由零开始引入外贸人员，拓展国外客户，从 1 个货柜起步，到 100 吨、1000 吨，再到2017 年度出口突破 2000 吨。尽管近三年的新冠疫情造成全球供需链受阻、海运费暴涨，但银金达 PETG 产品的出口量持续迅猛增长，2021 年突破了 8000吨，2022 年前三个季度已突破万吨。

2021 年 10 月，河南省委书记楼阳生为首批 10 家省级产业研究院揭牌，银金达承担起牵头建设"河南省先进膜材料产业研究院"（见图 16-6）的重任。目前，这个产业研究院正在秉承银金达创新发展的传统，围绕产业化目标，以机制灵活、开放建院的发展理念，在新能源膜材料、功能膜材料、环

保膜材料、装备国产化 4 个方向进行先进科研成果的转化，已筛选并启动了 12 个项目的产业化。

图 16-6　银金达牵头建设的省级产业研究院正式成立

当前，国际局势动荡不安，国内的经济发展也遇到了前所未有的困境，众多实体企业都面临着发展甚至生存的危机。银金达的未来是什么？闫银凤董事长说：银金达将正视困难，继续推进研发与创新，走高质量、可持续的专精特新发展之路，依靠产业研究院及创新中心两个平台的引领，推进产业化项目建设；走国内、国际双循环之路，专注自身产业链的完善，并通过主营板块的 IPO（首次公开募股）加快做强做大产业的步伐。

银金达是国内功能性聚酯领域产业化的开拓者、耕耘者，要在这个漂亮的"新衣"产业链上继续开拓发展、持续做强做大任重而道远。但我们相信，银金达有高瞻远瞩、睿智包容的领头人，有忠诚踏实、埋头苦干的员工队伍，有扎实做事、创新前行的文化积淀，未来一定能够在专精特新之路上继续展现辉煌的业绩。

作者评说：2003 年，银金达已经成为华北地区最大的彩印软包装生产厂家，全国每 3 包方便面就有 1 包用的是银金达的包装。在银金达彩印产值到了 4 亿元规模的时候，出现了大企业臃肿涣散的问题，该何去何从，令闫董事长陷入了深思。一时找不到答案的她不得不到清华大学、北京大学学习，进行"充电"，照明企业前行之路。2006 年开始实行职业经理人制，在当地率先去除家族企业的影子。随后，她又转向科技进步、创新发展，寻求解决企业如何前行的答案。2009 年，她敏锐地发现国家拟淘汰食品接触类 PVC 包装的信息，并发现了国际市场开始出现性能优异的 PETG 热收缩包装膜，由此萌生了开创银金达全新产业的设想。于是，她带领团队克服了 PETG 门槛极高，技术、工艺和上游单体当时在国内都是空白的重重困难，先后投入上亿元研发经费，经过数年的磨砺，制造出可与国外公司媲美的原料和 PETG 薄膜，双双填补了国内空白。银金达的成功告诉我们：企业不治则乱、不进则退、不创则死，同时也揭示了精准掌舵、科学施策、敢拼则赢，是对企业家提出的要求，也是作为一名成功企业家所应具备的基本素质。

第十七章
"数智双碳"的正泰实践

正泰集团股份有限公司（以下简称"正泰"）是荣获中国工业大奖企业，也是我国民营企业的优秀代表。正泰始创于 1984 年，是全球知名的智慧能源系统解决方案提供商，目前已形成"绿色能源、智能电气、智慧低碳"三大板块和"正泰国际、科创孵化"两大平台，业务遍及 140 多个国家和地区。

为顺应现代能源、智能制造和数字化技术融合发展大趋势，正泰以"一云两网"为发展战略，将"正泰云"作为智慧科技和数据应用载体，率先构建能源物联网、工业物联网平台。在数智化方面，正泰依托工信部智能制造试点示范专项，在业内率先构建工业电器行业云组态平台，集成 PLM（产品生命周期管理）、SCADA（数据采集与监控）、MES（制造执行系统）及能效管理等系统。在客户需求、产品设计、生产采购和交付服务等全价值链各环节，实现协同设计、敏捷供应、柔性制造、快速交付。建成国内第一条拥有自主知识产权的小型断路器、交流接触器等全制程自动化生产线，自主研发率达 95% 以上，拥有软件著作权 20 余项。当前，正泰已在上海市，浙江省温州市、杭州市、嘉兴市等地，以及泰国、越南、新加坡、马来西亚、柬埔寨、埃及、阿尔及利亚等国家布局智能制造工厂，建立起跨区域数字化协同制造体系，见图 17-1。

在构建能源物联网平台和推动绿色低碳发展方面，正泰积极发展沙光互补、山地改造、海上光伏等"光伏 +"新模式，在全球建设了 10GW 地面光伏

图 17-1　正泰低压电器智能制造工厂

电站和 80 多万户分布式光伏电站，每年可累计减少二氧化碳排放超过 2400 万吨。2021 年 10 月，正泰新能源内蒙古库布齐 310MW 沙光互补电站入选联合国工业发展组织（UNIDO）清洁技术和可持续土壤治理创新解决方案，见图 17-2。

图 17-2　内蒙古库布其 310MW 沙光互补电站

该项目治沙面积 2.5 万亩，成为中国首个光伏结合沙漠治理的示范项目。项目年均发电量约 5.5 亿度，通过"治沙 + 种草 + 养殖 + 发电 + 扶贫"五位一体的复合生态太阳能治沙发电新模式，以光伏发电为主业，兼顾发展农牧规划与生态治理，实现了经济效益、社会效益和生态效益大丰收。图 17-3 为温州泰瀚 55MW 渔光互补电站。

图 17-3　温州泰瀚 550MW 渔光互补电站

在"一云两网"战略下，正泰持续以"绿源、智网、降荷、新储"系统服务能力，打造平台型企业，构筑区域智慧能源产业生态圈，为公共机构、工商业及终端用户提供一揽子能源解决方案，实现节能降碳，加速能源转型。正泰率先在浙江海宁尖山新区开展"风、光、储、充、氢"智能微电网多能互补示范项目，海宁多能互补智能微网项目将"停车棚＋光伏＋储能＋充电系统＋风力发电系统＋微网能量"管理平台有效结合，通过对多种清洁能源的系统性配置、园区能效的智能化管控，在供能侧与用能侧实现双向结合，通过"开源节流"的方式，促进了园区绿色低碳用能，见图 17-4。

图 17-4　浙江省国网多能互补微电网示范项目

此外，随着"一带一路"倡议的深入推进，民营企业迎来广阔发展空间，赴海外投资的步伐日益加快。正泰坚持开放发展理念，在资产并购、产能布局、工程承包、投资开发与建设电站等方面加大"走出去"力度，取得初步成效，已与80%以上的"一带一路"沿线国家建立了不同程度的合作关系。

2020年6月，位于埃及阿斯旺的本班光伏产业园全面投产，正泰新能源投资建设的本班光伏项目，向埃及输出中国高端光伏产品和先进经验，助力实现当地2025年电力零排放目标。与此同时，当地大量管理人员和劳动力参与其中，在提升当地劳动力素质的同时，也解决了当地的就业问题和技能培训需求。现如今，曾经的沙漠已变成重要的清洁能源基地，该光伏产业园也成为世界最大光伏产业园之一，该项目图片还被镶嵌在埃及当地钱币上，成为"国家名片"，见图17-5。

图17-5　埃及硬币上印刻着正泰参与承建的撒哈拉沙漠光伏项目

绿色，已成为正泰走出去的底色，也成为扩大"一带一路"朋友圈的金名片。在荷兰格罗宁根的光伏电站项目中，正泰将当地已废弃的污染土地转变为可持续的能源发展地标；参与投建柬埔寨的达岱河水电站项目，可满足柬埔寨近1/4的电力需求，提升了柬埔寨电力基础设施的完善程度。

"我们实现了项目与当地更好地融合和可持续发展，也赢得了沿线国家更多的信任与合作。"正泰集团董事长南存辉表示，正泰积极响应"一带一路"倡议，立足光伏新能源与智能电气产业优势，同"一带一路"沿线合作伙伴扎实开展国际产业合作、共同探索生态友好型发展模式。同时将创新、绿色、开放等理念融入项目选择、实施、管理的方方面面，真正让"产品走出去、服务走进去、技术走上去"。

　　作者评说：企业的发展战略非常重要，决定着一个企业的兴衰，企业战略制定的关键在于企业的核心领导。正泰从制造中低压开关电器起家，经过了一次、二次、三次和更多次的创新创业，保持了企业的生存活力和发展潜力。正泰发展特点为：顺应了国家产业政策导向、全球科技革命发展趋势、产业进步挑战和世界市场对绿色能源的需求，而每一次的创新发展对正泰来说都是艰难的选择和风险挑战。值得肯定的是，正泰的创新发展立足主业范畴，在延伸产业链上深挖细研，上下求索。中低压电器件产品应用范围很广，与工农业生产及百姓生活息息相关，作者曾以《点亮世界的开关》来赞颂正泰，但还是觉得未能反映出该企业紧跟工业发展方向、紧跟科技进步、紧跟市场需求及实施企业发展战略方面的特点。任何一个企业在发展中都会遇到困难，面对市场竞争激烈而残酷的现实，创新发展又该如何选择方向和路径？正泰的创新发展实践之路，为我国许多传统产业的企业转型升级提供了有价值的参考。但向正泰学习的企业也不应生搬硬套、盲目模仿，要走出自己企业发展的新路。

第十八章
追光者的足迹

2018 年，作者来到荣获中国工业大奖企业——天合光能股份有限公司（以下简称"天合"），与天合董事长兼首席执行官高纪凡进行交谈，了解到天合如今在光伏行业做得强大，是由制造铝板幕墙转型而来，这让我对天合发展之路产生了极大兴趣。天合之所以有今天的成就，源于 1996 年一次偶然的谈话，使高董事长下定决心要从事这项"阳光"事业。1997 年，拉开了天合发展的序幕。

（一）

初创于铝板幕墙，投身于光伏能源，这次命运般的转型源于高纪凡和著名经济学家、中国民主建国会中央委员会原主席成思危的一次谈话。高纪凡向成思危汇报了公司情况，并指着窗外马路对面的一栋大楼说，这个建筑的幕墙就是用的我们的产品。成思危饶有兴致地接话："挺好、挺漂亮，这个东西老百姓能不能用？"高纪凡实话实说，主要是银行、保险公司等金融机构的办公大楼在用，因为造价高，一平方米四五千块的售价普通老百姓用不上。成思危点点头，思索了几秒钟，问道："能不能做一些让老百姓用得起的东西？"高纪凡顿了顿说："好，我回去研究这个课题。"

看似一次简单的谈话，却打开了高纪凡的思路。一是"能否做老百姓用得起的东西"。这是为社会做贡献，让千家万户受益的好事，符合他做企业的初心，因为他一直想着通过创新为社会做点事。二是"银行大楼才多少栋"，

老百姓能用得起的东西，市场前景广阔，才足够大。这两个问题，一个是基于社会的思考，一个是基于商业的思考。说回去研究研究，并不是对领导的应承和敷衍，从北京回去之后，高纪凡就开始认真查资料做研究了。

1997年6月，时任美国总统克林顿在对国会所作的关于环境和发展的报告中，雄心勃勃地提出了"百万太阳能屋顶计划"，提出要在2010年以前，在美国100万个屋顶或建筑物其他可能的部位安装上太阳能系统。这个计划在当时非常超前和宏大，引起世界各国震动，一场光伏太阳能改变全球能源的革命就此开始。

高纪凡预测，未来光伏市场前景将不可限量，这应该就是未来的趋势和方向，是大有可为的新天地，将来就干这个了！

创新的精神是一脉相承的，天合人的血液中一直流淌着创新的基因。1998年，天合筹备光伏技术研发和创新中心，最初的构想仍然延续制造铝板幕墙的思维，试图探索出太阳能与建筑的结合之路，这一探索方向在天合初期发展中延续多年。直到如今，光伏产业的探索依然在继续，也就是现在很多大企业正在投入巨资来干的"光伏建筑一体化"。

有了方向，人才是天合要解决的第一个问题。要想成就一番事业，关键在于找到那些和你有共同想法、愿意一起为梦想而奋斗的人，这也是每一个创业者能够最终成长为企业家所必须具备的素养。高纪凡寻找到的第一位人才，是安文教授。1998年12月初，安文正式担任光伏技术研发和创新中心副主任，主要负责规划和市场推广。高纪凡又聘请经士农教授为顾问，担任光伏技术研发和创新中心副主任，主管技术。安文与经士农两位教授的加盟，一文一武，分工配合，共同促进企业发展。

天合光伏技术研发和创新中心用三四个月的时间开发出了一些太阳能产品，如太阳能警示灯、太阳能草坪灯、太阳能路灯等。看到这些"洋玩意儿"，人们充满好奇，这个东西白天熄灭晚上亮起，是靠什么原理？这个灯为什么不用交电费？

但是，好奇归好奇，却没有多少人愿意买。当时人们根本不知道这些产品的价值和意义在哪儿，连电视广告上都没有看到过，产品自然不会有销路。

太阳能梦想是好的，但现实的巨大难题却是梦想无法轻易跨越的鸿沟——太阳能在当时的中国根本没有市场，面对高额的成本，人们根本用不起。

在那段艰难的拓荒期，光伏技术研发和创新中心团队保持着一种"筚路蓝缕、以启山林"的创业激情，为了心中的"太阳梦"努力奋斗，"天势所趋，合创辉煌"是大家共同的精神理想。

常州科技创新园里的几个房间，就是光伏技术研发和创新中心的大本营了，类似于现在流行的孵化器。那段创业探索期，大家不分昼夜地干。高纪凡说起太阳能就兴奋，时常跟安文教授一起讨论、研究怎么干，一忙起来每天只能睡两三个小时。如果忙到太晚，大家就在创新中心睡了。

沿着光伏产品与建筑相结合的思路，光伏技术研发和创新中心的探索逐渐有了一些眉目，还参与编写了中国首个国家独立光伏系统技术标准。

光伏产业无论是未来发展，还是当前的探索突破，都需要学术界的支持。2000年，天合牵头举办了国际太阳能发电技术暨推广论坛，邀请国内和国际的专家到广州进行研讨。在当时，国内由企业召集的行业论坛几乎没有，天合的做法无疑是行业首创。各位专家收到邀请后大感意外，但也异常欣喜。最后，共有30多位来自全国各地的知名专家及科技部高新司司长等应邀出席，还包括一家美国公司和一家瑞士公司也派员参加。这次论坛的举办，对于正处于探索阶段的中国光伏产业来说是一大盛事，通过举办论坛的形式来做企业宣传和品牌推广，是一个不错的路子。后来论坛接连又办了两届，每一届规模都有所扩大。通过这些论坛，天合聚拢了一大批支持与帮助公司发展的专家，对天合早期的发展起到了重要作用。

（二）

在探索"太阳梦"时，天合早期的构想是把光伏技术跟幕墙技术结合起来。如果能造出来一座不插电的房子，那该是多么神奇的事情！这样的创新想法，在机缘巧合中变成了现实。

2000年9月，国家经贸委、中国国际贸易促进委员会和江苏省人民政府在常州主办了中国国际中小企业商品博览会，天合将样板房拉进展馆参展。

博览会以贸易洽谈和外资、外贸项目洽谈为主，是当时颇具规模的盛会。540
家企业参展，多达15万名参观者，将整个展览中心围得水泄不通。展会期间，
不仅有重量级的新闻媒体全程报道，还有多个中央部委、相关机构的领导亲
临现场。

　　毫无意外的，天合的太阳能样板房引起了轰动，参观者纷纷驻足天合展
台前一探究竟。绝大多数人还没听说过光伏为何物，居然看到了有人造出全
靠光伏发电的房子，当时人们的震惊可想而知。很多前来参观的部委领导都
好奇地走进房子里看一看，坐一坐，四处体验一番。天合太阳能"阳光小屋"
见图18-1。

图18-1　天合太阳能"阳光小屋"

　　天合太阳能样板房，就这样火了。这座"阳光小屋"室内没有一个外接
电源，所有电器全靠太阳能发电，完全达到了国际上"零能建筑"的指标。
这是中国第一个自主研发的光伏发电建筑项目，也是当时国内唯一一个。

　　1998年，在申报奥运会时，中国提出了"科技奥运、人文奥运、绿色奥
运"三大理念，其中"科技奥运、人文奥运"都很容易找到现实的案例支撑，
但"绿色奥运"却略显单薄，所以当政府部门领导看到一家民营企业造出全
部采用太阳能的房子时，顿时眼前一亮。

于是，天合制造了一个小的移动样板房，运到北京放在了中国科技会堂展出。移动光伏样板房运到北京后，成为中国"绿色奥运"的现实支撑，为北京的成功申奥出了力——当时，奥运代表团来访，借此看到了中国光伏科技的成果，天合的"阳光小屋"成为中国向国际奥委会官员宣传"绿色奥运"的内容之一，还上了申奥的专题片。

（三）

1997 年 5 月 7 日，中国政府推进的"光明工程"进入实施阶段。据原国家计委发布的《可再生能源白皮书》统计，截至 2002 年年底，我国无电乡人口尚有 800 万户，约 3000 万人，涉及 1061 个县、2 万个行政村、4 万个自然村，主要分布在西藏、新疆、四川、云南和贵州等地的山区。"光明工程"计划用 10 年左右的时间，解决边远地区人口的用电问题。

按照规划，"光明工程"将由中央政府拨款、各级地方政府投入、用户自筹共计 100 亿元投资，由中标企业负责施工和维护，根据当地资源状况，分别建设太阳能电站、风能电站和小水电站，分成"通电到县""通电到乡""通电到村"三个阶段，逐步实施到位。

2002 年年初，西藏"光明工程"第四批发标，全国太阳能行业 30 多家企业展开激烈竞争，天合投下的 7 个标段中了 5 个，一举拿下西藏昌都地区 39 座太阳能发电站的投资建设权，装机总容量 715kW，总投资额近 8000 万元人民币。

天合在公司内部成立了项目组，项目组成员由公司内部挑选的精兵强将组成，前后共有 18 人到西藏施工，被称作"入藏十八勇士"。

2002 年 8 月，中央财政拨款到位，天合的准备工作进一步加快。为了尽可能确保施工不出问题，天合采用了以下方案：赴藏之前，把每个电站都在常州提前安装一遍，没有问题之后再将其拆解、编号、打包，运往目的地。对于容易丢失的螺丝等小零件，每一处电站都多买一些配足量，确保工程施工不出任何差错。这些工作虽然增加了不少工作量，但是磨刀不误砍柴工，前期细致的准备为后期省去了很多麻烦。

　　同年 10 月，西藏"通电到乡"工程建设拉开帷幕。10 月 10 日，天合派出的工程技术人员在昌都地区安营扎寨，真正的考验开始了。

　　昌都地区平均海拔 3500 米以上，"四山夹三江"的独特地理位置把昌都分割成了山川纵横、山高谷深的险峻之地。这里海拔超过 6000 米的山峰数不胜数，昼夜温差常年都在 20 多摄氏度，白天强烈的紫外线照得人脸上脱皮，晚上冷彻入骨的高原寒流又冻得人瑟瑟发抖。这里很多地方都是人迹罕至，路是人畜行走踩出来的，各个乡、各个村之间不通公路，要想联系就靠骑马或者步行，几天几夜才能跑个来回。

　　入藏施工队员面临的第一个考验就是高原反应，那种胸闷气短、昏沉虚脱的感觉实在是让人不好受。天合工程技术人员大多来自平原地区，高原反应很严重，却坚持出力工作，那种艰难和无力感是他们前所未有的体验。

　　饮食对队员们也是一大考验，吃惯了大米和各种炒菜的苏南人，几乎天天要与酥油茶、糌粑、牦牛肉打交道，很不习惯，于是方便面就成了偶尔解馋的美味。吃牦牛肉、喝酥油茶，刚开始确实有些不习惯，但很快就成了队员们暖人心脾的良物，喝完之后仿佛能忘掉一切不适，尤其在这天寒地冻之地就不会感觉那么冷了。

　　恶劣的环境和交通，是更严峻的考验。建电站先要选址，队员需要跋山涉水去勘察，稍微平缓一点的路能骑马，陡峭难行的山路就只能抓着马尾巴往上爬。等爬到山顶，口中哈出来的雾气瞬间就让胡子结上冰碴儿。

　　开车出去会省力很多，但坐上车就提心吊胆，一边是高不可攀的山石，另一边是深不见底的悬崖。路面也仅能容纳两车缓慢擦肩而过，窄的地方只能单向行驶。开车出去，翻车和因车辆抛锚而露宿野外的情况时有发生。下雪的时候，队员经常要下车用手抠掉轮胎下面的雪。有时候遇上路面打滑抛锚，尽管被冻得浑身瑟瑟发抖，还要把身上的大衣脱下来垫在车轮下，否则就回不了家。

　　每当队员们要出发去项目地时，车上总要装着棉被、干粮等应急物品，他们知道很可能是"有去难回"，每次外出都必须做好被困在野外好几天的准备。

　　在当时，高纪凡和"入藏十八勇士"心中一直有一个坚定的想法：想一想通电之后的光明世界什么样，再苦再难咬着牙也要把光伏发电站建起来。

历时 8 个多月，历经无数苦、难、险的洗礼和考验，天合"入藏十八勇士"终于完成了 39 座招标电站的施工、安装、调试工作，见图 18-2。完工之后，天合又赠送了当地一座电站，最终是建成了 40 座光伏发电站。虽然语言交流比较困难，但天合人用真诚、友好和辛勤工作，用实际行动深深感动了朴实的藏族同胞。

图 18-2　建设在西藏高原上的光伏发电站

为了藏族人民今后能安全正确使用电站，每建一座电站，天合的工程技术人员都请当地藏民全程参加，手把手地指导他们，每座电站都用藏汉两种文字印好用电管理和使用办法，并张贴在机房。每座电站完工以后，队员们都主动延长两天才撤离，目的是利用这些时间对当地的藏族管理人员进行专门培训，直到考试合格，发放上岗证书。

最激动人心的时刻，是电站通电仪式。那天，全乡的人像过年一样，纷纷聚集到乡政府，大家穿着节日的盛装，捧来青稞酒、牦牛肉，围着广场唱起藏歌、跳起锅庄舞，他们把天合的工程人员围在中间，献上洁白的哈达、吉祥的祝福，以此表达他们的感激和喜悦之情。热情的农牧民一碗又一碗地向队员们敬酒，说"你们是天上的神，帮我们抵御寒夜"。那个场面真是激动又温馨。

在电站通电仪式上，有一个细节让高纪凡记忆深刻——一个小女孩闪闪发光的眼睛，多少年过去了高纪凡都不曾忘记，每当想起这个画面都愈加清晰。

记得当电灯亮了，电视有了声音、图像，现场的人群一片欢腾。大人们喜笑颜开地聊着天，畅想着有电以后的美好生活，孩子们则好奇地挤到电灯跟前，叽叽喳喳地吵着，你一言我一语，争论着跟眼前这个发光的东西有关的各种奇奇怪怪的问题。

有一个小女孩，却是那么的与众不同，她不吵不闹，只是凑得很近，睁大了眼睛满是好奇地看着电灯，眼睛里充满了惊奇，充满了希望。她看得那么认真，眼睛都舍不得眨一下，生怕会错过什么；她看得那么专注，如同生长的小树苗，仰着头大口大口地进行着光合作用。

在那一瞬间，高纪凡有一种被深深打动的感觉。"那个眼神让我终生难忘。清澈，透明，亮晶晶的，发着光。"高纪凡说。"我们所有的辛劳和付出都是值得的。那个小女孩的眼睛，让我感到太阳能真的对老百姓有着巨大的作用。从那以后我就铁了心要把一生都献给太阳能事业。后来从西藏回来，我们就把公司的宗旨改成了'用太阳能造福全人类'。"

40座太阳能发电站建成，40个乡的藏族人民受益。一天，卡若区埃西乡的藏族同胞给天合昌都"通电到乡"总指挥部送来一面锦旗，上书"天赐光明、合奔小康"，充分表达了他们对天合人的感激之情。

西藏工程，对天合来说是一个新的起点，对高纪凡来说也是一场精神洗礼。从研究生毕业起那份不是为钱而创业的、发自内心的企业家精神，在这里找到了落脚点，为太阳能事业奋斗终生的初心，指引着他找到了一辈子的事业。

在这份初心指引下，高纪凡在往后的岁月里带领着天合人一步步奋勇向前，使天合发展成为全球最大的光伏企业之一。这份初心成就了天合事业，也引领着全世界。

（四）

从2008年国庆节开始，全球光伏行业明显感受到金融危机的杀伤力，似乎一夜之间就从火热的夏天步入了冷彻骨髓的寒冬。订单锐减、资金链断裂、减产、裁员、停工等传闻风声四起，资金链岌岌可危，各公司的扩产计划全部停止，绝大部分企业开始削减产量。

在国际金融危机和补贴退坡的双重打击下，曾经火热的欧洲光伏市场急转向下。2008—2010 年，国际光伏市场开始了残酷的洗牌，大量中小光伏企业倒闭，曾经的一些光伏巨头也都面临着利润下滑、经营困难的窘境。

天合意识到，在国外光伏企业洗牌之后，中国光伏行业也必将经历一次洗礼，从经验来看这个过程可能会比欧洲市场晚 2~3 年，到那时市场又将卷起一场腥风血雨。基于这样的判断，高纪凡有远见地让天合收起了"缰绳"，严格控制投资规模，坚决不跟风扩张产能。

不扩大规模投资，那干什么？天合的战略选择是：苦练内功，加强技术创新，增强研发实力，打造出天合的核心竞争力！作为这一战略的最重要举措，就是天合成功拿下"光伏科学与技术国家重点实验室"，并投入大量人力、财力建设，使其成为公司技术创新的一块"金字招牌"。

企业国家重点实验室由科技部牵头，其出发点是为了贯彻落实《国家中长期科学和技术发展规划纲要（2006—2020 年）》，推进国家技术创新体系建设。企业国家重点实验室是国家技术创新体系的重要组成部分，与依托高等院校和科研院所等建设的国家重点实验室互为补充，各有侧重。企业国家重点实验室的主要任务是面向社会和行业未来发展的需求，开展应用基础研究和竞争前共性技术研究，研究制定国际标准、国家和行业标准，聚集和培养优秀人才，引领和带动行业技术进步。

2007 年，科技部提出了 37 个企业国家重点实验室的建设方向，在当时新能源行业还没有受到多大关注，因此并没有被列入。2009 年 7 月 21 日，科技部下发文件，宣布将在可再生能源领域的生物质能源开发与利用、太阳能光伏、风力发电技术 3 个方向建立我国第二批企业国家重点实验室，这让光伏企业大喜过望。

高纪凡获知这个消息后，立刻安排科研负责人准备申报材料，从常州市科技局起一级级递送材料、寻求支持。按照科技部要求，每个省市在一个方

向上只能推荐一个申报单位，申报单位还必须满足"从事相关研究 5 年以上，研发经费必须占到销售收入 5% 以上，实验室的建筑面积在 3000 平方米以上，研发设备总值 1500 万元以上"等硬性条件。

江苏省是光伏大省，占据中国 70% 的市场份额，已上市的光伏企业就有无锡尚德太阳能电力有限公司等六七家，竞争的激烈程度可想而知。天合凭借着强大的科研实力，一路过关斩将，进入了科技部的评审名单。到这一步，竞争对手还有 16 家。

2009 年 10 月 20 日，科技部对入围名单进行复审，高纪凡亲自出马，带领天合的科研负责人和几名高管早早来到北京永兴花园饭店等候。答辩安排在下午，每家企业只有 50 分钟时间，高纪凡详细介绍了天合的基本情况、实验设备、科研人才、未来规划、研究方向等，并接受了现场评审专家的提问。

两个月后，评审结果发布，科技部出人意料地同时选择了天合和英利集团有限公司（以下简称"英利"），在同一个行业选择了两家企业算是破例。天合和英利一南一北成立了两个国家重点实验室，分别是"光伏科学与技术国家重点实验室"和"光伏材料与技术国家重点实验室"，名字上的细微差别区分着两家的侧重点稍有不同。

2010 年 1 月，"天合光伏科学与技术国家重点实验室建设计划"通过了科技部专家组的可行性论证。专家组认为：重点实验室围绕光伏产业的科学技术前沿和关键问题，确定了高性价比电池、高性价比电池材料、高效高可靠组件、智能和建筑一体化系统等研究方向，目标定位准确。重点实验室建设计划合理可行，专家组一致同意通过该实验室的建设计划，并建议实验室继续加强应用基础研究、产业共性关键技术研究、光伏设备研制，取得更多创新性技术成果，增强国际竞争力。

作为配套，天合投资近 2.5 亿元建设了光伏科学与技术国家重点实验室大楼，并于 2012 年 5 月 18 日落成启用，见图 18-3。按照规划，这个国家级的研发平台将围绕光伏科技发展中亟须解决的"高效低成本"等核心问题，开展应用性基础研究和产业化前瞻性研究。

图18-3　天合光伏科学与技术国家重点实验室落成

天合将依托这个重点实验室，打造出一个世界级的创新平台。这是一个开放的平台，将打造成为中国的光伏科技高地，吸引全球顶尖的光伏科学家到这里研发，进而推进全球太阳能事业的发展。

在往后的发展中，天合光伏科学与技术国家重点实验室不负众望，通过与中国科学院、新加坡太阳能研究所、澳洲国立大学、美国国家可再生能源实验室等在内的全球顶尖研发机构开展广泛合作，构建技术创新战略联盟，在多项关键光伏技术的研发中实现了重大突破。

作为全球太阳能领域企业与公共部门合作推进开放创新的典范，天合光伏科学与技术国家重点实验室还被选作世界经济论坛关于创新的案例，在全球能源领域广泛分享。而天合也以其创新驱动的精神，入选美国商业杂志《快公司》发布的2013年全球最具创新力公司中国十强，获得了国家知识产权局第18、19、21届中国专利奖优秀奖等一系列重量级奖项和荣誉。

截至2022年12月底，天合获颁专利证书的专利超过1000项，其中发明专利300余项，先后被国家知识产权局评为国家知识产权示范企业。2022年3月，经第三方权威测试机构认证，天合研发的新一代N型i-TOPCon先进技术，太阳电池光电转换效率高达25.5%，创造了大面积TOPCon电池效率新的世界纪录，在可差异化高效光伏电池技术研究领域迈出了重要的一步。至此，天合在光电转换率、组件总功率这两项核心指标上，接连刷新世界纪录，一

路领跑。凭借强大的创新与技术研发实力，在专利申请量、专利授权量等硬性指标方面遥遥领先，先后 25 次创造或刷新光电转换效率和组件输出功率的世界纪录。

在科技部认定的光伏科学与技术国家重点实验室的基础上，2019 年，天合凭借在技术创新机制、创新成果、行业引领等方面的杰出表现，被认定为国家企业技术中心。至此，天合拥有两个国家级创新平台，通过持续不断地研发投入和高端人才引进，在创新的道路上稳步前行。

<h2 style="text-align:center">（五）</h2>

2014 年，天合组件总出货量达 3.66GW，居全球第一。2015 年，组件出货量 5.74GW，蝉联全球第一。

"做成全球组件出货量第一，就好比是成长为太湖里的一条大鱼。如果我们优哉游哉，自我感觉良好，那空间与格局就太小了。在太湖里面你可能是最大的一条鱼，一旦到了东海肯定就不是了，再跑到太平洋里就更不是了。我们不能在舒适区待得太久，要顺流而下，到东海去，走向更大的区域，那里是一片新天地。只有不断变化，持续进化，才能走出一条新路，才能打破光伏行业'各领风骚三两年'的魔咒，达成我们下一个十年的战略目标。"高纪凡说。

天合始终坚持科技创新，迅速响应客户需求，不断推出符合市场环境的产品与服务。公司除在巩固光伏组件产品市场占有率及技术指标的领先性外，逐步开展系统业务并前瞻性地布局智慧能源业务。2017 年，天合重启"百万光伏屋顶计划"，并深入布局智慧能源板块。

光伏产业经过 20 多年努力，逐渐走向平价时代以后，发展方向应该是光伏和各种应用相结合，把光伏能源和基础设施、其他应用及老百姓的生活连在一起。光伏最大的特征是分散性，也可以说是天赐的能源无所不在，所以未来光伏的发展一定是分散式的、互联式的、智能交互式的、分享式的体系。现在"天合富家"就是在实现这个梦想，天合计划用五年的时间来实现自己的"百万光伏屋顶计划"，将帮助客户在物质财富和精神财富上都有收获，这也符合公司"成就客户"的企业核心价值观。

天合高层领导带头深入市场一线，真正走向终端，了解客户需要，更好地为客户服务。没有什么比走进客户端更为重要的事情。天合举办"千县万镇光伏科普行"系列活动，目的就是要深入农村一线，向广大老百姓介绍光伏发电的系统产品及其原理等基本知识，让更多的老百姓提升对光伏发电的认知，了解光伏发电，并从内心去认同和拥护绿色新能源。天合家用光伏产业的成长，承载着高纪凡创业的初心梦想，赶上了分布式光伏大爆发的风口，更是天合"创团"平台化改造的一个标杆。

天合原装光伏系统的推出，将中国家用光伏市场由混乱无序的拼装阶段带向了日益规范的原装时代。原装光伏系统是一套严格的过程质量控制标准，是有实力有能力的企业对终端用户的质量承诺，承载了天合所有人的情怀和梦想。天合原装光伏的推出，在市场上杀开一条"血路"，在与同行的竞争中迅速出位，走到前列。

2017年，天合原装光伏一路高歌猛进，成效卓著：创造性地提出原装4T标准，为整个行业树立标杆，斩获行业奖项21项，在全国开展2000多场科普活动，开拓建立8省市经销商渠道，在老百姓心中初步建立了"天合原装才是我们最信赖的屋顶银行"的品牌认可。目前已拥有超过450家县级经销商，并继续发展全国的经销服务网络。

在"两低、一高、一多"大趋势下，光伏等清洁能源将逐步发展成为主力能源，这必将导致现有的以化石能源为主、以集中式为主的能源体系作出重构。在未来，能源体系将是互联互通的、多能互补的清洁能源体系。天合顺势而为转型业务，致力于成为全球智慧能源领域的引领者，这是高纪凡带领天合从长江顺流而下走向东海、走向太平洋，期望走到的另外一个更大更辽阔的新天地。

随着市场占有率的不断提升，天合加速全球化布局，实现市场全球化、制造全球化、资本全球化和人才全球化，更加贴近市场，以抵御风险，有效保持行业竞争力。同时，天合围绕客户需求及行业趋势发展，不断进行业务创新，充分利用各地的资源优势，结合公司自身能力，形成了高竞争、大规

模的竞争优势。

作者评说： 天合从开始生产铝板幕墙，转型进入光伏行业，再从光伏行业领先企业发展成为全球领先的太阳能组件制造商，最终到全球领先的太阳能整体解决方案提供商，每一次转型都走向了更大的领域。天合成功的经验是什么？一是信息的重要性，往往一个看上去简简单单的信息却能改变一个企业的命运。二是关键的战略决策，要看企业决策者的分析、判断和抉择能力。企业跨界转型，是一个重大的挑战，天合选择了向"蓝海"进军，闯出了新天地，得益于决策者睿智的眼光和高超的判断力。三是选择制造什么行业的产品很重要，天合顺应了全球绿色能源的发展趋势，以及全球大市场的需求，从事了"阳光"事业。四是坚持科学态度，在专注、创新、求精、突破等方面下功夫，科技进步取得重大成果，连续十几年光电转换率世界排名第一。五是在遇到"光伏寒冬"时坚忍不拔，克服重重困难坚守主业，保持发展的步伐不停歇，从"太湖游"到"东海游"，再到"太平洋游"，"水性"不断进步，使天合人更加专心致志，信心满满，底气十足。20多年的风雨兼程为百年天合的目标夯实了基础。

本篇结语： 党的十八大以来，随着加快推进中国工业化进程和工业高质量发展，一些工业行业企业已经呈现由"跟跑""并跑"到"领跑"，由"中国制造"向"中国智造"和"中国创造"的转变。坚信未来将会有更多高水平的企业和项目荣获中国工业大奖，成为引领中国工业企业发展前行的灯塔，为实现中国式现代化，实现中华民族伟大复兴的中国梦贡献一份力量。

附　录

中国工业大奖、中国工业大奖表彰奖、中国工业大奖提名奖第一至七届共477家（个），其中，大奖137家（个），表彰奖192家（个），提名奖148家（个）。

第一届中国工业大奖

大奖：2家；表彰奖：7家（个）

颁奖：2007年12月26日·北京人民大会堂

一、大奖企业（2家）

1. 大庆油田有限责任公司
2. 中国航天科技集团有限公司

二、大奖项目（无）

三、表彰奖企业（4家）

1. 上海振华港口机械（集团）股份有限公司

2. 神化集团有限责任公司

3. 江南造船（集团）有限责任公司

4. 沈阳机床（集团）有限责任公司

四、表彰奖项目（3个）

1. 秦山核电二期工程（中国核工业集团公司）

2. 汽车万向节（万向集团公司）

3. 高压直流输电控制保护及换流阀（许继集团有限公司）

第二届中国工业大奖

大奖：7家（个）；表彰奖：24家（个）

颁奖：2011年4月28日·北京人民大会堂

一、大奖企业（6家）

1. 金川集团有限公司

2. 兖矿集团有限公司

3. 宝钢集团有限公司

4. 波司登股份有限公司

5. 特变电工股份有限公司

6. 潍柴控股集团有限公司

二、大奖项目（1个）

1. 1000千伏晋东南—南阳—荆门特高压交流试验示范工程（国家电网有限公司）

三、表彰奖企业（12 家）

1. 大连机床集团有限责任公司
2. 上海电气集团股份有限公司
3. 太原重型机械集团有限公司
4. 中国石化胜利油田
5. 东方汽轮机有限公司
6. 北汽福田汽车股份有限公司
7. 沈阳鼓风机集团有限公司
8. 奇瑞汽车股份有限公司
9. 瓮福（集团）有限责任公司
10. 河南黄河实业集团股份有限公司
11. 徐州工程机械集团有限公司
12. 鞍山钢铁集团公司

四、表彰奖项目（12 个）

1. 塔山循环经济示范项目（大同煤矿集团有限责任公司）
2. 不锈钢开发与应用项目（山西太钢不锈钢股份有限公司）
3. 高效短流程嵌入式复合纺纱技术产业化项目（山东如意科技集团有限公司）
4. 重大技术装备配套轴承项目（瓦房店轴承集团有限责任公司）
5. 高速轨道交通用高强超薄大型铝合金车体型材研制与产业化（龙口市丛林铝材有限公司）
6. 水泥工业窑炉低温余热发电的开发与应用（安徽海螺集团有限责任公司）
7. 工业汽轮机项目（杭州汽轮动力集团有限公司）
8. 精密高效数控磨齿机项目（陕西秦川机械发展股份有限公司）

9. 工程塑料用高性能玻璃纤维短切纱项目（重庆国际复合材料有限公司）

10. 宁波 MDI 产业化工程（烟台万华聚氨酯股份有限公司）

11. SF33900 型 220t 电动轮自卸车项目（湘电重型装备股份有限公司）

12. 三氧化二钒和钒氮合金的研发及产业化项目（攀钢集团钢铁钒钛股份有限公司）

第三届中国工业大奖

大奖：15 家（个）；表彰奖：23 家（个）；提名奖：27 家（个）

颁奖：2014 年 5 月 17 日·北京人民大会堂

一、大奖企业（11 家）

1. 海尔集团公司

2. 中航工业沈阳飞机工业（集团）有限公司

3. 神华集团有限责任公司

4. 徐州工程机械集团有限公司

5. 中国五矿集团公司

6. 太原钢铁（集团）有限公司

7. 陕西延长石油（集团）有限责任公司

8. 鲁泰纺织股份有限公司

9. 正泰集团股份有限公司

10. 云南白药集团股份有限公司

11. 沈阳鼓风机集团股份有限公司

二、大奖项目（4 个）

1. "蛟龙号"载人潜水器项目（中国船舶重工集团公司第七〇二研究所）

2.青藏电力联网工程（国家电网有限公司）

3.国家一类新药恩必普（丁苯酞）产业化项目（石药集团恩必普药业有限公司）

4.淮南矿业瓦斯综合治理与利用［淮南矿业（集团）有限责任公司］

三、表彰奖企业（14家）

1.青岛啤酒股份有限公司

2.武汉钢铁（集团）公司

3.中国中材国际工程股份有限公司

4.浙江吉利控股集团有限公司

5.中信重工机械股份有限公司

6.三一重工股份有限公司

7.中国北车集团大连机车车辆有限公司

8.安徽海螺集团有限责任公司

9.上海核工程研究设计院

10.亨通集团有限公司

11.江苏盛虹科技股份有限公司

12.烽火通信科技股份有限公司

13.雅戈尔集团有限公司

14.山东能源集团有限公司

四、表彰奖项目（9个）

1.秸秆清洁制浆造纸循环经济示范项目（山东泉林纸业有限责任公司）

2.高速动车组项目（南车青岛四方机车车辆股份有限公司）

3.大型快速高效数控全自动冲压生产线（济南二机床集团有限公司）

4.膜下滴灌节水灌溉工程［新疆天业（集团）有限公司］

5. 立体循环经济项目（铜陵有色金属集团控股有限公司）

6. 冶金渣资源综合开发利用（鞍钢集团矿渣开发公司）

7. 利用水泥窑共处置垃圾焚烧飞灰工程（北京市琉璃河水泥有限公司）

8. 先进嵌入式非挥发性存储器技术平台（上海华虹 NEC 电子有限公司）

9. 系列深水半潜式钻井平台项目（烟台中集来福士海洋工程有限公司）

五、提名奖企业（16 家）

1. 江苏阳光集团有限公司

2. 开滦（集团）有限责任公司

3. 江苏沙钢集团有限公司

4. 山东招金集团有限公司

5. 河南豫光金铅集团有限责任公司

6. 中联重科股份有限公司

7. 河南瑞贝卡发制品股份有限公司

8. 重庆机床（集团）有限责任公司

9. 陕西鼓风机（集团）有限公司

10. 宁波申洲针织有限公司

11. 风神轮胎股份有限公司

12. 长飞光纤光缆有限公司

13. 长城科技股份有限公司

14. 新疆中泰化学股份有限公司

15. 新疆天山水泥股份有限公司

16. 广西玉柴机器集团有限公司

六、提名奖项目（11 个）

1. 煤矿生态矿山建设（冀中能源集团有限责任公司）

2. 煤矸石发电产业链延伸综合利用项目（山西平朔煤矸石发电有限责任公司）

3. 贵州乌江干流水电开发（贵州乌江水电开发有限责任公司）

4. 机制砂混凝土在贵州高速公路建设中的研究应用（贵州高速公路集团有限公司）

5. 白钨矿湿法冶炼新技术的优化与应用研究（湖南辰州矿业股份有限公司）

6. 竹溶解浆代替传统棉浆工艺优化项目（四川省宜宾丝丽雅股份有限公司）

7. PDP 模组及整机核心部件自主创新推动产业升级（四川长虹电器股份有限公司）

8. 选钛厂扩能改造项目（攀钢集团有限公司）

9. 中低品位磷矿石综合利用 [瓮福（集团）有限责任公司]

10. 智能语音交互关键技术及应用开发平台（安徽科大讯飞信息科技股份有限公司）

11. 零能耗脱硫资源综合利用项目（上海外高桥第三发电有限责任公司）

第四届中国工业大奖

大奖：22 家（个）；表彰奖：21 家（个）；提名奖：30 家（个）

颁奖：2016 年 12 月 11 日·北京人民大会堂

一、大奖企业（13 家）

1. 中国运载火箭技术研究院

2. 北新集团建材股份有限公司

3. 山东如意科技集团有限公司

4. 法尔胜泓昇集团有限公司

5. 沪东中华造船（集团）有限公司

6. 黄陵矿业集团有限责任公司

7. 天士力控股集团有限公司

8. 亨通集团有限公司

9. 陕西鼓风机（集团）有限公司

10. 新疆天业（集团）有限公司

11. 双良节能系统股份有限公司

12. 威高集团有限公司

13. 中信重工机械股份有限公司

二、大奖项目（9个）

1. 国家风光储输示范工程（国家电网有限公司）

2. 高铁列车高可靠性齿轮传动系统研发及产业化（中车戚墅堰机车车辆工艺研究所有限公司）

3. 新疆罗布泊钾肥基地年产120万吨硫酸钾项目（国投新疆罗布泊钾盐有限责任公司）

4. 中国探月工程探测器系统（中国空间技术研究院）

5. 燃用准东煤超（超）临界锅炉研制及工程应用示范项目（哈尔滨锅炉厂有限责任公司）

6. 面向工业智能装备的电信级实时操作系统（中兴通讯股份有限公司）

7. 近距离突出煤层群稀缺资源安全开发与利用（华晋焦煤有限责任公司）

8. 航母工程（大连船舶重工集团有限公司）

9. 国家一类新药盐酸埃克替尼（凯美纳）（贝达药业股份有限公司）

三、表彰奖企业（13家）

1. 国核电力规划设计研究院

2. 中国华电科工集团有限公司

3. 中芯国际集成电路制造有限公司

4. 京东方科技集团股份有限公司

5. 中铁工程装备集团有限公司

6. 江苏洋河酒厂股份有限公司

7. 江苏沙钢集团有限公司

8. 首钢京唐钢铁联合有限责任公司

9. 湖北新冶钢有限公司

10. 西安航空发动机（集团）有限公司

11. 即发集团有限公司

12. 安徽合力股份有限公司

13. 内蒙古伊泰集团有限公司

四、表彰奖项目（8个）

1. 贵金属电子信息材料产业化（贵研铂业股份有限公司）

2. 依托水泥窑协同处置转型升级示范项目（北京水泥厂有限责任公司）

3. 绿色高效拟除虫菊酯农药的开发与应用（江苏扬农化工股份有限公司）

4. 筒子纱数字化自动染色成套技术与装备（山东康平纳集团有限公司）

5. 煤炭综采工作面智能化无人开采技术及装备（天地科技股份有限公司）

6. 无镉铅蓄电池多阶段内化成工艺项目（超威电源集团有限公司）

7. 三峡巨型水轮发电机组创新研究与国产化实践（中国长江三峡集团公司）

8. 水性涂料在防腐领域的产业化项目（河北晨阳工贸集团有限公司）

五、提名奖企业（14家）

1. 深圳市中金岭南有色金属股份有限公司

2. 湖北兴发化工集团股份有限公司

3. 合肥合锻机床股份有限公司

4. 渤海造船厂集团有限公司

5. 上海联影医疗科技有限公司

6. 上海华谊能源化工有限公司

7. 昆明云内动力股份有限公司

8. 中国天辰工程有限公司

9. 中国电建集团上海能源装备有限公司

10. 中利科技集团股份有限公司

11. 马鞍山钢铁股份有限公司

12. 包头钢铁（集团）有限责任公司

13. 江苏旷达汽车织物集团股份有限公司

14. 邯郸钢铁集团有限责任公司

六、提名奖项目（16 个）

1. 自升式钻井平台 JU2000E（上海外高桥造船有限公司）

2. 人工虎骨粉及其制剂产业化项目［金花企业（集团）股份有限公司］

3. U+ 智慧生活平台（青岛海尔智能家电科技有限公司）

4. 陶瓷粉料高效节能干法制备技术及成套设备（佛山市溶洲建筑陶瓷二厂有限公司）

5. 燃煤发电机组近零排放工程示范与应用（北京国华电力有限责任公司）

6. CO_2 和 O_2 原地浸出采铀工程（中核通辽铀业有限责任公司）

7. 基于生物增材制造技术的人工硬脑膜的产业化（广州迈普再生医学科技有限公司）

8. 金隆铜业铜冶炼技术创新与应用（金隆铜业有限公司）

9. 铜管高效短流程技术装备研发及产业化（金龙精密铜管集团股份有限公司）

10. 国窖酒生产工艺研究（泸州老窖股份有限公司）

11. 高品质锦纶 6 高效低耗规模化智能化生产集成技术（义乌华鼎锦纶股份有限公司）

12. 心速宁胶囊（陕西摩美得制药有限公司）

13. 新型蒸汽管回转干燥煤调湿成套技术及装备（天华化工机械及自动化研究设计院有限公司）

14. 双炉粗铜连续吹炼工艺技术（赤峰云铜有色金属有限公司）

15. 露天矿数字化采矿生产管理集成系统（洛阳栾川钼业集团股份有限公司）

16. 从钼浮选尾矿中回收低品位白钨资源的技术与产业化（洛阳栾川钼业集团股份有限公司）

第五届中国工业大奖

大奖：23 家（个）；表彰奖：36 家（个）；提名奖：24 家（个）

颁奖：2018 年 12 月 9 日·北京人民大会堂

一、大奖企业（12 家）

1. 中国核电工程有限公司
2. 常州天合光能有限公司
3. 陕西烽火通信集团有限公司
4. 郑州宇通客车股份有限公司
5. 江苏上上电缆集团有限公司
6. 新疆中泰化学股份有限公司
7. 巨石集团有限公司
8. 九三粮油工业集团有限公司
9. 安徽江淮汽车集团股份有限公司
10. 陕西煤业化工集团神南矿业有限责任公司
11. 山东玲珑轮胎股份有限公司
12. 深圳市中金岭南有色金属股份有限公司

二、大奖项目（11个）

1. "复兴号"中国标准动车组（中国铁路总公司等）

2. 新一代超深水半潜式钻井平台（蓝鲸一号）（烟台中集来福士海洋工程有限公司）

3. 风云系列气象卫星（上海航天技术研究院）

4. 新一代核潜艇研制（中国船舶重工集团公司第七一九研究所）

5. 核级 DCS 平台"和睦系统"研发及产业化应用（北京广利核系统工程有限公司）

6. 超级移动起重机创新工程（徐州工程机械集团有限公司）

7. 国家一类新药康柏西普眼用注射液的研制（成都康弘药业股份有限公司）

8 绿色高效拟除虫菊酯农药的开发与应用（江苏扬农化工股份有限公司）

9. 超薄触控玻璃关键技术与成套装备开发及产业化（中建材蚌埠玻璃工业设计研究院有限公司）

10. 筒子纱智能染色工业示范项目（山东康平纳集团有限公司）

11. ±800 千伏特高压直流输电示范工程（向家坝—上海；云南—广东）（国家电网有限公司、中国南方电网有限责任公司）

三、表彰奖企业（20家）

1. 贵州茅台酒股份有限公司

2. 江苏阳光集团有限公司

3. 贵研铂业股份有限公司

4. 大唐环境产业集团股份有限公司

5. 沪东重机有限公司

6. 广东美的制冷设备有限公司

7. 海洋石油工程股份有限公司

8. 陕西法士特汽车传动集团有限责任公司

9. 大全集团有限公司

10. 好孩子集团有限公司

11. 宁夏天元锰业有限公司

12. 广西柳工机械股份有限公司

13. 青特集团有限公司

14. 南京国电南自电网自动化有限公司

15. 合肥通用机械研究院

16. 河南森源集团有限公司

17. 泰山体育产业集团有限公司

18. 昆明云内动力股份有限公司

19. 湖北兴发化工集团股份有限公司

20. 中国电子科技集团公司第十四研究所

四、表彰奖项目（16 个）

1. 新能源汽车热管理系统项目（三花控股集团有限公司）

2. 巴布亚新几内亚瑞木镍钴项目〔中国恩菲工程技术有限公司瑞木镍钴管理（中冶）有限公司〕

3. 650MW 等级核电汽轮机国产化研制（哈尔滨汽轮机厂有限责任公司）

4. 浪潮天梭 M13 关键应用主机（浪潮电子信息产业股份有限公司）

5. 煤矸石清洁燃烧综合利用示范项目（山西平朔煤矸石发电有限责任公司）

6. 金属挤压与锻造装备技术研发和推广应用项目（中国重型机械研究院股份公司）

7. 衣康酸生物关键技术研究及产业化项目（青岛琅琊台集团股份有限公司）

8. 国际热核聚变实验堆用低温超导材料产业化项目（西部超导材料科技

股份有限公司）

9. 新型远洋渔业船舶设计与建造技术（蓬莱中柏京鲁船业有限公司）

10. 高速列车牵引电机及变压器研发与产业化（中车株洲电机有限公司）

11. 飞亚达航天表及应用项目［飞亚达（集团）股份有限公司］

12. 翼龙 I 无人机系统（中国航空工业集团公司成都飞机设计研究所）

13. X 型飞机用关键主干材料研制与应用（中国航发北京航空材料研究院）

14. 3.6 万吨黑色金属垂直挤压机装备及工艺技术研发项目（内蒙古北方重工业集团有限公司）

15. 履带式全地形工程车（贵州詹阳动力重工有限公司）

16. 800MN 大型模锻压机研制（中国第二重型机械集团有限公司）

五、提名奖企业（14 家）

1. 中国兵器装备集团公司重庆长安汽车股份有限公司

2. 江苏中利集团股份有限公司

3. 北京新能源汽车股份有限公司

4. 贵州钢绳股份有限公司

5. 歌尔股份有限公司

6. 青岛明月海藻集团有限公司

7. 杰克缝纫机股份有限公司

8. 上海晨光文具股份有限公司

9. 山东禹王实业有限公司

10. 兴业皮革科技股份有限公司

11. 孚日集团股份有限公司

12. 山东龙泉管道工程股份有限公司

13. 洛阳中硅高科技有限公司

14. 横店集团东磁股份有限公司

六、提名奖项目（10个）

1. 互联网＋多光谱人工智能选色机研制与产业化（合肥美亚光电技术股份有限公司）

2. 超超临界火电机组用特种不锈钢管研发及产业化（江苏武进不锈股份有限公司）

3. 660MW 超超临界二次再热发电机组项目（华能安源发电有限责任公司）

4. 稀土萃取分离智能化控制系统研究与应用示范（中铝广西有色稀土开发有限公司）

5. 抗风湿关节炎 1.1 类新药艾拉莫德及其制剂的研发与产业化（先声药业有限公司）

6. 国家一类新药西达本胺产业化项目（深圳微芯生物科技有限责任公司）

7. 极地甲板运输船研制（广船国际有限公司）

8. 17.2 万 m^3 液化天然气（LNG）船研制〔沪东中华造船（集团）有限公司〕

9. 利用核电重水堆生产钴 60 技术研发及产业化工程（中国同辐股份有限公司）

10. 工业光纤激光器及其应用（武汉锐科光纤激光技术股份有限公司）

第六届中国工业大奖

大奖：30 家（个）；表彰奖：33 家（个）；提名奖：30 家（个）

颁奖：2020 年 12 月 27 日·北京友谊宾馆

一、大奖企业（16 家）

1. 中国空间技术研究院

2. 三一集团有限公司

3. 中国航空工业集团公司成都飞机设计研究所

4. 中国煤炭地质总局

5. 中铁工程装备集团有限公司

6. 中国中材国际工程股份有限公司

7. 中国生物技术股份有限公司

8. 山东黄金集团有限公司

9. 国家管网集团西部管道有限责任公司

10. 中天钢铁集团有限公司

11. 大连华锐重工集团股份有限公司

12. 珠海格力电器股份有限公司

13. 江苏中天科技股份有限公司

14. 大全集团有限公司

15. 好孩子集团有限公司

16. 陕西法士特汽车传动集团有限责任公司

二、大奖项目（14 个）

1. 基于卡奥斯工业互联网平台的智能制造转型升级示范项目（海尔智家股份有限公司）

2. 讯飞人工智能开放平台及产业示范项目（科大讯飞股份有限公司）

3. 宽幅超薄精密不锈带钢工艺技术及系列产品开发（山西太钢不锈钢精密带钢有限公司）

4. 雪龙 2 号极地科学考察破冰船［江南造船（集团）有限责任公司］

5. 新一代高性能雷达核心模块（数字收发组件）研发制造及应用（中国电子科技集团公司第十四研究所）

6. 陕鼓能源互联岛系统解决方案——分布式能源智能综合利用项目［陕西鼓风机（集团）有限公司］

7. 巴西美丽山特高压输电二期项目（国家电网有限公司）

8. 低温超导线材批量化制备技术（西部超导材料科技股份有限公司）

9. 国家可再生能源发电与储能关键设备及系统产业化示范项目（阳光电源股份有限公司）

10. 世界级智能化大型钢结构间接空冷系统（双良节能系统股份有限公司）

11. 己内酰胺绿色生产成套新技术（中国石化巴陵石化公司）

12. 高性能铅炭电池产业化示范项目〔浙江天能电池（江苏）有限公司〕

13. 8.8米智能超大采高综采工作面成套装备研发与示范工程（神华神东煤炭集团有限责任公司）

14. 新型纺纱智能化改造项目（安徽华茂纺织股份有限公司）

三、表彰奖企业（12 家）

1. 华电煤业集团有限公司

2. 中国一重集团有限公司

3. 衡阳华菱钢管有限公司

4. 新疆蓝山屯河化工股份有限公司

5. 梅花生物科技集团股份有限公司

6. 天瑞集团股份有限公司

7. 浙江海亮股份有限公司

8. 洛阳栾川钼业集团股份有限公司

9. 河南银金达控股集团有限公司

10. 山东罗欣药业集团股份有限公司

11. 中国船舶重工集团公司第七一六研究所（江苏自动化研究所）

12. 上海外高桥造船有限公司

四、表彰奖项目（21 个）

1. 中煤新集口孜东矿千米深井智能化开采（中煤新集能源股份有限公司）

2.8 挡自动变速器研发及产业化项目（盛瑞传动股份有限公司）

3.高端精密超硬刀具多产业化应用示范项目（郑州市钻石精密制造有限公司）

4.金属近净成形产业化示范项目（安徽昊方机电股份有限公司）

5.高铁 1000 吨级箱梁运架搬提成套施工设备（中铁工程机械研究设计院有限公司）

6.面向智能装备的微型传动系统（深圳市兆威机电股份有限公司）

7.1280MPa 贝马复相贝氏体钢轨集成技术开发与应用（内蒙古包钢钢联股份有限公司）

8.BG 系列高性能油气开采用管开发及应用（宝山钢铁股份有限公司）

9.绿色子午线轮胎智能创新工业示范项目（合肥万力轮胎有限公司）

10.氨基葡萄糖生物制造技术及产业化示范项目（山东润德生物科技有限公司）

11.高纯度生物质纤维素清洁制备关键技术及产业化项日（山东太阳纸业股份有限公司）

12.西部绿色农业精深加工关键技术研究及产业化应用（新疆冠农果茸股份有限公司）

13.国产优质婴幼儿配方奶粉关键技术研究及产业化项目（石家庄君乐宝乳业有限公司）

14.千吨级干喷湿纺高强 / 中模碳纤维产业化关键技术及应用（中复神鹰碳纤维股份有限责任公司）

15.大型浮选机关键技术与成套装备开发及产业化（北京矿冶科技集团有限公司）

16.国家能源集团泰州发电有限公司二期工程（国家能源集团泰州发电有限公司）

17.智能金融自助服务终端研发及其产业化（广州广电运通金融电子股份有限公司）

18.国家 I 类长效降糖新药聚乙二醇洛塞那肽及其制剂（孚来美）的研发

与产业化（江苏豪森药业集团有限公司）

19. 辣椒提取工艺技术装备创新及产业化项目（晨光生物科技集团股份有限公司）

20. 23000TEU 超大型双燃料集装箱船建造［沪东中华造船（集团）有限公司］

21. 圆筒型浮式生产储卸油平台（南通中远海运船务工程有限公司）

五、提名奖企业（14家）

1. 淮北矿业（集团）有限责任公司
2. 河南省矿山起重机有限公司
3. 江苏亚威机床股份有限公司
4. 马钢（集团）控股有限公司
5. 中钢集团邢台机械轧辊有限公司
6. 烟台张裕葡萄酿酒股份有限公司
7. 日丰企业集团有限公司
8. 黑龙江飞鹤乳业有限公司
9. 广州立白企业集团有限公司
10. 天津水泥工业设计研究院有限公司
11. 宁夏东方钽业股份有限公司
12. 辽宁忠旺集团有限公司
13. 北京电力设备总厂有限公司
14. 山东新华制药股份有限公司

六、提名奖项目（16个）

1. 大规格超高功率石墨电极项目（开封平煤新型炭材料科技有限公司）
2. 煤矿井下大功率近水平定向钻进技术装备（中煤科工集团西安研究院

有限公司）

3. 高品质复杂断面系列型钢集成开发与产业化（山东钢铁股份有限公司）

4. 桥梁用超高强度耐久型缆索集成创新与产业化（江苏法尔胜路桥科技有限公司）

5. 能源用大口径不锈钢无缝管研发及产业化（江苏武进不锈股份有限公司）

6. 极地条件下超大型 LNG 核心工艺模块建造技术研究及工程化应用［海洋石油工程（青岛）有限公司］

7. HFCG 系列大型辊压机［中建材（合肥）粉体科技装备有限公司］

8. 板式定制家具全流程信息化管理研发（北京金隅天坛家具股份有限公司）

9. 水泥行业互联网＋供应链资源协同云平台（唐山冀东水泥股份有限公司）

10. 工业电子雷管生产技术［新疆雪峰科技（集团）股份有限公司］

11. 粉体材料基地建设项目（重庆有研重冶新材料有限公司）

12. 500kV 鲁西背靠背换流站工程（中国南方电网有限责任公司）

13. 中国广核集团阳江核电一期工程（6×1086MW）（阳江核电有限公司）

14. 高性能频谱分析仪（中电科仪器仪表有限公司）

15. 高技术船舶智能制造流水线（中国船舶工业集团公司第十一研究所）

16. 船海工程机电设备研发创新（武汉船用机械有限责任公司）

第七届中国工业大奖

大奖：38 家（个）；表彰奖：48 家（个）；提名奖：37 家（个）

颁奖：2023 年 3 月 19 日·北京友谊宾馆

一、大奖企业（19 家）

1. 兖矿能源集团股份有限公司

2. 中国铁建重工集团股份有限公司

3. 南京钢铁股份有限公司

4. 万华化学集团股份有限公司

5. 美的集团股份有限公司

6. 盛虹控股集团有限公司

7. 安徽海螺集团有限责任公司

8. 宝钛集团有限公司

9. 广东风华高新科技股份有限公司

10. 鲁南制药集团股份有限公司

11. 上海航天技术研究院

12. 江苏新扬子造船有限公司

13. 江苏恒立液压股份有限公司

14. 江阴兴澄特种钢铁有限公司

15. 中国石油天然气股份有限公司塔里木油田分公司

16. 宁德时代新能源科技股份有限公司

17. 冠捷电子科技股份有限公司

18. 昌河飞机工业（集团）有限责任公司

19. 台塑工业（宁波）有限公司

二、大奖项目（19 个）

1. 资源枯竭型矿区转型发展创新技术与模式示范项目（徐州矿务集团有限公司）

2. 轨道交通绿色驱动整体解决方案与智能化控制系统应用示范项目（新誉集团有限公司）

3. 高性能取向硅钢研发制造与应用（宝山钢铁股份有限公司）

4. 超深水大气田"深海一号"工程（中国海洋石油有限公司）

5. 面向生物安全的高端装备关键核心技术产业化及应用创新示范项目（青岛海尔生物医疗股份有限公司）

6. 国家重大基建工程用高性能土工复合新材料研发及产业化示范项目（山

东路德新材料股份有限公司）

7. 片式多层陶瓷电容器用介质材料关键技术研究开发及产业化应用项目（山东国瓷功能材料股份有限公司）

8. 张北柔性直流电网试验示范工程（国家电网有限公司）

9. 中国首次行星探测任务天问一号探测器系统（中国空间技术研究院）

10. 奋斗者号全海深载人潜水器［中国船舶科学研究中心（中国船舶重工集团公司第七〇二研究所）］

11. 航空万吨级铝合金板张力拉伸装备（中国重型机械研究院股份公司）

12. 钢铁产业绿色低碳全链赋能乡村振兴项目（江苏永钢集团有限公司）

13. 煤、油、气资源综合利用低碳绿色循环集成创新［陕西延长石油（集团）有限责任公司］

14. 低碳节能及自动化技术的研究与应用（上海旺旺食品集团有限公司）

15. 精密铜管低碳智能制造技术及装备研究（浙江海亮股份有限公司）

16. 兴装强军，走向深蓝——我国首型舰载机歼-15飞机［沈阳飞机工业（集团）有限公司］

17. 12X92DF全球最大功率低压双燃料发动机（上海中船三井造船柴油机有限公司）

18. 橡胶轮胎全产业链关键技术攻关与应用示范［国家橡胶与轮胎工程技术研究中心（软控股份有限公司、青岛科技大学、赛轮集团股份有限公司）］

19. 新型潜水器控制系统研制及应用（中国船舶重工集团公司第七一六研究所）

三、表彰奖企业（26家）

1. 郑州煤矿机械集团股份有限公司

2. 北京精雕科技集团有限公司

3. 抚顺特殊钢股份有限公司

4. 江西蓝星星火有机硅有限公司

5. 内蒙古伊利实业集团股份有限公司

6. 建华建材（中国）有限公司

7. 紫金铜业有限公司

8. 西安热工研究院有限公司

9. 隆基绿能科技股份有限公司

10. 浙江新和成股份有限公司

11. 首都航天机械有限公司

12. 青岛双瑞海洋环境工程股份有限公司

13. 中国平煤神马能源化工集团有限责任公司

14. 山河智能装备股份有限公司

15. 鞍钢集团有限公司

16. 安徽新远科技股份有限公司

17. 宜宾五粮液股份有限公司

18. 新明珠集团股份有限公司

19. 新疆众和股份有限公司

20. TCL 华星光电技术有限公司

21. 上海微创医疗器械（集团）有限公司

22. 上海冠龙阀门节能设备股份有限公司

23. 马钢（集团）控股有限公司

24. 纳爱斯集团有限公司

25. 友达光电（昆山）有限公司

26. 敏实集团有限公司

四、表彰奖项目（22个）

1. 煤矿安全监控预警技术研究及产业化（中煤科工集团重庆研究院有限公司）

2. 基于新能源装备智能制造整体解决方案的示范项目（无锡先导智能装

备股份有限公司）

3. 华菱涟钢起重机吊臂钢替代进口开发及系列化（湖南华菱涟源钢铁有限公司）

4. 轮胎行业智能制造项目（青岛森麒麟轮胎股份有限公司）

5. 基于 5G+ 工业互联网的智慧睡眠床垫开发与生产（喜临门家具股份有限公司）

6. 大面积碲化镉发电玻璃关键技术开发及产业化（成都中建材光电材料有限公司）

7. 高端绿色旋浮铜冶炼关键技术及装备与产业化应用（阳谷祥光铜业有限公司）

8. 基于移动能源网的智能充电装备研发及产业化（万帮数字能源股份有限公司）

9. 聚乙二醇定点修饰重组蛋白药物（津优力）关键技术体系建立及产业化（石药控股集团有限公司）

10. 固体推进剂重载混合装备工程化研制（西安航天化学动力有限公司）

11. 阿尔及利亚豪华客滚船（广船国际有限公司）

12. 近距离高突煤层群煤与瓦斯精准共采关键技术及工程应用〔西山煤电（集团）有限责任公司〕

13. 新钢种高强度钢棒产业化示范项目（常熟市龙腾特种钢有限公司）

14. 神华百万吨级煤直接液化项目（中国神华煤制油化工有限公司鄂尔多斯煤制油分公司）

15. 特高压多端柔性直流核心技术研发及产业化示范应用（特变电工新疆新能源股份有限公司）

16. 高端装备用精密电阻器研发及产业化（蚌埠市双环电子集团股份有限公司）

17. 创新数码放疗（产品）技术平台建设与产业化项目（西安大医集团股份有限公司）

18. 极地探险邮轮自主设计与建造〔招商局重工（江苏）有限公司〕

19. 能源用高性能大口径不锈钢无缝管研发及产业化（江苏武进不锈股份有限公司）

20. 基于大数据、AI、物联网等信息技术的智能绿色制造技术的研究和应用（三角轮胎股份有限公司）

21. 预应力钢绞线绿色制造重大关键技术及装备研发（威海银兴预应力线材有限公司）

22. 20 万吨 / 年功能性、差别化粘胶短纤维项目（唐山三友集团有限公司）

五、提名奖企业（17 家）

1. 国家能源集团宁夏煤业有限责任公司
2. 许昌远东传动轴股份有限公司
3. 河南心连心化学工业集团股份有限公司
4. 澳柯玛股份有限公司
5. 九牧厨卫股份有限公司
6. 福建福清核电有限公司
7. 蓝思科技股份有限公司
8. 风帆有限责任公司
9. 抚顺矿业集团有限责任公司页岩炼油厂
10. 沈阳新松机器人自动化股份有限公司
11. 浙江闰土股份有限公司
12. 台泥（杭州）环保科技有限公司
13. 国能龙源环保有限公司
14. 滁州惠科光电科技有限公司
15. 烟台杰瑞石油服务集团股份有限公司
16. 四川省银河化学股份有限公司
17. 山东威普斯橡胶股份有限公司

六、提名奖项目（20个）

1. 基于 MDG 标准的高端产品超高疲劳寿命试验及方法（中煤北京煤矿机械有限责任公司）

2. 高速热冲压液压机关键技术研究及产业化（合肥合锻智能制造股份有限公司）

3. 易焊接高强高韧煤矿机械用钢关键技术及产业化应用（安阳钢铁集团有限责任公司）

4. 富马酸生物制备 L– 天冬氨酸和 L– 丙氨酸高效清洁生产技术（烟台恒源生物股份有限公司）

5. 基于 TPET 智能工厂平台的四边缝制造转型升级示范项目（苏州琼派瑞特科技股份有限公司）

6. 3D 数码喷墨渗透原石抛光瓷质砖的研发（清远纳福娜陶瓷有限公司）

7. 广东自立环保有限公司再生资源综合利用工程（广东自立环保有限公司）

8. 800MW 级水轮发电机组关键技术及应用［中国三峡建工（集团）有限公司］

9. 数据中心和 5G 通信用的 400G 高速光模块的研发与产业化（苏州旭创科技有限公司）

10. 高品质布洛芬先进制造项目（山东新华制药股份有限公司）

11. 航天基础传感器关键技术研究及产业化（北京遥测技术研究所）

12. 新型地球物理科学考察船（实验 6）（中船黄埔文冲船舶有限公司）

13. 新一代军民通用高端轻型越野汽车研发及产业化（北京汽车集团越野车有限公司）

14. 五复合橡胶挤出机组研制（中国化学工业桂林工程有限公司）

15. 大渡河流域梯级水电站群智能自主运行（国能大渡河流域水电开发有限公司）

16. 基于互联网 AI 云平台的智能显示终端关键技术研发与产业化（海信

视像科技股份有限公司）

17. 维生素 D 制剂质量研究及产业化［国药控股星鲨制药（厦门）有限公司］

18. 数控机床（加工中心）的开发和生产（杭州友佳精密机械有限公司）

19. 中化环境扬州化雨青山污水厂项目（中化环境控股有限公司）

20. 多功能矢量网络分析仪（中电科思仪科技股份有限公司）

参考文献

［1］中国工业经济联合会，中国石油和化学工业联合会.中国工业史·石油工业卷［M］.北京：中共中央党校出版社，2021.

［2］国家经济贸易委员会行业规划司.我国走新型工业化道路研究［M］.北京：机械工业出版社，2003.

［3］［德］阿尔冯斯·波特霍夫，恩斯特·安德雷亚斯·哈特曼.工业4.0：开启未来工业的新模式、新策略和新思维（实践版）［M］.刘欣，译.北京：机械工业出版社，2015.

［4］艾丰.名牌论［M］.北京：经济日报出版社，2001.

［5］郭田勇."十四五"时期我国产业链优化升级的重点与建议［J］.国家治理周刊，2021（2）.

［6］高家明.引领［M］.北京：中国财富出版社，2016.

［7］高家明.2016全国经贸形势展望［M］.北京：中国财富出版社，2016.

［8］HOULED, SHAPIRO O, SHIFT B. The Future of Brands and Marketing［M］. USA: David Houle & Associates, 2014.

跋

2004年启动中国工业大奖评审工作以来，已经实施了7届，坚持了"公开、公平、公正"的原则，始终遵守全过程不收取任何费用的规定，始终按照高标准、严评审、宁缺毋滥的要求，认真组织开展实施工作。

需要说明的是，在推进中国工业化进程、建设工业强国中，发挥重要作用的企业不仅是这些获奖企业，还有着许许多多的其他优秀企业。由于某种原因，这些企业未能成为中国工业大奖企业，但都发挥着重要作用，如华为技术有限公司，近年来已经成为全球最大的通信设备制造公司，5G通信技术领先全球。相信未来将有更多的中国有实力的优秀企业加入中国工业大奖企业的这支大军中来。

本书在介绍中国工业大奖企业取得成果和经验的实例中，得到了徐州工程机械集团有限公司、海尔集团公司、江苏上上电缆集团有限公司、中国核工业集团有限公司、江苏扬农化工股份有限公司、中建材蚌埠玻璃工业设计研究院有限公司、天士力控股集团有限公司、法尔胜泓昇集团有限公司、正泰集团股份有限公司、河南银金达控股集团有限公司和天合光能股份有限公司等单位提供的素材和在内容审核等方面的大力支持，在此表示衷心的感谢！

高家明

2023 年 3 月 26 日